珍本南社舊著叢刊·第一輯

松陵文集

（三）

陳去病　纂輯

張夷　主編

上海大学出版社

松陵文集三編　　百尺樓叢書

卷二十八　　邑後學　陳去病　纂輯

明一八

徐師曾字伯魯號魯葊縣市人嘉靖三十二年癸丑進士歷官吏科左給事有今文周易演義十二卷禮記集註三十卷小學史斷六卷世統紀年六卷吳江縣志二十八卷文體明辨八十四卷湖上集十四卷今存古文周易演義南廱徐氏族譜宦學見聞六科仕籍二十六卷正蒙章句八卷經絡全書明朝文鈔臨川王氏文粹四卷詠物詩編十二卷未見

朱均論

傳稱朱均不肖人皆信之余獨以爲不然夫朱均賢人也求諸三代以上則不足求諸三代以下則有餘何以言之天下之事莫大以天下與

人而天下之爭莫大乎爭以天下今人有數畝之宮千金之產舉而畀諸其子孫夫誰曰不可然稍有弗均率相爭敓而莫能解況天下乎況以與他人乎堯舜以天下與人而朱均不爭吾是以知其賢也夫朱均之不爭豈眞以天下爲不足校哉尊父命也父以天下與人而吾與之爭是輕父命而重天下也輕父命者不孝重天下者不廉不廉不孝罪莫大焉朱均不爭是孝且廉也不賢而能之乎然則其爲不肖者何也堯舜大聖也朱均雖賢其誰其肖之然視貪夫逆子相去遠矣或曰朱均之不爭非不欲爭也勢不可也蓋當其時朝覲訟獄謳謌之徒皆歸舜禹彼雖欲爭其誰與之余又以爲不然夫堯舜之德盛矣澤施於民久矣朱均其子也雖云不肖未嘗播惡如桀紂苟啓爭端天下莫不與也陳勝假扶蘇之名猶足倡亂方遂肖戾園之貌尙爾惑人況堯舜之子乎然則舜禹獲安其位而免於天下後世之議者由朱均之不爭也

暴如桀虐如紂湯武起而除之自謂且有慚德人或以爲非聖人使朱均而爭則舜禹之名安知不由是而損也舜禹不免於損名則堯舜獨得無累乎由此言之朱均之賢乃所以成堯舜之聖也或曰朱均若賢何不遂有天下曰治天下者以德以才朱均德勝其才舜禹才德兼備此其所異也夫才德兼備謂之聖人聖人可以有天下德勝其才謂之賢人賢人僅可以有國故聖賢並生於一時則天下宜之聖矣夫人苟賢矣安得復云不肖故余謂不肖者謂堯舜之難肖耳非若世人之易肖而不肖也或曰書稱胤子啓明者若是乎朱之多才也子何以言德勝才曰吾以不爭知之昔者曾子問於孔子曰聖人之德無以加於孝乎孔子對曰夫聖人之德又何以加於孝乎然則孝者德之本也丹朱克孝是謂有德啓明小才耳要之不足以治天下吾是以謂德勝才也或曰書記嚚訟釋之者曰言不忠信爲嚚好爭鬭者爲訟信斯言也何

以不爭曰始也嚚訟終也不爭是堯能化其子而子能率父之教也朱雖不及成王將不得爲太甲乎世傳丹朱不慧堯作弈以教之審若是則堯所教者角勝之技而益其訟也且與書旨不類故不可信或曰中也養不中才也養不才故人樂有賢父兄也若堯舜則遂棄之而已何以爲聖曰此堯舜之所以聖也舜禹聖人也使之有天下朱均賢人也使之有國家是故朱封於丹均封於虞作賓後王傳世弗替所謂大以成大小以成小不疏其臣不私其子嗚呼是堯舜之聖也

老子論

老子曰堅强者死之徒柔弱者生之徒竊謂不然夫堅强者剛之謂也剛與柔不可偏廢故箕疇三德沈潛剛克高明柔克而孔子亦曰政寬則民慢慢則糾之以猛猛則民殘殘則濟之以寬是以太剛則折太柔則廢每對舉而互言之非虛語也考諸往古暴虐取亡驁悍賈禍歷歷

可數則剛之必死其言信矣及見今人高才能文巍科清秩照耀閭里而卒受奇禍實由優游不斷隱忍無爲致之則柔之必生予未敢信也雖然老子之術巧矣其言固然而其旨有大不然者故曰大成若缺大盈若冲大直若屈大巧若拙大辯若訥蓋陰寓剛於柔而陽以柔勝剛也故能生而不死是以將欲噏之必固張之將欲弱之必固強之將欲廢之必固興之將欲奪之必固予之捭闔變化莫可端倪故仲尼以猶龍稱之龍陽物也嗚呼茲其爲老子之柔與茲其所以生與今人徒狥其言不究其旨至謂柔之弊廢焉爾矣比之太剛則折而不可收拾者尙差勝故其持身理家一切以柔道行之由是嬌娃悍僕縱恣虣橫唯聽其所爲而莫之禁遂致召侮啓釁壞名殘軀徒爲知者所慨嘆視剛折之禍尤烈焉此篤信老子之過也蓋天下之道中焉止矣懦弱無斷邪佞之惡與猛險彊梁者同科彼剛者死矣柔安得獨生也孔門高第

如顏之健曾之毅閔子之誾誾冉有子貢之侃侃何嘗不剛而行行如由不得其死者蓋僅見爾然則中行不可得得見剛者斯可矣故曰君子重夫剛者去病案此蓋指沈位而言

列子論

列子者老子之徒也其人平淡疏曠其學清虛無競其書簡勁寥廓雖寓言與莊子相類而質厚者多迂僻者少則似勝莊子蓋列子在莊子前五六十年妙契老子之術故即其旨而衍之穆王湯問兩篇則怪誕之尤者也蓋莊子與老子雖同爲楚人而年代久遠獨與列子世相近而楚鄭地復接壤流風餘韻當有傳者故莊子得聞其說而更衍之荒唐恢詭視列子滋甚不特十七章相同而已所謂穆王湯問正莊子所深喜而依放之者也戰國橫議之士楊墨最著然墨翟有書而楊朱無書今所傳者列子楊朱篇及間見於他篇與莊子諸篇中爾蓋楊朱爲

老子之學列子又爲楊朱之學要之遠利避禍免於亂世其原歸於無爲其究同於爲我無以異也按道家書老列莊三氏並稱及考史記獨傳老莊而遺列子（今福坊刊本有列子傳乃後人妄增耳）嘗竊怪之高氏謂遷疑列子寓言不可信故不爲作傳予意不然夫寓言誕且多者莫如莊子然且傳之況列子乎蓋遷洞究數子源流知其學昉於老子終於莊子而楊朱列禦寇生於其間展轉相傳故傳老莊則二子在其中矣夫申韓原於道德而老子深遠太史公嘗言之則其意可概見不然楊朱無寓言奚爲亦略之邪

莊子論

世稱莊子之學原於老子以予觀之信然有謂不專學老子者非也老子之書簡而深深故能藏天下之術莊子之書宏而肆肆故能窮天下之變蓋其書十餘萬言細入蝸角大極鯤鵬又多勸列子之說而究其

指歸不過以無爲養生亦以無爲治天下兩語而已卽老子所謂不自生故能長生爲無爲則無不治故也故其言曰大道大稱大辯不言大仁不仁大廉不嗛大勇不忮故於世務一切棄置以爲不足爲及出而爲之亦克有濟蓋其術略見於說劍之篇彼固以無爲爲用者宛然老氏家法也其言孟浪猖狂而卒無事實比諸列子抑又過之至於齊堯桀等夷跖詆訾孔子而無忌憚乃戰國處士橫議之尤者特以其在當時僻居荊楚吏於漆園不及楊墨之顯著故不幸不見闢於孟子而其書流傳至今不滅也夫養生者山谷枯槁之士無意於世者之所爲耳若天子則以其身爲天地民物之主勞心殫慮日不暇給其心猶以博施濟衆爲病豈愛其身而區區焉養生是務乎至若以無爲爲治亦自有說如曰帝王危身棄生以殉物不如山谷枯槁之士足以完身而養生則人之類滅久矣後之讀其書者樂其論高氣豪遊方之外而忘其

誕至陽擠孔子而陰助之何其謬也昔兩晉之世俗尚談玄蔑視禮法卒使夷狄亂華天下大亂當今治教休明學術醇一儒者皆知放斥老莊而不用於戲盛矣邇年士子頗有好者而主司亦弗之禁予防其漸也是以論之

孟子論

古今豪傑之士固多以見用而成名亦有以不用而全名者世嘗恨孟子不用齊梁亡以成名而不知其所以全名者乃因不幸而不用也周道下衰七國並列強凌弱衆暴寡蘇張孫吳捭闔戰鬬之術爭騁於時而孟子獨持仁義之說先王行政次第之迹以干齊梁之君且曰從吾言而不王者未之有也夫梁固未易王至於齊則天下莫強焉故又曰以齊王由反手也向使宣王從其說則必能王於天下以成孟子佐王之大名如伊尹太公決不見恨於後世矣嗚呼孰知見用之可恨有甚

於不用哉夫列國不並存周齊不兩立一國王則六國滅而周天子亦不得享空名於其上其勢然也六國不足道齊王矣將置周於何地邪且齊之有國自太公始其後田和簒立請命於周蓋亦北面而臣之矣傳至宣王三世耳其可倍周而自王乎既簒齊矣而又簒周不已甚乎伊尹相湯以伐夏太公佐武王以殪殷因民苦桀紂之暴也烈顯靚赧不過庸懦衰弱不克自振耳非有桀紂之惡也天下苦之亦非若桀紂之甚也其謂塗炭已極者列國自爲之非周爲之也然則齊宣雖王可爲湯武邪孟子雖賢又可爲伊尹太公邪且湯將天之命猶自謂有慚德武王底天之罰人以爲非聖人湯武且然則不及湯武者可知已孟子以齊王後世將何以議之秦滅六國吞二周古今皆謂之暴齊宣若王何以異於秦乎夫秦尙首功燒詩書坑學士其謂之暴猶有說也徐假修仁又當穆王無道之世執玉帛死生之物于徐庭者三十六國覲

秦遠矣議者亦謂之簒彼以戎狄行仁且謂之簒田氏三恪之裔世受周恩雖勉强行仁其何加於假而可免於簒名乎故士有見用而成名者幸也有不用而全名者不幸之幸也孟子唯不見用故高談仁義戶有其書而萬世享大賢之名使其見用必不能免於議嗟乎伊尹太公幸而見用以成名孟子不幸而不見用以全名由此言之則孟子之不用可以無恨矣

廣謚論

賞罰者一時之榮辱也謚法者萬世之榮辱也夫賢而賞不肖而罰理之常也然賢者或不幸而罰不肖者或幸而賞則是非之辨不明勸懲之典不著而人主鼓舞天下之術窮矣聖人知其然是以作爲謚法以濟之賢者不幸生前罹罰而死後獲美謚則足以爲萬世之榮不肖者生前幸賞而死不免惡謚則足以爲萬世之辱嗚呼一時之榮辱甚輕

萬世之榮辱甚重則人情安肯冒一時之榮而甘萬世之辱哉古者臣子于君稱天以謚且猶不敢狥私故有幽厲桀紂之號況君之于臣乎國朝賞罰當矣間有見稱于生前而不能無議于身後者則謚法誠不可緩也太祖初興未遑此務故唯藩王武臣有謚至成祖始謚文臣是後被賜者多然或緣奏請或出內降不由考功不牒太常予者享美譽不予者免惡名國家二百年文治隆洽而于此顧有不數數然者愚竊怪之豈其別有大焉者而不屑此歟抑或恡惜而不予也夫古所謂謚者兼美惡而稱之也是以有榮有辱可勸可懲若予者享美譽不予者免惡名則榮幸冒于生前辱不及于身後猶廢謚也謚既廢矣將必專恃刑罰以懲惡而可乎愚竊謂今在內則府部院寺五品以上在外則方面諸臣皆當有謚或仕或能沒必申報考功司河南道稽查在任功過評隲人品高下移文太常撰議奏請然後吏禮大臣審定覆題不由

閣擬不從中制使天下曉然知賢者雖抑而必伸不肖者雖申而必抑則勸懲之機風動海内顧有出于刑賞之上者何憚而不爲哉或曰古者生無爵死無謚如子之言不幾於濫乎愚應之曰不然古人所謂爵者有二書曰列爵惟五此以公侯伯子男爲爵也孟子曰公卿大夫此人爵也此以公卿大夫爲爵也况周人稱爵下逮命士豈必分土析珪然後爲爵也方今京朝五品以上在外方面諸臣列于大夫非特周之命士而已以應謚法何名爲濫安得謬引曲説而汩古今之大典邪

三高三忠祠議

吴江舊有畫像三軸筆法頗工不知作於何人蓋即三高像而其名未立也宋熙寧中縣令林肇㕑其本而繪之鱸鄉亭榜曰松陵三高畫像自是始有三高之名然未祀也塑而祀之自石處道始厥後孔公克中顧嶦祠下以爲人如三高誰與爲國乃立三忠祠以配之相沿至今四

百餘年人方仰其遺風而於祭法則未暇議也唯宋蘇軾劉寅元瞿佑謝應芳我朝謝常莫旦數公議之瞿佑之辭跌宕剴切蓋寓言以斥之耳然怪誕不經不足錄也謝氏上饒參政書大約以爲禮不祀非族況可祀讎敵乎范蠡進美女獻寶器以惑吳之君臣積謀二十年而墟其宗社吳人之讎莫大於此雖其勇退一節或有可稱而私西施事營殖猶未離乎貪穢之迹尙何風節之足慕乎吳人欲祀高士當以太伯爲主配以仲雍季札而張陸二公列之從祀黜范蠡而去之則得之矣其論甚善而饒竟不省豈禮樂待人而後行與舊志又載彈文有云匿怨友其人丘明所恥非其鬼而祭聖經是誅今有竊高人之名處衆惡之所有識之士莫不共憤無知之鬼豈當久居又云越則謀臣吳爲敵國以利誘太宰嚭而曰彼句踐鼓兵却公孫雄而滅我夫差既遂厥謀反疑其主鄙君如烏喙累大夫種以伏誅目己曰鴟夷載西施子而潛遯

又云變姓名爲陶朱詭蹤跡於江海語其高節則未可謂之智術則有餘假扁舟五湖之名居笠澤三高之首況當此無邊勝地之上豈應著不共戴天之讎此文不知誰作要足以服輿情而扶風化雖蠡復生恐亦無以自解而近時張公明道之論乃曰范蠡熟識越王之爲人又恐其惑於西施以蹈吳轍故假貨色以自愚耳春秋書于柯之盟傳曰敵惠敵怨不在後嗣入吳自春秋戰國而下幾三千餘年人之君人而死之吾焉得而死之事不近情非春秋之義祀之可也或疑垂虹雪灘相峙而祠子胥之靈不能無憾焉者予謂不然蠡以鴟夷自號其傷於胥者又有甚焉況東門抉眼之觀胥亦知事幾之必然英雄神交酌之以幽厲之公雖慈孝者不能相掩此李左車不深讎於淮陰皆英雄之善於權義也其辯雖雄然終無解於非族之議由此言之蠡之當黜於吳無疑矣至于三忠則亦有可議者夫郡於子胥既有專祀復祀於我近

侈然先儒謂其所浮之江即我松江則是祭於死所猶有說也彼二公者何與於我而祀之邪昔漢丞相忠武侯之沒蜀人求爲立廟朝議以禮秩不聽百姓遂因時節祭之道陌上言事者或謂可聽於成都立之帝禪不從習隆向充拜章言巷祭野祀非所以存德念功若盡順民心則瀆而無典建之京師又偪宗廟止可令其近墓爲之所親以時設祭故吏欲奉祠者皆限至廟斷其私祀以從正禮於是始從之爲廟於沔陽漢人於忠武侯其難之也如是非以禮秩之不可紊乎今二公之祠既各有所不應侈祀一至此極也若但取其忠與高而不稽諸禮典則巢由箕比之徒當先之矣然非司風紀者按祭法而是正之則何以湔前人之謬蠲新斯民之耳目哉莫氏又欲以王份易范蠡以向子韶陳瓘易張岳與謝氏不同夫由謝氏之說則幾於瀆由莫氏之說則近於僭今亦未敢輕議然竊以爲二祠之謬在拘其數而妄取足焉即使去

蠡與巡與飛雖二高一忠亦奚不可豈必盡三其數而後爲得乎姑著此議以俟君子

請爲蘇松兵備任公立祠疏

吏科給事中臣徐師曾謹題爲乞恩查例優卹典以勵臣工事臣竊惟鞠躬盡瘁固臣子職守之常而崇德報功尤朝廷激勸之典伏見故蘇松兵備任環性植忠貞志存匡濟自嘉靖三十一年倭夷內犯時環任蘇州府同知即事戎行歷陞前職至三十五年十月回籍在任首尾五年中間官秩雖更而督兵如故晝夜焦勞終始無貳當是時客兵獷猂而難馴鄉兵脆弱而難用環于其閒外和悍卒內統疲兵調停鼓舞之方無所不至常思以身殉國誓不與賊俱生故其所御衣裳皆書姓名其上以防收瘞每逐對敵輒挺身先登不復顧忌用是人人感奮多致克捷計其前後俘斬之數不下二千餘名顛而勝墩雉瀆福山前馬諸

處厥功尤偉至于開門納人活蘇民百萬之命沿途掩骼臘郡士三殤之文其他惠政不可枚舉蓋自用兵以來致身任事之臣惟環一人而已是以督撫大臣屢更屢蹶甚者至于天刑而環勞獨著非夫一念忠誠足以感人不至是也使一時文武大小臣工皆若環之立心則倭寇之平不待今日矣回籍未幾尋至物故良由領兵之時濕熱交侵憂勞並作病根沈痼醫療不痊訃至江南士民無不流涕仰冀褒卹而不可得臣竊憫之臣常考之祭法有曰以勞定國則祀之曰能捍大患則祀之曰以死勤事則祀之凡此三者環實兼而有之矣臣又查得先年巡撫蘇松尚書夏原吉侍郎周忱有功地方並得贈官立祠故今蘇州有兩尚書廟竊意當時卷籍或年遠無存而會典開載昭然具在環之事體實與相同況其時勢之難比于二臣抑又有甚焉者豈可使之泯滅無傳于後哉伏覩邇年陣亡文武諸臣如參政錢泮等俱因憲臣奏請

蒙恩褒錄而環事功更顯顧無一人爲之陳乞者此臣之所以拳拳也頃臣在籍嘗見閩郡耆老生儒沈崐周原信陳淸龔良相沈栻語及此事言甚懇切臣爲人情如此所當順從如蒙陛下俯察臣言俛從民志乞勅吏禮二部查照夏原吉周忱事例准與立祠量贈一官庶已逝者銜結圖報而將來者感發思奮矣緣係乞恩查例優卹典以勵臣工事理未敢擅便謹題請旨

刻今文周易演義序

余用古文周易作演義以俟好古君子復取今文錄之以爲是編蓋經傳之亂久矣漢魏而下千有餘年未聞有正之者至宋始定於呂氏然唯朱子崇信之而一齊衆楚卒不能廣其傳嗚呼何其難也方今朝廷之頒布有司之貢舉學官之藏閭童之習率用今文而余欲以古文變之勢必不能此是編之所爲錄也蓋自舉業之學口說經者皆務新奇

以爲冠冕而說易者尤甚新奇之說勝則聖賢之旨晦學士治經唯取炫燿耳目苟合尺寸以僥倖於一舉而已其協於傳注與否弗論也況本義之書其文簡略其旨微奥驟而觀之猝未見有不合者而不知毫釐之差繆以千里不可不擇也余爲是書搜括百家諮訪衆說而折衷於朱子充其簡略闡其微奥救其闕失使學者充榮點綴以合有司之程然非帖括之類也雖以今文錄之亦異乎詭遇之徒矣若夫隨文立說不務新奇則自謂有合乎稽實待虚之旨而不遑恤其他也知我罪我夫亦安所逃乎是書之成前後十年始獲脱藁然中多未定未敢傳諸人也閒出以質會稽士人遂見私錄而刻諸杭邇來謁告家居藥物之餘重加脩改友人董朝獻請刻以傳余方悔初本未定而誤行也遂不辭而畀之遂易君子幸相與訂焉隆慶戊辰七月甲子吳江徐師曾

序此文未載湖上集樂疾記

禮記集註序

古昔聖王迭興人文漸著各有禮樂以致太平蓋至有虞氏而始詳至成周而又加詳意其時禮樂皆有全經而散逸不傳今所存者惟周禮儀禮而已若夫禮記則四代之遺制聖賢之格言在焉孔子歿後七十子之徒相與共錄而成書雖王制月令作自秦漢要亦不可少者孝武時河間獻王德得其書而上之孝成詔劉向校定二百五十篇厥後戴德旣删爲八十五篇戴聖又删爲四十六篇後漢馬融傳其學乃附月令明堂位樂記合四十九篇其餘歸之大戴禮故今之禮記戴聖馬融之所定之也後儒謂儀禮爲經禮記爲傳似矣曾竊以爲此書蓋二禮之傳不特傳儀禮也何則周禮者周之官制也六官各有所職而大要以五禮爲主故不曰官而曰禮儀禮者周之禮制也五經但揭其綱而行之以儀節爲目故不專曰禮而兼曰儀由是言之則儀禮者爲周禮

而作也彼其並稱爲三禮者固云誤矣而謂專傳儀禮無乃有遺論乎今攷此書之於二禮有釋其義者如祭義冠義問喪等篇又如曲禮朝覲聘問之類固釋儀禮至于遇會誓盟之類則釋周禮也又如文王世子所記庶子是釋周禮諸子之類今不能悉擧讀者當自攷之有補其闕者如曾喪問奔子雜記喪大記投壺諸篇又如曲禮所記天子諸侯后夫人卿大夫生死祭享祭品稱名明堂位所記朝位昏義所記天子諸侯敎婦之類有引其全文者如內則所引並周禮全文有文同而指異者如喪大記多引儀禮二喪禮正文而所指則自天子而下曾子問載子游問喪慈母如母本儀禮文而孔子所答則異之類有略有似而增損者如少儀言語六美章與周禮之儀略同然損其三而增其一之類有因其文而推廣之者如喪服小記婦當喪而出一章是因儀禮子嫁反在父室爲父三年之文而推言之之類有解其未明者如喪服小記問喪三年問喪服四制諸篇有不相合者如喪服小記生不及祖父母諸父昆弟而父稅喪己則否降而在緦小功者則稅之與儀禮兄弟皆在他邦加一等不及知父母與兄弟居加一等不合又如喪服四制言父服以恩制與儀禮喪服傳言至尊者稍異之類有雜記四代之禮者有專記周人之禮者有美其得禮者如檀弓孟獻子禫文子除喪待弔之類有譏其失禮者如檀弓所記公儀仲子舍孫立子子路姊喪弗除之類有記其非古者如檀弓喪冠反吉及易墓之類有記禮之所由廢者如郊

特牲夷王廢覲禮之類有記禮之始變者如曲禮士誄檀弓帷殯之類有記其僭禮者如檀弓設撥來舍禮運醆斝尸君之類有專言禮者如禮運篇有兼言樂者如禮器郊特牲樂記仲尼燕居所言之類有別記錄而無關於禮者如學記緇衣儒行大學諸篇中庸除追王王季達孝禮樂三重外其餘皆是要之傳周禮者固傳周禮其傳儀禮者亦所以傳周禮也彼異代之制可備損益記錄之附可資禮樂皆二禮之羽翼也顧其間或出後儒之傅會不免有倍盭者存讀者但當闕其疑刊其誤以禮樂之本治其身心以器數之文博其理趣則由此書以達二禮豁如矣然非通其文義終莫能入此註疏所以不可廢也鄭氏而下亡慮五十餘家舛譌雖多切當時有是在擇之而已宋有陳可大氏集諸說之大成爲世所宗厥功不細惜其取舍失衷章句錯雜殊不滿乎識者之意曾末學寡陋潛心三十餘年輒不自量稍爲删改參以愚得命曰集註使讀者暢通大旨而因以求先王象天地制禮樂之心或未必無少助也脫稿斯竟序而藏之

俟以君子隆慶六年壬申五月二十四日

小學史斷序

曾髫時先兄文學子成手一編見示曰此南宫氏史斷也熟此則歷代治亂興亡之迹人才賢否用舍之辨思過半矣因請于師而受業焉然不能囗其義也厥後年漸長讀漸熟稍稍通其大義乃知全史充汗而宏綱大要竟不越此矧於書法多所發明第正統相承之際不能無遺議耳又其書宋本今本不同且舊註太略未免别求讀者病焉曾意宋刻乃初成之書今刻或改定之本互有優劣乃於暇日聚而校之取其優者黜其劣者頗爲更定復增註之以便初學又編末附刻近世廬陵晏氏彥文所續宋元二篇而周平王以前闕焉邇年吳邑陳氏别取古史通略補之是書不知誰作嘗聞太原周公經謂爲出自宋人以資舉業者良是頃在翰館又見上虞管祐之宋斷歷亭翟公厚元略視晏氏

差勝然或偏於立論或專於敘事大抵不類南宮氏之書竊疑前輩著述雖非後學所敢輕議至若公平之論撰述之體當必有在不容以臆斷也於是忘其譾陋更撰補續兩篇綴諸首尾以成全書庶幾南宮氏所云事不離道道不外事者或在乎是若欲求免覆瓿之誚則南宮氏且讓揚子况愚如曾者哉嘉靖甲寅二月己卯吳江徐師曾序此文湖上集未載棄疾記

世統紀年序

余游京師有書賈以歷代紀年見售購而得之竊喜其簡要而未暇讀也比歸讀之則惜其統緒不明紀載失當乃爲芟訂而增定之更名曰世統紀年以明吾之書雖紀世年實爲正統而作也夫正統之論起於歐陽子其說曰正者正天下之不正也統者合天下之不一也由不正與不一然後正統之論作正統之序上自堯舜歷夏商周秦漢而絕晉

得之而又絶隋唐得之而又絶自堯舜以來三絶而復續唯有絶而有續然後是非公予奪當而正統明故天下有統則爲有統書之無統則爲無統書之其說是矣及考其進退予奪之際而愚未敢盡信以爲然也夫居天下之正合天下於一而以爲正統焉何足疑者唯其居正而或不合於一或雖合一而未必居於正然後有正統之論以寓作史之微權何則春秋者史之經也周之東遷吴徐竝僭海内三王當是時天下之人幾於不知正統之所在仲尼以爲周平雖衰而正統在周也於是作春秋推尊周室以明正統故春秋者爲正統而作也劉備之於漢何異於平王而歐陽子獨黜之邪如以其不能合天下於一也則魏之爲魏與吴蜀鼎峙亦猶吴徐之視周也奈何其特進之晉遷而東雖云衰弱而正朔相承士民思戴予之以統可也乃引備以爲例而槪黜之何與後魏之當黜信矣而唐之後又以梁後唐晉漢周續之以爲居于

正邪則朱梁起于盜賊後唐出於突厥漢本沙陀周亦簒逆而石晉之興又兼二者而有之不可以言正也以爲合于一耶則五代之間僭國凡十句四方割據更以迭興不可以言一也夫天下有統則以有書無統則以無書歐陽子亦既知而言之矣而猶强以五代續正統何與彼其說以爲如此則可疑之際以辨不同之論以息而不知此適足以滋其疑而鼓其不同焉耳蘇子尊信其說而推明之則曰正統聽其自得者十曰堯舜夏商周秦漢晉隋唐序其可得者六以存教曰魏梁後唐晉漢夫以簒弑夷狄之君而躋之正統之列吾恐教不可存而先自陷於曲說矣蘇子雖嘗云然然亦思之而不通故復有歐陽子重予之而吾輕予之之說夫予則予耳安所置輕重於其間邪漢儒推原五德生勝以秦在木火之間謂之閏統而章子又有霸統之說夫閏統乃歷官之事儒者所不道而霸之一言又不足以該不正之統是以蘇子輕予

之說不得不出乎其間國初方氏著論非朱子以秦晉隋爲正統而曰天下有正統一變統三其言紀事書法正變不同善矣然以變之一字而該簒臣賊后夷狄惡足以盡其情僞哉況謂簒臣當黜而乃以宋並漢唐夷狄嘗攘而顧於元始一天下不得已以正統書其國號此何異墨翟莊周李斯揚雄視孔子若天淵然而姑謂之聖人也春秋謹嚴之法固如是乎吾嘗爲之說曰天下有有統有無統而有統之際或爲正統或爲霸統或爲僭統或爲餘統或爲變統而紀事之法則如方氏所論夫然後正統既明而四家之說亦得以不廢夫所謂正統者唐虞夏以至公商周以大義以及漢唐是也秦曰霸統晉隋宋曰僭統後漢東晉南宋曰餘統元曰變統嗟夫五統立而後五代諸國不得以奸正統而厠其間故吾此書爲正統而作也或曰宋有天下議者皆云正統而子獨以僭目之不幾于刻乎曰是不然夫漢唐之所以得爲正統者以

其崛起民間不階尺土誅暴秦除隋亂與湯武同功故也若夫陳橋之事則異於是彼嘗北面事周而爲之臣矣方其受命出征遂行禪代豈一朝一夕之故哉特其計謀艱深蹤迹詭秘而人不能知耳不然赭黃之袍傳禪之文豈倉卒所能辦邪故吾以爲三代而下語正統者必如漢唐及我大明而後能當之若宋祖者眞僭統也或又曰秦亦篡周而子獨謂之霸統何與曰周自再遷二周分治雖微秦恐亦不能自立又況亡于始皇未帝之前邪故吾以章子霸統當之不過也或又曰子嘗作史斷前編以舜起丙戌盡癸酉在位四十八年而此以爲五十年禹起丙子盡癸未在位八年而此以爲十年何也曰彼自堯舜喪畢而數之此以甲子相續而數之故不同也至若國君繼世踰年改元禮也然有卽改于嗣位之年者有嗣位一二年而後改者有終不改者過猶不及其失均也故凡嗣位而以前末年爲元年者則注曰卽某帝某年不

改元者曰仍稱某號某年篡位而以其末年爲元年者曰屬某帝某年使學者知名分之嚴如此而傳世之次紀年之實亦因以考見云

修吳江縣志序

吳江爲縣當南北之衝左江右湖民殷物阜蓋畿輔一鉅邑也成周之前越在荒服入勾吳而人文漸開由漢迄元千五百六十餘年之間或置爲鎮或割爲縣或陞爲州則俗與時移而人文彬彬然盛矣我大明肇興定鼎建康改州爲縣遂爲股肱重地蓋勢使然亦其地足以當之也縣故有志昉于朱長文之圖經而元人續之寶公德遠吳公本又續之至莫公旦而大備然自莫公以至于今歷七十年闕略不修而其書尚闕水利又多蕪詞則後人之所惑于公者也余幼讀之卽思自效其愚而縻于舉業力不暇及既壯舉于禮部病不對制歸取其書芟而續之然訪求考核又非一人之私力所能爲也故書雖粗成而未敢出以

示人嘉靖丁巳余自諫垣丁內艱歸適安邱曹侯一麟來知縣事索觀舊志鮮有存者詢諸縉紳僉謂余嘗從事乎此而未就也侯遂卜日緘幣顧余于郡城之寓舍以志爲請余辭不獲則相與推沈憲副公啓而共事焉蓋公博洽精敏名重一時而尤邃于水學公既任而不辭余然後啓敝篋檢舊稿訂故實于父老銓人物于學校旁搜博采而删正之公亦乘舫周游考究水利明年六月余稿成而公之書亦至侯遂命工鋟梓貯諸公藏以傳于後人工未竣侯以事去又明年巳未李侯遷梧來代其任取閱數卷謂不可中輟也命畢其事辛酉夏梓人告成問序于余余惟郡縣有志其來久矣周官小史掌邦國之志外史掌四方之志職方掌天下之圖而又有土訓掌地圖地慝誦訓掌方志方慝法甚悉焉夫小史職方土訓之所掌皆謂諸侯之國外史誦訓之所掌則諸侯之下邑也及秦罷侯置守則邦國皆爲郡邑而周官制度蕩然矣然

秦時圖籍尚藏相府則是官制雖更而職任不廢故蕭何得以取之亦周之遺意也厥後西京劉向著郡國之事東漢南陽撰風俗之編自是蔓延而郡邑之紀載實充汗而莫能殫述然其備一方之事立爲政之準誠有不可闕者矧吾吳江雄冠衆邑而可使殘腐若此哉顧予謭劣無能爲役然竊自謂纂修之餘蕪者以剔闕者以增而山水一類尤爲特備是惟憲副公之功而余則未能也自余初修以至脫稿凡十有一年又四年梓工乃竣中更兩侯歲月逾邁然余竊有喜焉昔莫公之爲志也稿成于天順丁丑再成于弘治戊申凡三十餘年始王侯廸求以入梓會遷官不果馮侯衡繼之尋以事去亦不果最後得孫侯顯鋟事始成嗟夫書之難遇如此然則余輩之遭逢距不易歟然聞莫志之修居有館食有廩服役有人而後操管從事茲余二人各就其家輯之廩餼服役不以煩官則其難易有自來矣敢并及之以諗同志而邑之盛

衰財之贏詘亦因以考見云此文湖上集未載棄疾記

南旒徐氏族譜序

譜牒之作所以紀本始重宗法綿世傳也自古受姓賜氏莫不由帝王而來此所謂本始也諸侯世國大夫世家有別子以爲大宗百世不遷其五世則遷者高祖而下各以所繼爲小宗此所謂宗法也其在於今無論貴賤皆有本始而迷不能明若宗法則唯王侯武弁之家始有大宗他如大夫士庶則但可立小宗而已夫本始既迷而大宗又不可立彼小宗者四世已爾近則易渙渙則亡統安能收族而嚴宗廟哉所賴以綿世傳者徒有譜牒耳其不可闕甚明也昔魏行九品中正之法重氏族明世系逮晉而譜遂盛至以門第官人而論治者往往病焉夫按譜官人誠非矣乃若崇本厚始俾學士大夫故家鉅族傳數百年而不絕此其功有不可誣者五季衰亂譜牒復散宋有大儒雅意修復其最

著者歐陽氏蘇氏兩家並爲世準此予所當法也吾徐由太末而來散居徐揚之間自吾身追而上之僅得八世其間名字子孫已有不能詳者使不及今爲譜以傳則愈久愈迷茫然不知此身之所自出譬之鳥獸離母勵聚倏散此予所爲競競而亟圖之者也然譜之初作也雖不可妄附遠引以取世誉而於本始亦當存其什之六七近世皇甫子循歸熙父皆云然誠確論也不然則如木無根水無源天下有是理乎故予爲譜雖斷自八世而止復取史傳所載徐揚間聞人稍得四五列于篇端使後世有考焉

重修六科仕籍序

官置給事中非古也秦漢以他官給事中猶曰給事中禁云爾後世遂以名官而我朝因之至於都左右給事中及給事中之名與夫祿秩之等員額之數屢更而後定如此乎其愼且重也蓋其職即古諫官之職

而不以諫名夫郎古諫官則言責攸存而獻替之任專不以諫名則言路斯闢而聽納之度廣兹其所爲慎且重與自設官以來至于今居是任者若干人矣而載其名氏邑里履歷之蹟以傳則唯題名仕籍而已題名刻于正德十二年至嘉靖二十八年而後備仕籍之作莫究其所從始至嘉靖十一年而東魯陳公守愚實重修焉題名略而仕籍詳蓋其體然也而二者或相矛盾殆失考之過與余觀仕籍所紀凡任是官者其始進或以文學或以治行或以初選或以夤緣而其擢用或以遭逢或以勞勩或以年資或以結納至於貶謫能遺筆戮之故則或以戇直或以糾彈或以攻訐或以連坐或以自取其途雖多其大要不出此數者按名而問其人循跡而求其實不唯賢不肖可知而言路之通塞國勢之重輕士風之高下因可考見此余所以有感於斯文而惜其未備也嘉靖三十八年秋余以内艱服除叨補吏科會余同館士梁君乾

吉來縮印綬公暇語及此事因以爲請而君許焉乃稽實錄購羣誌而增修之凡增三百八十餘人而舊本之訛者以正略者以詳至其疑者則亦傳疑以俟後之君子而猶憾不能徧觀羣誌之全也昔吏部侍郎葉文莊公盛嘗爲兵科都給事中列其同官十九人于水東日記而吏科右給事中任公忠爲都御史巡撫陝西亦嘗刻仕籍於其地二公皆吾蘇人位已貴顯而猶不忘寮寀如此此余所以雅慕鄉哲而願爲執鞭者也使在服者皆若二公之用心豈復有遺漏如今日者乎此又余之所望於後賢也籍分六科以官爲次并錄序記官制而科署未分與無考者並附于首篇總之爲二十六卷云

正蒙章句序

正蒙十七篇五百十三章予既定其章句釐爲八卷復考論其得失而序之曰三代盛時王道脩明學術醇正迨乎季世異端雜興猶幸孔孟

闢而正之至于今昭如也自漢而後益以佛老其說尤近故其惑人尤深六籍雖存又往往爲注疏所汩其能尊聖賢之道詆二氏之非九百年間唯韓氏而已爾宋初正學未明舊俗未革濂洛之書未布於天下於是乃有張子崛起關中不由師傳精一自信著書萬言盡心力而排之豈非難得者哉若乃意偏詞窒致有遺議則以學之晚而奪之速也張子之生在天僖四年初喜談兵後訪釋老最後反之六經至嘉祐初見二程于京師共語道學之要始盡棄異學計其年已三十七矣明年成進士更仕十二年而爲校書校書一年而西歸歸七年復起爲禮官不一歲又歸卒于途年才五十有八中間且仕且學僅二十年而俯讀仰思妙契疾書則在七年間耳甚矣其迫也張子資質穎敏工夫精切使天假之年至六七十而終優游涵泳當有深造自得之趣必不若是而止也然其書規模廣大思慮深遠已自足傳所謂大醇小疵又在荀

揚之上矣若醇乎醇則周程也周子張子生亦同時然以道里遼絶不及一晤二程雖近而相與不久則張子之學無所授而自得之也嗚呼難矣今人生於理學大明之後其所從入幸不謬迷而卒未聞有如張子者此其故不可不深思也予故愛其書而疏之與同好者共焉

經絡全書序

嘉靖末年予友沈君承之手一編見示曰此予所述經脈分野也子深於醫者幸爲訂而序之予謝不能沈君祈請再三往復不置乃應曰諾予時方詳禮記未有以應也已而沈君從計偕士之京師居歲餘竟無所遇而還鬱鬱不得志遂病以死久之禮記脱稾乃展前所受書而卒業焉其書自巔放趾條析分明一本内經及諸大家之説而時參以己見可謂博洽君子稱名家矣惜其引證繁複補益太過則其見託訂正之意非虚也昔季子挂劍于徐君之墓曰吾已心許之矣況予口諾者

乎竊惟先君蚤學斯道洞究大旨予不肖弗克纘承先緒改而從儒儒幸晚成猶及先君之存旦夕過庭每口授內經諸家之論以爲邪客諸脈疾疾乃生所謂脈者非獨寸關尺之謂也蓋脈之在人身也有經有絡有筋經有常奇絡有大小又各有直有支有正有別有正別諸陰之別皆爲正而筋亦有直有支有別其傳注之所曰端曰俞曰上曰下曰內曰外曰前曰後曰中曰間曰側曰交曰會傳注之名曰上曰下曰出曰入曰徑曰直曰橫曰邪曰起曰從曰及曰循曰歷曰注曰行曰走曰之曰去曰乘曰過曰還曰絡曰繞曰繫曰屬曰結曰合曰交曰貫曰布曰散曰至曰抵曰並曰挾曰別曰約曰究曰兼以辯表裏以分虛實以明營衛以測傳變以別補瀉以審汗下以決死生皆于是乎取之彼寸關尺者特以候之而已鍼石灼艾固以此爲重而湯液丸散亦必藉焉苟不先尋經絡而茫然施治惡能中其肯綮而收萬全之功哉其說蓋

與沈君合固知此道淵微唯精研者乃相契也爰乘稍暇爲之删校復述樞要以續斯編更名曰經絡全書一以酬沈君見託之意一以纘先君不傳之緒一以裨後學搜括之勤雖間與沈君異同要不失爲忠臣矣死者如可作也吾將質之萬曆四年丙子五月望日

文體明辨序

文體明辨六十一卷綱領一卷目錄六卷附錄十四卷目錄二卷通八十四卷撰述始嘉靖甲寅春迄隆慶庚午秋凡十有七年而後成其書大抵以常熟吳文恪公訥所纂文章辨體爲主而損益之辨體爲類五十明辨百有一辨體外集爲類五明辨附錄二十有六進律賦律詩於正編賦以類從詩以近正也輯既成繕寫貯藏以竢正於君子乃原撰述之故而序之曰文章之有體裁猶宮室之有制度器皿之有法式也爲堂必敞爲室必奥爲臺必四方而高爲樓必狹而修曲爲筥必圓爲

簠必方爲篚必外方而內圓爲簋必外圓而內方夫固各有當也苟舍制度法式而率意爲之其不見笑於識者鮮矣況文章乎夫文章之體起於詩書詩三百十一篇其經緯各三（風雅頌爲經賦比興爲緯）書體六今存者三（此蔡氏與氏據周官太祝六辭而言六辭祠命誥會禱誄也祠當作辭存者誥誓命也誓即會也商有訓周無之然無逸等篇實訓體也）厥後顏氏推論凡文各本五經良有見也或謂文本無體亦無正變古今之異而援周孔以爲證殊不知無逸周官訓也不可混於誥多士多方誥也不可同於訓此文之體也其文或平正而易解或佶屈而難讀平正者經史官之潤色佶屈者記矢口之本文乃文之辭非文之體也十翼皆孔子手筆序卦雜云夾雜要亦聖人之精蘊存焉此釋經之體非屬文之體也其答齊景問政止方二語答魯哀則七百五十餘言此隨宜應對之辭而門人記之非若後世文人秉筆締思而作者也至若以敘事爲議論者乃議論之變以議論爲敘事者又敘事之變謂無正變

不可也又如詔誥表牋諸類古以散文深純溫厚今以麗語穠鮮穩順謂無古今不可也蓋自秦漢而下文愈盛文愈盛故類愈增類愈增故體愈衆體愈衆故辨當愈嚴此吳公辨體所爲作也曾成童時即好古文及叨館選以文字爲職業私心甚喜然未有進也幸承師指授謂文章必先體裁而後可論工拙苟失其體吾何以觀亟稱前書以爲準則曾退而玩索焉久之而知屬文之要領在是也第其書品類多缺取舍失衷或合兩類而爲一或混正變而未分於愚意未有當也竊不自量方更編摩而以庸劣絀居瑣垣然退食之餘志不汨喪蓋忘其非吾職也已而謝病家居積累成帙更以今名聊畢前志雖於先正述作之意不無異同然明義理抒性情達意欲應世用上贊文治中翼經傳下綜藝林要其大旨固無戾也是編所錄惟假文以辨體非立體而選文故所取容有未盡者亦有題異體同而文不工者後有別爲一格如六朝

唐初文陸宣公奏議今並弗錄博雅君子當自求之至於附錄則閭巷家人之事俳優方外之語本吾儒所不道然知而不作乃有辭於世若乃內不能辨而外爲大言以欺人則儒者之耻也故亦錄而附焉萬歷改元癸酉三月

臨川王氏文粹序

古今以文章名家者其學術才能高出於世世亦共推讓焉而識者論之則曰彼能道其中所欲言者而已夫唯中之所藏有邪正故言之所發有醇疵至於其言或暢而不閼或鬱而不宣則才之有工拙也工於文者立意命辭咸有法度故有開闔抑揚縱横起伏淺深奇正曲折反覆之變凡以道其中之所欲言而非若人以不可入之法也世之知其法者既鮮或知矣而未能入則夫能道其中之所欲言而傑然自名其家者豈易得哉三代盛時敎隆俗美人才衆多上有學士大夫下至農

夫獵豎旁及婦人女子矢口吐詞莫不本乎學術通乎道德中乎法度而人人能道其中之所欲言詩書所稱不可尚已周衰教失道術不明士各以其所見爲學故其發爲文章類多疵駁之言然讀其文者猶能因其言之疵而知其學之蔽則意雖去古而於所謂能道其中之所欲言者固未嘗異也由漢迄今乃有離本眞之實而掠藻飾之辭假艱深之言以文淺易之意者世之人徒見其組織繢繡怪奇瑋麗以爲無異於古文而不知其背畔剽竊古意澌以盡矣千餘年間工文章者僅數家若漢之賈誼董仲舒司馬遷劉向唐之韓愈柳宗元宋之歐陽修蘇軾父子曾鞏王安石是已數家之文或蔽而不醇或醇而不該然能道其中之所欲言而免於剽竊文飾之弊則一也宋之四家並生於世互相推奬獨蘇氏父子與王公不合遂詆其文以爲今日文字之衰其源出於王氏噫其亦過矣今世尊歐蘇者甚衆而於曾氏之文鮮有好者

近日知言之士始能崇尙而表章之然後其書盛行至若王公之文雖與曾氏並傳而好者尤鮮豈因其相業與夫蘇氏之論而遂廢其言與余以爲公之相業雖多訾議然其感遇思奮欲行其學以致主於三代之隆而不自知其任用之偏其志斯以奇矣覩世之婣婀怙寵浮沉逐利靡然無所建立而足以陰亂天下者大有間也及論其文又皆疏鬯剴切紆餘委備本乎己之學術而疵駁之病亦不以自掩焉信乎能道其中之所欲言而揆之古文其不合者寡矣顧可以其人而廢之邪余不自量輒撰其尤工者得六十七篇付之梓人以自附於表章曾集之後使人知宋四大家之文譬若門奧而因以識作者之法度庶幾有好之者嘉靖庚申二月丁未姑蘇徐師曾序

重刊半江集序

古人以文章名家者亦多矣考其所撰或得於天資或原於問學或專

乎詞章或兼乎德業以謂人材之不齊如此孟子所云誦其詩讀其書尤必論其世者凡以此也由漢迄唐姑未暇論至宋吾得一人焉曰秦觀少游少游之文章清新豪逸不事繩削而繩削之工殆未有出其右者亦近世之名家也吾邑半江先生趙公生于憲孝文盛之時而稟清淑穎異之氣凡有著作率皆膾炙人口當其即席唱和對客應酬握管濡毫略無凝滯大者千言小者數句恆視其楮之脩短而爲之始不搆思終不加點一時才名之士咸屈服焉識者謂少游復出於今不爲過矣然余嘗謂先生之才與少游同而其文亦絕相類至論其世則少游官止正字遷徙以死其事不少概見而先生敭歷中外二十餘年明刑于郎署作士于浙臺功業顯著方之少游實遠過之蓋二人之遇不同故其所就亦異未易以優劣論也而世或專以詞章稱先生豈不謬哉先生著作甚富以不屬草故多散逸陽明王公守仁嘗於越署窺見全

稿類多删改甚者通篇無一遺字吾意先生晚年亦悔其平生所作之易而思以矯之使天假之年其精詣遠造未量也而僅及下壽以終全稿復失惜哉先生詩文號半江集太學生王君思誠既刻以傳而仲子通判韶州綸又收其遺文得百餘篇各以彙附而重刻之可謂能世其文者矣吾聞通判君在韶以不入英州戍卒罪忤當道劾歸至是英人樹碑頌功德又建生祠祀之然後知君不獨世其文又能世其業也集凡十五卷詩文總若干首云嘉靖辛酉冬十有二月朔旦賜進士出身刑科左給事中前翰林院庶吉士邑人徐師曾書此文從半江集錄出與湖上集稍異

牧越議略序

世有君子學成而仕故其爲京朝官則與公卿寮寀論議於廷陛之下而天下蒙其福或出爲州郡則與撫按藩臬諸使論議於數百里之内而一方被其休蓋抒其素所蓄積而不苟於仕也如此夫以一方而視

天下其大小雖若懸殊而懇至迅疾或反過之蓋州郡之吏於民最親其欲惡利病最易知其區畫興革凡志之所欲爲者最易行非若京朝建議往往聚訟於一堂而卒未見信也故有志之士或樂就爲吾邑沈公子由成進士由郎署出守浙之紹興紹興古越郡也領八邑專制千里公抒其所蓄積以究利病而興革之隨事區畫悉中肯綮一時諸使多信任焉凡有咨請輒見允從故其論議文移動成卷帙公既歸而其子太學生理裒爲十六卷刻之家塾題曰牧越議略間以示余且屬爲序余受而讀之見公經濟之學牧愛之心幾先之智殊無脂韋激亢怠忽顧忌疏略之意雜乎其間其殆所謂不苟於仕者與姑以一事言之方公在越海釁初起朝廷特設巡視都御史以禦之而吾郡人朱公紈實蒞其任凡六奏捷而輒解官後數年倭寇長驅直抵蘇松其非朱公者曰是夫激變致之耳或是之者則曰使公尚在必不至此聽者持未

決乃云不得夷情則此疑不斷然余以謂夷酋方詭其說以要互市而何引者又從而和之則孰肯吐實而决我之疑乎邇年總督大臣誘致酋首意在招降而朝廷執不肯赦然後知廟堂之上固自有定議也公嘗條答海防八議以復海道末又附以己見其言鑿鑿可信然在當時皆以公言爲不祥至于今而後驗則凡諜探之情備禦之略中間數語已能盡之豈復有不斷者耶昔王旦服李沆之先見以爲聖人公殆近之矣公去越爲湖廣按察副使越人有銜之者公因以能蓋公之議有便不便也余嘗謂公之官由牧越以能而公之名亦由牧越以傳今其議具存讀者可按而知也於公何尤嗚呼事脩而謗興德高而毀來蓋自古歎之矣

顧中父集序

顧中父集二卷余友顧節中父之所作也中父以成童治經從諸生終

身不遇鬱鬱齎志以死死時年四十四嗟乎其命也夫余自嘉靖癸酉歲始識中父遂與締交迄今垂二十年每就試必偕行飲食寢處驩然相得平居過從則切劘規益晚而彌篤而今則已矣嗚呼傷哉中父志在舉業兼通旁經子史百氏之書以爲古文初游邑學試輒利名籍籍有聞後進多師事之已而漸失志於有司名日以衰于是人皆歸咎於中父之爲古文用以生詘而恥爲其弟子以故伏臘之計恆至不給余竊以爲不然夫闡揚道議商確政事錯綜古今此古文之大指也不知其與舉業有以甚異乎否且今之專爲舉業而不遇者何限未必由古文害之矧中父又未嘗專力爲之乎然則中父之不遇有命焉决非由於古文也往余垂髫時即喜爲之年踰弱冠尚未得爲學官弟子雖余亦有疑於古文然性雅好不能輒棄及後應舉成進士則皆不事佔俾不假帖括沛然日千萬言而有餘又似有得於古文然其初猶幸余爲

之而人莫之知也故能苟免於中父之誚使當時有人知余之爲古文又終不遇則其誚余當有甚於中父矣夫余之才不逮中父遠甚而可誚之事乃蹈中父之所爲然而終獲遇焉則余幸而中父不幸也昔諸葛孔明以偏蜀相其主處二強寇之間可謂奇矣而後之議者見其鼎足而立也則曰治兵爲長比其無成則曰奇謀爲短流俗以成敗論人大率類此使中父幸而獲遇則人將謂其多能而又何誚之有且古之稱不朽者有三曰德曰功曰言由今觀之立德者萬不一二焉立功者千不一二焉立言者百不一二焉是三者之中所可力勉而易至者言也若夫富貴利達雖能炫燿於一時非所與論於不朽也今人都大官享厚祿紆朱拖紫馳騁於鄉閭夫孰不慕而敬之然無一於茲則百歲之後人且不能舉其姓名況不朽乎然知士之立身固在此而不在彼也中父遺文不多蓋困于舉業之故向使中父自知終身之不遇遂悉

屏棄以畢力於古文則其所詣當不止此是余猶恨中父之不專意于古文也然茲集既存亦足以傳矣百世而下或有好之者必曰姑蘇顧某名士也相與嗟歎其不遇而寶襲其遺編則中父之見誚於生前者乃其所以見知於身後與

垂虹送別圖詩敘

貴陽顧先生以明經領鄉薦計偕上春官不偶迺就守教諭來臨吳江諸髦士沾沾然喜也既踰年廷議以縣令多闕民用弗康超遷司教之有聲者往補之先生得郟縣郟在大河之南去吾吳二千里而遙諸髦士且喜且歎鰓鰓然惜其去也曹君伯明毛君宇化輩若干人受惠承教視諸士尤深乃相與繪圖索詩綴爲手册而題其端曰垂虹敘別屬余序之余嘗讀江文通別賦見其敘父子兄弟夫婦朋友感悵之情極其切至所謂黯然銷魂者信非王楊嚴樂揆淩雲雕龍之筆不能摹也

顧於師弟子闕焉豈其所未見而偶遺之與今觀諸君之與先生別也凝舟水濱揚檝容與百感凄其吳宋千里使當時文通見之吾不知如何以爲詞也古者弟子之事師師之待弟子恩義兼盡若父子然故其聚也樂其別也悲逮及後世先覺抗顏而爲師後進反面而竊議甚者轉而爲寇讎嗟乎師道不復久矣況夫學校之所謂師弟子者不過羈縻之義升散之節拘于法而屈焉非有傳道授業解惑之實也故其聚散恆若路人蓋有不足怪者今諸君之於先生乃獨繾綣若此其殆有致然者乎且夫士之與民其分雖異其情則同先生赴郟能推其所得士者以得民他日必有扳轅借寇恂勒碑頌羊祜者矣豈特今日此舉而已哉題稱垂虹者垂虹吾邑勝地在黌宮之西北諸君選而餞焉揭以命名志地也

送徐縣丞序

古之論治者貴能吏吏能則治不能則亂自有郡縣以來未之有改也然而有實有名則不可不察也投之盤錯而不驚處之棼雜而不亂日計不足月計有餘此實能非名能也辯博以濟其奸才幹以文其貪上下相蒙獵取虛聲此名能實不能也實能乎民則不擾事乃大治名能乎事即稍治民亦大擾外此則爲庸吏實不能亦無能名古之所謂具臣今之所謂不及能軟者也事雖不治民亦不擾嗟乎能不能易知也名實難察也上饒徐君丞吳江未三載能去問所以能則曰能軟云爾也夫徐君誠能軟無爲不猶愈於名能者乎方今能於名者皆是遂乃蜚聲憲使壅蔽銓曹得遷轉以去究其實非奸則貪百姓所熟知而上人不能察也實奸與貪故百姓熟知之名爲辯博名爲才幹故上人不能察君不辯博乃亦不奸君不才幹乃亦不貪此亦百姓所熟知而上人不能察也且世之所謂賤不能者非謂其類土木而已邪夫奉土揭

木而置諸縣堂之上衆以衣冠翼以徒隸而趨走其左右雖無補於民之勞苦然亦豈爲民厲哉况乎罷軟者口能言手能判心能思特無揮霍之才發揚之氣豈遂同於土木邪由此言之君不宜罷其罷者名實難察也君歸田里享暇豫之福悠悠卒歲以觀世之所謂辯博才幹者其究何如異日有綜覈名實之使臨於其上則所謂辯博才幹者或反不若罷軟能去者之爲安吾乃有以爲報矣

賀封淑人吳母劉氏壽序

當今海内父子相繼爲尚書者十有四家而我吳江之吳居其一焉至於子孫繩武科第蟬聯則唯吳氏與靈寶之許南北相望而吾鄉人之稱吳氏者又不特以其榮貴而已蓋其孝友之德藹於一門和順之聲風於四郡仕者秉羔羊之節處者享壽豈之祉而内助之人又多克配其賢若尚書訒菴公繼配劉淑人是已淑人胄于文恭公世載令德而

其肅雍之姿仁慈之性又獨得之於天故其事尚書公克敬以順處妯娌媵妾克寬以和字其子與前室之子若庶子克協於一用能以身爲教而刑其族人尚書公既棄祿而其子刑部郎中子寧其孫吏部員外郎仁甫並以進士登朝至封其冢子如其官其餘諸子諸孫領鄉薦游膠庠者進未可量而庶子子寅又拜命爲鴻臚署丞歲時獻壽則淑人凝然坐於堂上而子孫若婦各以序拜舞於下有官守者不及在列疑若動淑人之思而其顯榮輝耀見慕於人則淑人固陶然樂也非夫淑人之德孰能享榮壽之盛如此哉鴻臚君欲壽其生母則先念淑人乞余文以祝之余於是知淑人之德爲有徵也蓋余誦小星江沱之詩而歎今人不及古之夫人既乃誦螽斯之詩而歎古之夫人又不及后妃今觀是舉則知淑人之德度越古之夫人而上擬后妃亦萬一其庶幾矣宜其獲螽斯之應而壽不待言也故爲序之而不辭

贈馬君燊壽序

我吳江爲邑在蘇郡之東南介松江太湖以立縣治洪濤細流注滙清澈而郡中西北諸山環繞屏蔽乎其外扶輿淸淑之氣鍾焉故文人學士往往接踵登庸而逸民庶老白眉黃髮亦多藏於廛市郊墟之中蓋其地勢有以然也馬君隱居邑城年逾七十步履康强齒髮未變平生不飾行不詭辭樂與善人交而恥言人過不甚治產唯教子是務歲時伏臘與里中老者會聚飲酒譊讙而罷羣無忤色醉不愆儀鄉評推重弗約而同孟子所稱一鄉之善士君殆庶幾矣君有兩丈夫子長德卿爲顓頊醫次道卿明經屬文在鄉校中最有聲今年甲戌連舉進士報至其族黨昏姻曰我戚馬翁宜其有是子也其不識者曰我聞馬翁宜其有是子也噫嘻有子非難教子爲難教子非難教之而成之爲難或幸而成矣而得人翕然附屬者爲尤難記曰國人稱願然曰幸哉有子

如此夫有賢子而人以幸哉稱之則其父之爲人殆不可知不可知則其爲之幸也固宜今君之有進士君也人不謂之幸而僉以爲宜視記所稱相去不大遠哉攝郡守司理泰和龍公廉知君行推廣今天子恭上兩宫徽號制書錫君冠帶特致優禮之意於是德卿擇吉奉行壽而且榮實肇於此道卿之同年及其文會友吴君輩若干人介余弟叔明來請余文以章之夫君美行稱於鄉人久矣余雖有言何以復加顧諸君之意不可虚則爲次序羣言而贈之

讀陳氏吴江志

嘉靖丁酉余遘瘧凡五六十作而後瘳病中不敢讀他書僅讀莫氏吴江志謂宜改作時方從事舉業未暇及也越十年丁未叨舉於春官以疾乞歸思畢前志聞陳君明氏一嘗修之未就而卒余雖及見其人而書則恨未覩也會其孫從余問易持稿見示余受而卒業焉其書視莫

氏刪者過半增者半中間所錄亦或不盡可人甚哉秉筆之難也又聞余里人陳獻可亦嘗屬艸獻可署教曹邑卒於官余就其家求之稿已佚矣則幸君明之書尚存余得取之以參校也然獻可有曹縣志已鋟諸梓覩彼亦足以識此矣戊申十月九日徐師曾識此文湖上集未載棄疾記

卷二十八 完

女兒縣祥校錄

卷二十九　邑後學　陳去病　纂輯

明一八

徐師曾 見前

先考訓科府君行狀

先君諱朝字政卿姓徐氏蘇之吳江人也徐之先帝顓頊之苗裔與秦同宗實嬴姓其後分封別爲徐氏漢以來代有聞人勝國時有諱某者仕知龍慶州（即今隆慶州穆宗朝以避年號改爲延慶州）實家邑之南麻村其所從徙則漫不可考矣數傳爲文亮府君諱某始徙邑城之中河里文亮生孟昇府君諱達皆不仕孟昇生原德府君諱綱始以貲爲迪功郎原德配王孺人生三子先君其仲也自飲乳時即奉祖命出後叔父原禮府君諱縉於是禰其叔而伯其父蓋從禮制云先君自幼穎異淳篤不逐凡兒嬉

戲長治朱氏詩慨然有風雲之志顧以疾廢改而從醫原禮府君爲福建沙縣主簿先君隨侍官邸從其邑之名醫羅某游盡其術以歸已又取素難脉經及諸家方論讀而思之業既通舉爲額內生久之訓科缺郡縣復舉先君領牒北上既拜聞母喪奔還守制故事土官不持服先君曰孰非人子乎故事何足法也竟移文終制服闋起涖事診治病囚及委他務咸克辦理正德五年饑大疫縣令南平蕭公韶捐俸市藥以施貧民屬其事於先君遠近就醫先君躬自診視又簡名醫治之賴以起者甚衆嘗署驛篆上官使客道邑中者先君承奉惟謹而舉止雍容無次且進退之態見者咸加禮焉有郡倅行部好陵其屬吏見先君顧獨霽威問曰若非驛丞邪先君以實對曰果然吾固知非驛丞也囚徒來配者多瘐死禁中積數人乃以一文關白視人命不啻犬羊然莫之恤也先君憐其罪不當死出之禁中戒驛卒守之使乞於市所活者若

于人一時縮九綬前此所未有也中歲得痔疾乞致仕值巡按御史尚嚴刻意先君欲偷安也檄府詰之時永康徐公讚爲守不肯平署曰官怕願做耳不願可復事束縛邪無何守以遷去署篆者上之先君竟坐免官聞者無問識不識僉以爲寃主上龍飛覃布恩詔於是先君復故秩而致其仕聞者無問識不識又相與拊掌曰有天有天先君於醫最精而不大行於時有求治者應之又不責報以故生事僅支伏臘所居數楹日坐一室橫經課子暇則與隣里父老談笑往來優游卒歲不知人世之有毀譽榮辱也有司舉鄉飲屢速先君師儒撰其德行曰秉心淵塞養性恬和利澤普於及人義方徵於成子人以爲知言先君聞之辭避不敢當故所舉僅一再出餘弗應也嘉靖二十五年師曾舉于鄉明年連舉于禮部以疾請歸方圖祿養甫歲餘而先君遘疾告終矣寸草未盡五内崩裂嗚呼痛哉嗚呼痛哉先君爲人誠直忠愨不立城府

口無過辭身無過動繩趨尺步矩折規周見人善諄諄稱之不善不道也原禮府君後有子當析產先君每以讓之而自取不及什二三父母卒服喪過哀葬祭盡禮忌日必流涕朝夕爲曾等談先世事或哽咽廢食老而弗替其至性孝友如此云先君生成化十二年三月二十日卒嘉靖二十七年十一月二十八日享年七十有三元配王孺人舉子弗育側室孫氏凌氏凌氏早卒生男二長即師曾次師程女一適顧昇孫男一詢墓在邑西北柳胥村鱗字圩卜以卒之又明年十二月十三日舉柩窆焉痛惟先君以醫進身而中遭詿誤以儒教子而竟不享成雖睹其進而志則可悲矣潛德幽行在人耳目曾雖不肖安忍忽而不記用是含哀茹痛攝摭如右伏惟執筆垂憐而錫之銘以示後人以信萬世先君幸甚曾等幸甚

大明故湖廣按察司副使沈公行狀

公諱啓吉字子由姓沈氏其先河南人隨宋南蹕居蘇之長洲有諱思孟者來贅吳江王氏遂爲吳江人曾祖端祖本父經醫學訓科以公貴贈承德郎南京工部主事母吳氏贈安人公在娠七月吳安人夢牛觸懷短角而有鱗覺而生公四歲時好弄梓片零塼架屋爲嬉戲輒前後貫通工部公見而奇之曰此異日肯構兒也十四五從吳邑二盧先生游並見器重十九入邑庠二十而孤屢任劇役備嘗艱苦又先業爲世家所奪公與構訟繫獄兩月猶日課經義二篇故業不廢而學愈充每督學御史臨試輒寘優列正德十四年舉應天鄉試嘉靖十七年始成進士明年乞就南選拜南京工部營繕司主事時肅皇帝幸承天當造龍舟以俟然未知水陸所出弗豫則失事徒費則擾民尚書周公某難之謂屬吏曰此役非沈主事不能辦也趣公至公請具百需於龍江關而遣人覘實始興工後駕竟從陸得不妄費周公大喜曰吾固知非沈主

事不能辦也中都內臣請修皇陵事下南工部尚書宋公某委公偕錦衣指揮朱公某勘議曩時文武官會議武官欲序秩而文官多執先文後武之說往往爭道不相能公曰先私而後公非人臣自靖之義也於是序秩朱公說公因從容言曰此役也公聞舊制乎太祖遺旨皇陵毋得動寸土違者以奸論腰斬今日往議當如何朱公拱手曰唯命既至諸內臣計度甚鉅費巨百萬計公具以遺旨對且曰卽如太監議是動土也朱公應聲曰太祖有旨誰敢故違內臣曰沈大臣何以覆奏對曰唯可修牆垣耳由是費不及千兩宋公稱善自是有疑事必詢公常稱爲先生而不官考績北上宋公親送之郊曰屬官無此故事吾爲國禮賢爾公有志經濟在南都三年凡官軍俸糧以及解額積兌之數靡不周知一日吏部侍郎張公某問戶部以糧數戶部郎謝不知問兵部郎軍數兵部郎謝不知又問戶部官積兌之數戶科官又謝不知工部高

給事中某從旁言曰此唯工部沈主事能知之耳張公見訪盡得其數歎息而去嘉靖二十一年考最調刑部四川司主事尋陞本部河南司員外郎轉浙江司郎中公謹持三尺而不尙苛刻尙書聞公淵雅重之有六人共盜其一人實爲謀主而不分贓意在姦也且又自首先是問官免首者而五人皆論死不服則以付公公廉得其姦狀竟坐首者餘五人得減死公在部承詔獄三十餘事上意叵測人爲公危公一斷以法並蒙俞允其違忤權貴亦多類聞公調護云嘉靖二十四年擢紹興知府紹興轄縣八而會稽新昌蕭山三縣田賦不均糧役偏累公平其額而令長里者收之計歲番休其始巨室詾詾後乃稱便焉郡境瀕海其人或通番或盜刼時有許棟者嘯聚雙嶼港兼冒二法衆至五六萬縉紳欲挾其勢開市舶以規利因草疏授公曰廟謨已定煩公轉奏耳公疑不可會公以他事入會城遇其同年給事中劉公洵問訊北來事

因出前疏草示之劉公驚沮與公意合事遂寢縉紳大恚許棟之黨王直者尤號狡獪納交士大夫一時藩臬諸公間有被其汙衊者獨公與巡視都御史朱公紈不得間直歎曰蘇州人何難與若是耶上官咨海寇事公初建四議再建八議以復其後歷歷皆中云郡多山田民每苦旱又室廬用筏畏火公祈雨雨澍禱火火滅又有鯊魚化虎入山爲民害獵者莫敢攖公作文祭山神即日復化爲魚出海去嘉靖二十九年遷湖廣按察司副使時征辰溪諸洞苗督撫侍郎張公某屬公紀功公欲詣山寨侍郎怒曰女何不駐府城而輕出遠縣萬一不虞罪將及我意在急於報功也公起對曰舊例紀功官與監軍官同皆須臨陣某既承委何敢避難即與監軍副使張公某同行挾首級至者詐稱黑苗某公驗之曰此級未冠稚子耳黑苗某素驍勇殆非眞乎斥其功弗紀總戎監軍皆不說已而黑苗某復出抄掠監軍曰鼂微公言幾悮乃事深

以爲德焉初督撫下令斬一苗賞白金五兩是時良民被虜者甚衆官軍多冒殺以爲功公議生獲被虜人口者男子與斬苗同賞婦人減其二由是生還者千餘人嘉靖三十二年覲事畢科道例拾遺紹人有掌戶科者銜公沮市舶遂中傷公而時相嘗爲祭酒與公有師門之雅亦怪公不通書問乃解公官公歸築室仙人山與泉石伍而以詩書稼穡教其子孫郡縣大夫非公事弗謁也公天性孝義正德十五年下第歸道遇小盧先生先生及家人皆病疫欲來附舟從者不可公弗聽邀至舟中朝夕侍奉及抵舍而盧先生疫亦不染盧先生曰途中弟子隨在而有然求恩義兼盡如沈子者恐不多見也公歇歷中外凡十六年始終不以家累自隨廉介守官常如一日每歸唯圖書數篋而已居家處事不肯自私如贊郡守王公儀攤耗即不自顧輕稅田勸邑令楊公莊築城即不自惜財議戶出丁守陴即不自惜力他如止揭簿增荒山之

賦請監司散已徵之糧不唯同邑受惠而鄰邑亦被其賜云公邃易學旁通諸經子史陰陽律曆水利洪範紫微堪輿等書善屬文喜吟詩著述頗富有家居稿南北稿西臺靜稿越吟稿楚吟稿雞窠嶺稿南厫誌南船誌牧越議略吴江水利考杜律七言注晴窗便覽總若干卷公生于弘治三年八月二十一日卒于隆慶二年二月二十日享年七十有八配郭氏封安人先公二十一年卒子男四曰蔡鄉進士先卒娶王氏曰理太學生娶黄氏曰問娶張氏並郭出曰處側室趙氏出娶范氏女四長適太學生顧名節次適顧勳次適長洲金堪並郭出次適太學生章效良側室馮氏出孫男十三令善太學生令成邑學生令名應天府學生令猷邑學生先名在第三令善太學生令成邑學生令儀太學生令聞鄉進士公九日卒令德令行邑學生令範令謀令緒令言女六壻朱可大顧曾志趙舜臣陳爾學周順卿申五常可大太學生曾志爾學順卿五常皆

邑學生曾孫男十瓊芝璐芝玉芝同寅同倫餘未名女九許字太倉王
士驥同邑吳汝堦陳士華餘幼承重孫令像卜以隆慶四年十月二十
五日奉公柩葬于吳縣西山雞籠嶺之新阡合郭安人兆將求當代明
公銘其墓委狀于師曾惟公居官居鄉皆可爲後進法曾晚學辱公忘
年交相知最深遂不辭蕪陋撰次如右病間無文伏俟採擇

吳封君傳

封君諱邦棟字子隆姓吳氏延陵季子之苗裔也其先繇梅里徙汴又
繇汴徙吳江是爲千一公傳七世爲贈太僕寺卿璋以孝稱鄉賢祀于
學宮璋生南京刑部尚書洪洪生刑部尚書山並贈太子少保加贈資
政大夫山娶同郡毛氏累贈夫人生封君容貌頎長器宇魁岸垂髫時
好學有文弱冠充博士弟子升太學屢躓藝場輒北廼棄去進士業博
綜史傳百家韻務教子已而仲子承燾舉嘉靖癸丑進士冢子承熙舉

乙卯應天鄉進士其後仲子仕終廣西右布政使先卒封君以布政君初考績封吏部署員外郎事主事階承德郎復以穆廟登極恩進封山東左參政階中大夫故鄉人稱之曰封君云封君爲人馴行恭謹孝友廉節蚤失恃善事繼母劉夫人三姊四弟遇之咸盡其道且能以恭儉率之尙書公喜曰吾宦遊在外久幸無私家累由吾長子倡先耳尙書免官歸卒于途封君大恨不及含斂號慟幾絶者數四葬竟析產唯奉劉夫人命庭無間言劉夫人没時封君已遘目眚不能拜賓然衰麻哭泣不以衰病爲解封君初爲貴公子及受封乘軒出入尊顯矣顧始終折節下士亡嫚姆雖三尺豎子亦以誠心溫言接之布政君筮仕令壽寧以才調崇安封君念其祿薄每以餘粟易白金遺之以佐官中及入覲道里費比遷考功當計吏有崇安令道吾邑自以交承分挾寶玩求謁門者見之封君謂曰無以爲也君在官下僕不能知萬一弗稱吾兒

安敢骩法相庇哉其人慚而去既調文選有士賫金幣乞美官復峻却之布政君在銓曹凡五載封君未嘗一日招權勢顧金錢屬有僚友門生來仕部中者封君一見而退不再謁戒僮僕勿與他事門廡寂寞亡雜賓從弟光禄署正邦模無子布政君當出後封君力辭以讓從子捐棄重產弗靳也昔仲尼射於矍相之圃使子路出延射有曰與爲人後者不入封君其達斯旨乎萬曆四年十月十二日封君卒年七十六蓋病目謝人事者十四年贊曰世稱紈袴子弟善驕侈易墜舊業余以封君觀之豈其然乎封君前承閥閱後都權勢然恂恂抑畏弗遑康寧居常言門第不可恃先訓不可忘既以自勗亦以勑子孫卽此兩語可爲後代世家法矣於戲盛哉

生母淩氏壙誌銘 并序

嘉靖十有三年歲在甲午夏四月二十日生母淩氏卒不肖曾卽貧無

以爲葬迺于卒之又明年冬十月二十四日奉柩攢于祖塋越十年是爲歲丁未不肖曾梫藝南宮謬厠名于牓末請告養痾家山乃卜是年冬十二月十三日敬啓攢宮窆兹幽宅不肖曾無任隕越哀號之至痛惟吾母壼德閫範久或湮沒罔以昭示後人迺銜哀秉筆伐石而誌之誌曰

淩氏吳江之黎里人曾大父賢大父復父彥昇母沈氏生而稟幽閑之姿體純穌之德秉貞潔之操服恭孫之節葢年十七而歸家君訓科某爲側室時適母王無子朝夕軫念吾母旣歸而生不肖兄弟用紓顧後之憂其有功於徐氏甚大事家君唯唯惟命績絍烹調之外又能治藥石權圭七佐醫師事以需濟人其有勞於家君甚至適母舊多病吾母侍湯藥竟夕不寢疾止乃已適母亦愛重之其有裨於風教甚深不肖曾結髮時讀書學文吾母執女紅課其勤至夜分迺能及試有司不售

則命之曰女年少患不學毋患不售也第勉之義方之訓病且死猶剌剌不休今幸通籍儒紳入仕有途異時竊斗升之祿效菽水之養而恨不可得矣嗚呼痛哉嗚呼痛哉吾母生於弘治七年七月十八日享年四十有一子男二長卽師曾娶陳氏次師程娶壽氏女一許嫁顧昇孫男一詢壙在縣北之柳胥村鱗字圩銘曰

娟娟淑媛世有令德鍾厥純懿以相閫閾維跛能履相承之吉後昆雲仍施於無極其後則豐乃疚於躬景命不俟遘此愍凶嗚呼昊天靡嘉胡不殲我禍烈且延蚤奪我母三復蓼莪瞻慕何已勒銘哀告萬年是紀

先母王氏墓誌 有序

嘉靖三十二年歲在癸丑不肖師曾當應制取進士欲奉吾母如京師而吾母以老不肯行居二年海夷作亂逼縣城城中震恐曾得報復謀

迎養而吾母以亂故惠然肯來以三十四年五月入都城凡十四閱月而卒于官邸卒之四月始克護其喪歸葬于柳胥村鱗字圍祖墓之域中合先人兆嗚呼吾母已矣已矣仰天長號不可及矣敢瀝血𨷂詞而納諸幽其詞曰

吾母王氏得姓於姬得望於太原而居河之南及宋徙都始占蘇之吳江曾大父諱玤大父諱仁父諱政母莫氏吾母年十九歸我先人訓科府君徐氏諱朝字政卿先人幼奉祖命爲叔父之後吾母婦於伯叔之間乃能孝養其舅姑而朝夕歲時饋獻於伯氏無少間皆得其歡心初舉一子一女並以殤死既而不乳深以宗祀爲憂勸先人置二側室孫氏凌氏後凌氏生曾弟妹三人而先人之宗賴以不墜至於撫字之勤督訓之力則又有近世適母鮮能者焉故其妹嫁沈氏者化之亦卒有子曾年十七而生母見背當是時吾妹纔三歲耳吾母懷而鞠之不以

爲累鍾愛特至既嫁猶念之至老且死而弗替蓋其慈如此其他細行不暇悉也初曾之赴闕也母齒已踰時制曾爲之制而諱其事比就迎問而知之命攜以隨既卒即付匠人敢能詰朝而殯弔者見之咸以爲達也嗟乎閨闥之中死生之際蓋烈士所難而吾母處之如此豈不誠女丈夫哉吾母享年七十有八其卒嘉靖三十五年六月十六日其葬是年十二月二十七日子男二長即師曾兵科給事中次師程女一壻顧昪孫男三詢諄論惟曾不肖初儲翰館既以疏庸失其史職繼叨瑣垣復以寡昧無所建明然猶靦顏就列不知引退者冀得一命之恩以爲吾母榮而竟不能待也嗚呼痛哉竊惟吾母之行可傳萬世然非得有道而文者以爲之銘則無以昭來嗣非假寵於天子則無以重斯銘而慰人子之心今茲未能不敢以請姑誌其實於此而竢諸異時焉昔宋歐陽公表瀧岡在葬後六十年以謂非敢緩也蓋有待也曾名位萬

不逮公奚敢不亟圖之而顧緩若此其亦所謂有待者與

亡姪十四郎壙誌銘

吾宗由太末散居徐揚之間吳江古揚州域也故多徐氏世系莫考余所知者隆慶府君居南厙族屬蕃衍歷四世至文亮府君始徙邑城而子孫復各散於鄉獨吾支世守邑城至於今又四傳矣雖漸顯貴顧不甚蕃訓科府君生予兄弟二人予兄弟各生子一人噫吾支之綿延僅若綫而已爾十四郎者名訥予弟師程叔明之子也蓋四乳而後得之予時方家食見其狀貌仁善在祖母伯母懷中依依不忍去意其長大必良天其祚吾門哉及予來京師垂二年而十四郎之訃至嗚呼天不祚吾門邪何得之艱而失之易也豈以性不類父而敓之乎其生嘉靖三十一年正月十日其歿三十三年二月十二日其葬明年九月十日壙祔邑柳胥村鱗字圩祖塋在殤穴予既爲文哭之且爲之銘銘曰

棄而親反而眞以召其後人

故黄先生同妻鈕氏合葬墓誌銘

按狀先生姓黄氏諱紀字以陳世爲吳江人曾祖塤祖璋父綖母徐氏初居北厙滃後徙雙楊村是時鈕氏有諱某者亦自桃溪徙邑城之中河里生鈕孺人聘先生而就館焉故黄氏之再徙邑城自先生始也先生少時狀貌不類凡兒長治舉子業補邑學生校藝有司有司最其文由是聲稱隱隱起吳中弟子執經受業者甚衆經旨承其口授輒取高第去已獨五試京闈不售蓋晚而饟於官然非其好也初先生之爲學也稽日按程每漏下四鼓卽枕上默誦經書一二卷黎明乃起討究墳典商確古今日著經義皆傳傳註間作古賦諸篇辭旨溫麗窮晝之力復繼以夜矻矻不少休故雖業擅尙書而旁經羣史百代之編靡不該洽尤邃數學洪範皇極能詣其奥此則經生所未有也當其時孺人夙

夜拮据躬服儉樸以佐其勤及舉下第先生或怏怏不樂孺人復溫言慰之終身無怨言先生少失父事母孺人甚謹孺人歲時獻遺罔不當意常視祀具必極精腆不苟從事也先生爲人篤於孝義睦姻戚信朋友略權勢而矜賤貧其待人也三尺之童必爲加禮一事之善樂於表揚至其與内兄比椽而居共爨而食垂三十年無間言此尤古人所難能末俗所希覯也嗚呼先生之敦睦外族孺人之克恭厥兄其見之矣世有昆弟分門顧若寇讎然者視此不有愧哉先生垂易簀時嘗著家教一卷既沒而孺人益珍襲之時出以示諸孤指其云云輒爲感慟其躬勤力作不異先生在時也先生卒于嘉靖二十一年閏五月二十五日享年六十而孺人則以三十年九月十六日卒享年五十有九子四人炎實並卒宸宁宸等卜地于邑之范隅鄉龐箕字圩崇土爲墳窆埴爲穴將以三十二年某月日奉二柩窆焉乃持其門人鄉進士葉懋學

所爲事狀謁銘於予予聞之先生嘗有言曰賢愚在人窮達由命善乎
斯言也夫以先生之敦善行誼博學閎辭使爲世用其設施可概而見
也乃竟鬱鬱齎志以歿不獲一試於時豈其人非賢邪將命之不遭也
感而爲銘銘曰
聖遠教湮道絶寒澆惰成風厭匡救偉哉先生崇厚德廉頑敦薄刑家
國士女無荒恆翼翼翺翔鳧雁思厥職既耆乃通數之極藴而不施我
心惻雙璧同瘞作世式貞珉刻辭永毋泐
董士希妻吳氏繼金氏墓誌銘
吳氏者處士董賢士希之元配也董吳並吳江人董之曾大父芳以貢
授常山丞而吳先世亦有以明經爲訓導者二氏雖不甚顯貴而詩禮
相承故吳氏來歸歸而生一女及子漢策而夭於時金氏繼之未幾亦
歿兩喪相仍僅在七年間耳士希値家中否力不能支乃放世俗火二

柩而收其遺骸葬之同里成字圩先塋越十二年漢策成立乃詣予泣告曰策不幸生三歲而慈母背棄繼母於策日夕拊而摩之甚有恩即策不孝弗克禮葬以伸情事於萬一復不得名筆以銘諸幽是重不孝也先生其圖之策惟先妣來歸逮事吾祖母孺人孝謹勤恪夙夜幹蠱然終齎志以歿弗底於成已而繼妣纘厥室家拮据力作以成其志乃有今日吾父工古篆書刻以其藝遊縉紳間家務悉綜於繼妣繼妣上則躬劬勩甘澹泊以相吾父下則鞠吾輩於襁褓姁姁焉不慼於慈蓋至是而吾家之衰緒稍振矣而又不幸夭嗚呼痛哉予聞其言而悲之且有感焉夫世之執箕帚操井臼者鮮克服勤以相其夫而繼人室者又往往分彼我於子女之間不虐則忌若二氏之賢齊軌合轍固末世之所難而妻道所由立也是宜銘是宜銘吳父萱母江氏其卒嘉靖十三年十月七日年三十四金父某母某氏其卒嘉靖十九年十一月

二十一日年四十三金爲長洲人無子繼金氏者馬氏也生漢儒瘞石之年爲嘉靖三十二年某月日銘曰

吁嗟二婦異氏同蹤迺惠迺慈以亢厥宗董氏有家二氏之績董氏有子二氏之澤銘詞可徵永垂世則

貴州布政司照磨沈府君墓誌銘

府君諱榮字惟仁姓沈氏其先汴人有從宋南渡者家於吳遂爲蘇之吳江人曾祖承季祖珉父澄母盛氏府君生三歲而失怙恃鞠於其姑長習政事通律令爲府吏知府曹公鳳嚴毅威明羣吏事之咸抑首促促獨府君遇事敢言或他吏有事抱案牘逡巡不敢白目府君府君即與代白無所遜曹初怪之府君不變蓋久而察其誠直遂信任焉所白是即署案尾曰行否則詰責他吏知府君爲所紿不以罪也已乃入京從事内閣隸知制誥潘公潘識其人不敢煩以奔走賓諸邸塾而使子

弟受業焉居久之歸祭於家需次凡若干年非歲時慶賀不入公府爲有司所重嘉靖四年始謁選擬除光祿監事辭乃授貴州布政司照磨府君既拜命之任而前官猶未滿去不得上欲還更選撫按共留之委以雜務府君悉力幹理事以辦治咸奬其能至七年乃上府君職在磨勘而倉庾守吏蝕耗頗多輒以乾沒抵罪累年弗得脫歸府君察其寃必爲之委曲庇護俾得歸或不能歸則資而遣之蒙鉞阿向烏蒙等弄兵朝廷征之府君督餉以從奮不避難賊平三被欽賚實異數也嘉靖十六年九載考績北上未至以覲例免歸府君曰吾志也於是迴舟南下攜杖逍遙往來里中日與二三長老談笑以終餘年縣大夫舉鄉飲以速府君府君謝不往不得已爲一出以塞其意云嘉靖二十三年十一月十六日以疾卒于家年八十一明年某月日葬縣北三里墟字圩之原府君凡再娶生四男初娶姚氏子曰衡曰衢繼周氏子曰衙曰衎

衡先君于年卒葬得日衢等以季弟衍有文令撰事狀哭拜授使者走京師乞予銘予先人與府君交垂五十年以誠直相契合先人嘗爲予言孝廟時治化隆治風俗淳厚然於吏中求府君已自百一居今時直萬一耳嗚呼若府君者可復得哉可復得哉銘曰

儒其行吏其名以永厥聲

周母鍾孺人墓志銘

孺人鍾氏世爲吴江人處士諱某之女而訓科周君諱同之妻也鍾故富家孺人生長豐腴及歸而見周君儒素家也服食儉約心顧安焉且爲蚤夜拮据操筅籥權贏縮以理内政用能振拓先業列於富饒然性好施予有餘輙斥以周貧乏故囊無長物焉性又至孝事舅贈資政公及其姑計太夫人能以志養公好客孺人與其姒施夫人共執汲爨以供具唯恐不當其意周君之兄宫保尚書恭肅公用初爲南京給事中

而贅政公壽終于家不及視含殮以爲恨孺人相夫治喪極其誠信人曰使給事君自爲之亡以過也恭肅聞因以少慰云太夫人暮年嘗病淋孺人奉侍湯藥晨昏不離側且爲日汙其私積歲餘不怠恭肅長子尋甸知府國南早失母孺人撫之如已子又佐其婚娶同爨十餘年庭無間言孺人數乳皆得女自度不能子選飾妾御薦進不忌厥後圖南生保護備至逾於已出圖南雖長不知其非孺人生也其待僮婢亦若子女然有數年在旁未嘗一被其笞詈者嗚呼其賢如此周氏家爛溪之上嘉靖三十五年海酋入寇圖南奉孺人避居邑城感痢二十餘日而卒是歲七月二日也享年七十有六子男一卽圖南太學生瞿出女四長適福建按察司副使卜大同次適陳國光又次適太學生沈嘉績並孺人出又次適縣學生史天成沈出孫男一女三皆幼圖南以亂故亟於營葬而卜未食乃以其月二十八日舉柩攢于大牛之丘明年二

月十八日始克就窆合周君兆先期持國南所撰事狀詣予徵銘予方歸葬適母于鄉泣誌懿德而孺人之賢實出一揆予於是重有感焉蓋予觀風人咏婦人之德不一其事而其本則在關雎取其不淫於色而無傷善之心也江沱小星則異於是矣而後悔之恩在公之惠猶歌之以爲美而删詩者列於二南非以德之難哉世衰俗敝不逮於婦人有如吾母與孺人絕妬媢之私臻詵繩之效殆不必位分儀等之同而德則庶幾矣使其遇能詩之媵必將播諸聲歌以垂於無窮今不遇矣於其來請寧忍使之無傳乎銘曰

有美孟鍾來嬪周京婉娩其容婦順母儀協於孝慈其德則熙遹蕃選飾以綿胤息實維其德大牛之丘銘以告幽萬祀千秋考德於茲式媲盛時風人之詩

楊處士妻平氏墓誌銘

有地界蘇松之間曰楊扇華亭楊氏居之世號德門至處士應元而積愈厚業不營而拓教不勞而成余心異之已而聞其配平孺人之賢乃知處士之克享成福不偶然也孺人吳江人曾祖思忠事文廟爲主客郎中累官陜西參政時稱名臣郡邑志皆有傳祖昆父松母李氏孺人自少穎異善女紅剪製之事長歸處士處士昆弟六人孺人在娣姒中事舅姑勤懇特至舅姑說之故舍諸伯叔氏而終其身與之居孺人兄弟皆早世母老無依亦迎養焉處士性好客客至必欵留深觴細杯窮落日月孺人執爨共具極其豐腆處士初不問也族屬故舊雖甚疎遠必厚遇之或有稱貸不逆其竟何如無弗予者諸子業進士則延致賢師友使相磨礱其事家人產業者亦以勤儉勗之噫孺人慈孝仁惠如此婦道母儀可謂無失矣子男五道亨舉進士今爲行人道貞國子生道通道明道腴女二嫁長洲學生馬八駿周文炳孫男五女三孺人以

弘治十二年五月十六日生嘉靖三十二年十月二十二日卒享年五十有五當是時行人君已領鄉薦卜葬未食權厝祖墓之旁至是以使事歸沓槀處士治新阡于制字熟生之原啓舊殯而窆焉嘉靖三十六年十二月十八日也行人君自撰事狀偕諸弟謁余銘余嘗歎內助之賢不多見今見孺人又因以知處士之德行於家也序而銘之詞曰

赫赫平宗始別韓封後生名臣陝右宣句爰再其傳有女嬋娟作嬪楊君壼懿有聞仁惠孝慈內外順之世德用光積厚流芳嶷嶷令男使服兩驂卜食元龜有丘巋巋綸音方來賁于泉臺斲石鐫詩我詞匪私

太學生周叔元墓誌銘

嘉靖三十六年十一月十七日吾友周君叔元卒其仲兄鄉進士仲陽撰狀踵余門泣告曰吾季弟不幸死矣知吾弟者子也其爲我銘余感而諾之蓋君卒之前半月與余遇于震澤舟中聯床抵膝啜茗劇譚垂

夜分乃别當是時君言語狀貌精神意氣無異平時迺今遽死乎嗚呼此豈人情所能測也按狀君姓周氏諱乾南叔元其字也世爲吳江人曾祖瑄祖昂贈資政大夫右都御史父用以進士起家累官太子少保吏部尚書贈太子太保謚恭肅適母施氏封孺人累贈夫人母姜氏嘉靖八年恭肅爲右副都御史提督南贛等處軍務以其年八月十七日生君于贛州官舍恭肅有丈夫子四人君其季也生而儀狀魁梧資性警敏稍長知讀書授以經傳輒能背誦通曉年十七補邑學生尋應例升太學操嘗屬文類不作常語今年春卒業南廱祭酒新昌潘公晟試其文深加奬賞且曰吾子勉焉蓋望之也君歸愈自砥礪取近時舉子所爲經義删其疵類納諸程度夜以繼日不自知其憊也他如書札音律圖畫壺弈諸技亦皆究心焉天性孝友母有痰疾每發君必侍牀第視湯藥唯謹衣不解帶率以爲常事諸兄恭愨特至遇有外侮則爲之

極力分解奮不自顧早歲失怙母將築室居之君念母春秋高不欲煩其心乃自鳩工繕搆甫歲餘堂室門奧咸就條理人由是覘其才君又好客凡有過從必設菓核羞醴歡洽竟日與人論事侃侃亹亹反覆不竭或不當意則抗膺雄辨卒不能屈其說見人急難輒赴救之或貧而助之不亟取償又能仁於宗族嘗欲立義田關義塾以贍其不給者而教其子弟使天假之年其規可次第而舉也有志未就惜哉君自震澤歸一夕坐榻上忽聞戶外跫然履聲視之無人心已訝其不祥未幾復夢有朱衣白馬數人掖之上昇前有青衣擎燈引導其行如飛既覺語家人曰吾夢云云余殆將死矣夫命也明日果疾作召醫診之則不可爲矣直視諸子環膝下竟無一語年僅二十有九君配薛氏生子男五人曰禎曰祜曰禮曰祉其一未名女一人墓在某原葬之日爲某年月日銘曰

已虖叔元藝能發身而時未遘仁足壽命而數不延已虖叔元仁兮藝兮孰爲之先未遘而夭孰使之然已虖叔元奈何乎天

河南新鄉縣知縣致仕陳君妻顧孺人墓誌銘

孺人姓顧氏世爲吴江人曾大父玉大父昇皆不仕父元以貲爲承事郎母徐氏余姑也承事公無子生孺人三歲背棄余姑撫之艱苦萬狀比長館今新鄉知縣致仕陳君鴻于家從今俗也陳氏先世嘗業儒未有顯者孺人念之蚤夜勉陳君以學於是陳君以縣學生領嘉靖戊子應天鄉薦已復教其子而其子忠言又以庚子登薦書蓋至是而陳氏之宗始大孺人之力也孺人性孝謹居常以不克事舅姑爲念因請於母迎而養之滫瀡歛葬各盡其禮陳君仲兄鳳有二女力不能嫁孺人引置膝下爲之擇壻且厚其資而嫁之性好佛法樂施舍故飯囚櫬死修塗葺梁凡種福田事日不暇給蓋其崇尚如此陳君試禮部連不得

志乃拜新鄉之命新鄉衝繁凋敝劬勩弗堪孺人作書勸之曰人生貴適志安用勞苦爲也陳君感其言幡然乞歸檄至吾郡郡守林公懋舉爲題遂高以扁其堂云孺人生于弘治十四年二月八日以嘉靖三十七年五月十九日卒享年五十有八子男二長卽忠言娶鄒氏次嘉言太學生先卒娶水丘氏女一適沈化縣學生孫男一紹芳聘沈氏女五長適沈倬次字吳宗周又次字顧大謨又次未字又次字沈令範初孺人以母子相依鬱鬱寢疾者二十年湯藥無虛日乃亦踰下壽而歿雖不稱厥德然在孺人則已過望矣忠言奉父命相地于某字圩卜以某年月日奉柩以葬先期自撰事狀乞余銘余惟顧氏宗絕復無旁支余姑歿則孺人視余家爲母家情意懇至往歲丙午余舉于鄉孺人方病在牀簀報至矍然起坐曰吾弟中邪侍者曰吾家業有兩舉人矣何喜之甚也孺人曰吾亦欲吾母家好耳追惟昔言恩若手足余忍銘又惡

忍辭也乃抆淚而爲之銘銘曰

吁嗟孺人顧氏之子以女承祧共彼桑梓吁嗟孺人陳氏之婦以室爲家迎奉恐後繄夫若子荐歷顯融匪有相者孰亢其宗陳宗既亢顧氏亦延庶幾奕世以慰九泉彼不生男猶幸生女孰云緩急而不足恃相彼高原母子相望我繹其思作銘以藏

故處士張克濟墓誌銘

黄帝青陽之裔出自弓正曰張氏實爲海内著姓而居吴中者最多然皆各分族屬譜不相通則其勢然也其在吴江國初有諱瑛者以歲貢起家仕至左僉都御史瑛生士能士能生芳芳生昂昂生珮珮生君自士能至珮並以詩禮纘厥緒而不顯於時君少治詩即有紹恢先業之志年二十餘選爲弟子員一時俊乂多見許予如按察副使陸公金僉事中公惠相與講藝尤善且久其後二公皆次第舉進士君獨落落不

合於有司終至擯棄然君安焉曰是吾命也君有二弟仲曰淮季曰慶恩淮夫婦相繼早世君治喪事從厚收其女撫而嫁之後慶恩又歿其妻龐氏守志君復委曲賙之以成其節平生以氣槪自負雖處困極未嘗妄求於人人有餽遺多謝卻不受嘗館于陸氏有商持珠來售偶遺一囊去去二日復來求珠君取囊還之商大喜過望願留其半爲謝君咈然曰使我爲常人不利女全囊顧利半囊邪其好義類如此君諱漢字克濟以弘治二年五月一日生卒于嘉靖三十五年五月十三日享年六十有八初娶方氏生一男四女男曰星縣學生壻曰李孚省祭官曰沈應魁曰沈敷言太學生曰李有基縣學生繼娶姚氏生一男二女男曰呈出繼慶恩嗣壻曰陳王道縣學生曰沈兆元孫男三道光道充道元女二星卜某年月日葬君于邑城西原無字圩祖塋之側先期買石自撰事狀來徵余銘余惟先人與君父爲莫逆友君視余先人則父

之執也先人晚歲生余故星父與同遊學官遡厥契誼三世於茲則斯石也非余其誰銘銘曰

總憲之先世系莫詳彼不通譜並氏青陽十能而下以至於珮詩禮相仍厥緒罔墜桓桓張君志節有聞命也限之咎曷在文撫孳育孤維孝若友雖佪困窮取予不苟桓桓張君志節有聞靡究厥施留畀後人先墓之傍君往卽宅懿德在銘子孫是則

故河南都指揮使司經歷沈君墓誌銘

君姓沈氏諱嘉績字惟熙蘇之吳江人也曾大父箎大父全贈刑科給事中父漢贈戶科左給事中母徐氏贈孺人君幼時與諸兄同就外傅既長同遊邑庠顧性豪宕不能齪齪守繩墨爲時文乃援例入國學而棄去舉子業給事公任之不問也初君出贅周氏周氏雄於貲而最愛君君雅好客客至必設酒殽相驩樂日以爲常以故方二百里內技能

之士多來歸君給事公聞之不禁也給事公解官居故里垂二十年好遊佳山水每出遊君必致客數人彈碁吹竹謳歌笑譴以娛公公心則喜雖諸兄謹飭者亦自以爲弗及也厥後給事公歿伯兄仲兄相繼謝世則君貧當仕矣乃謁選久之拜河南都指揮使司經歷非其好也既上巡撫都御史德淸蔡公汝南獨識君於諸小吏中謂疏豁可任事已又詢知爲給事公子益重之欲令署篆君辭焉乃止君既不樂居其官日夜思東歸蔡公亦察其意乃假君公務以歸歸則辭家五年曩時交游既多物故而存者又往往散之四方君殊落莫不自得及客闘君歸稍稍復集而君病不起矣嘉靖四十二年二月二十七日也距生之年爲正德十年十一月八日年僅四十有九配周氏生子男二人僎象道女三人郭應詔卜曰驛周仕其壻也孫男五人璜琯璨餘未名孫女五人君軀幹豐偉器度闊略能周人之急宗黨姻友賴以存濟者頗衆當

客京師時士有徒手南來者求助於鄉人鄉人助各有差君獨以白金一鏹予之他如劵貸不能償者君始終與之交弗絕也君館於周居爛溪之上會海寇至焚其廬乃更卜築城中及歸自河南城中廬又焚君皆不以爲意夫以君之雅量若此宜上壽而竟止於斯也嗚呼哀哉偀等卜以嘉靖四十五年四月十二日葬君於邑東北裏字圍之新阡持其從兄鄉進士道立所撰行狀謁余銘余素知君不獲辭乃按狀而銘之銘曰

維沈之先爲吳舊姓給事徵庸宦業始盛厥後生君跌宕不羣好義輕財視若浮雲初從諸生尋升太學晚得一官出參戎幕傴僂奔趍君意曷怡旋返故鄉未究其施其施弗究乃復不禄是孰爲之命也弗淑鬱鬱新封流慶亡窮礱石鑱詞殉彼幽宮

故贈奉直大夫定州知州潘公夫妻合葬墓誌銘有序

南京刑部郎中潘君志伊將奉其母太宜人柩合葬封君之兆乃具事狀介其同年友工部主事錢君寵伯來乞銘且曰先大夫葬二十餘年而未克誌嗚呼吾罪人也敢并以累子余辭不獲乃按狀誌而銘之誌曰

封君諱雲字用望姓潘氏世家吳江平望鎮之水東鄉人稱爲水東居士曾大父景庸大父珪父完代稱謹愿完生三子封君其季也母劉氏封君性卓犖學舉子業尋以家務廢棄而博通子史百氏之書喜爲詩尤工近體中歲遘疾因治醫以其術濟人屢著奇效蓋其多能如此配太宜人費氏父璋母馬氏擇壻得封君即授館焉凡厥佐理皆當其意其葬婦翁也悉心經紀不以勞其幼子其喪考妣也躬親辦治不以煩二兄其還所受田廬於外家而子然以歸也不與伯仲言析產事其未有子也教其從子登遊邑庠而不幸蚤世宜人又以從姪孫女爲已女

撫而嫁之其後得郎中君也訓誨課督至屛㮯蒲舊好以示義方尤人所難凡此皆封君之德善行誼而宜人贊助之力居多云郎中君成進士初知定州再膺薦剡隆慶二年以建儲恩贈封父母如制人以爲榮然念封君不逮養則又欷歔泣下者久之及遷南曹以道近請迎養宜人不肯行乃止赴官二年而宜人卒嗚呼哀哉封君生成化二十一年十月四日卒嘉靖二十九年閏六月十日葬三十三年十二月二十二日享年六十有六宜人生弘治二年正月九日卒隆慶五年二月四日葬萬曆元年正月四日享年八十有三墓在里中羌字圍子男二長郎志伊娶陸氏側室淩氏出次志臯娶呂氏繼於氏側室徐氏出女四長適尤守德郎宜人所育從姪孫女也次適呂孝又次適俞藎又次適沈國禎其適呂沈者淩出適俞者徐出孫男二女四余嘗聞平望多隱君子其在本朝最著者莫如曹孚顒若氏封君豈聞其風而興起者與至

若宜人之賢則未知顚若有亡何如也是宜銘銘曰
貪夫狥利孰爲敎誼妬婦倚容孰爲亢宗羔羊小星世不常逢翩翩鳳皇言集于松松陵之南水流淙淙是曰平望厥原鬱穠後先廿載異椁同封代有顯人靈秀所鍾匪靈之鍾維德之莫我銘玄堂永昭士彠

蕭世高墓誌銘

君諱隆字世高姓蕭氏蘇之吳江人大父仲榮父顯母馬氏顯有三子孟曰昌仲曰盛其季則君也成童時即失厥怙持喪禦侮衆務紛紜坐是廢學乃率家僮事田漁先業頗拓時稅長役重里人有藐其孤弱而假是凌轢之者二兄咸有難色君曰嗟乎役一也然有傾家者有克家者顧其人何如耳夫收不公則叢怨且沮樂輸之心費不經則用匱必有侵匿之弊世人破家大率繇此吾知所以處之矣乃直前任之凡有出納一以前言爲準故自垂髫以至古稀任是役者六十年卒無微譴

而業愈盛隆慶己巳歲侵出粟振饑多所救濟郡守蔡公國熙扁其門曰尙義先是官廩燬于兵燹縣令吳公一本欲新之謂非蕭某不可君遂承命改爲予實刻碑紀其事勝墩木梁久而腐壞又檄君治之君易以石涉者頌焉厥後學宫就圮又委營葺君戴星往來忘其年之邁也竟以勞勩致疾不起隆慶六年八月九日也享年七十有七嗚呼傷哉君天性孝友操履端方二兄蚤世獨事母敬意人亡間言嘗闢義塾延里儒周某以教鄉人子弟且曰孝弟本也文藝末也世俗但取靑紫豈聖賢立教之本意邪故其子孫犉樸儉約不事修飾君之教也及疾革戒其子湘等毋惰農業毋責舊負毋侈喪禮湘等並尊奉云元配沈氏繼浦氏子男三長卽湘娶史氏次泮娶馬氏次澣娶周氏女二壻費濂陸人龍孫男五鳳來娶史氏鳳儀娶倪氏早卒鳳翔娶龔氏鳳引鳳朝湘無子立泮之長子鳳來爲後俗所謂以適長繼長者也女三壻張世

治鄒雲虬其一未字湘卜萬曆四年十二月二十六日葬君于里中東
南尾字圩之原先期奉嚴懋功狀來乞銘予壯時獲交於君知君良深
雖微懋功狀猶當銘之況其所述並實錄可據乎乃不辭而爲之銘銘
曰
南湖之陰俯村在焉萑葦蓊鬱洲渚回旋蕭君上世自南來遷俗唯犅
樸業以漁田迺勤迺儉弈葉相傳君尤善繼弗侈弗惰既克往役亦復
好義行不病涉饑不痁斃官旌其賢人懷其惠孰云布衣而罔攸濟始
有名言終有戒誓子孫保之久而勿替我銘匪私永奠幽竁

故南京光祿寺良醞署署正葵陽吳君墓誌銘

萬曆元年歲在癸酉八月二日葵陽吳公卒於家其子承光方應舉留
都聞訃東奔恨不及含斂號慟幾絕者數四哭無時久之擇地於某鄉
以萬曆某年月日奉柩以葬先期自狀行實來徵銘往余從諸生辱賓

家塾於承光有一日之長知公最深不可終辭遂諾而銘之按狀公諱邦寀字子寅别號葵陽姓吳氏當周武王時姬姓之國有吳伯者公其胄也世爲蘇之吳江人曾祖孝子璋封承德郎刑部主事贈中大夫太僕寺卿祖洪資德大夫正治上卿南京刑部尙書贈太子少保考山資善大夫刑部尙書贈太子少保進階資政大夫適妣毛氏贈淑人加贈夫人繼適妣劉氏封淑人贈夫人生妣張氏資政公有五丈夫子公其仲也幼卽穎敏長益嚮學資政公愛之學成初試校臺御史湖廣劉公虞得其文驚嘆拔置優列令應鄉舉嗣是來督學者試必獎賞尋補廩員一時才名𣦸出流輩公顧折節讀書下士人愈多之已而三試不第嘉靖十九年資政公丞應天典試事子弟當避嫌乃命引例入北雍祭酒揚州崔公桐海內儒宗門下士鮮當意者獨器重公又六試不第公凡就試南北者九已舉復落者再則年資當選而公亦五十餘矣乃嘆

曰吾志豈不如古人吾才豈不如今人而坎壈至此命也且有老母得一官以慰其心可耳遂謁選嘉靖三十八年拜鴻臚寺司儀署署丞公修髯美姿諳練儀度罔愆忒退而究五禮習披宣駿駿乎隨堂丞卿之望方得考滿進登仕郎而遭生母憂歸矣隆慶四年服闋補本寺司賓署署丞尋擢南京光祿寺良醖署署正會當釀乃監酒工辨五酒四飲五齊六物貯而進之皆中灋式暇則與僚友交遊挈榼登臨興至輒引滿浮白頽然自放曠如也居五月而當隆慶五年倦遊思歸上疏乞致仕制曰可歸甫兩期而以病卒享年六十有九初娶王氏繼沈氏子男二長卽承光太學生娶嘉善沈氏都事棐女沈出次承炅娶嘉興陶氏鄉進士鋭女側室龐氏出孫男四建坊娶周國子生乾南女建陞聘劉氏國子生口堪女時俊聘孫氏國子生成倫女建望未聘孫女四長適同邑周祖次適烏程舉人沈元壯次字庠生顧祖範一未字公本貴介

公子殊無紈綺習善談論工書法隨侍資政公宦遊最久章疏啓牘屢
屬立草母張多病奉養備至待伯兄諸弟自髫年以迄白首怡怡如也
表弟張某貧甚公館之且撫其女選士人殷某而嫁之邑有富室見誣
於僕公知其寃從容言於資政公轉白御史臺事竟得理其後富室聞
之懷百金報謝公却不受其懿行多類此初資政公之在刑部也以讞
權貴獄忤世廟旨奪官南歸卒於途棺斂之具悉出公手間關千里扶
就正寢既葬日夜與其昆弟思訟父寃而未有路會穆宗御極昭雪羣
枉乃具疏陳情得復職由是進階贈官諭祭賜葬異數洊臻嗚呼爲子
如此可謂始終孝道於祖有光矣公非予誰銘銘曰
虞仲居吳以國氏中葉哲人推季子松陵有族延陵徙皇朝全孝追芳
軌嗟嗟光祿壯志未酬思慰母心小官弗羞公事厥考沒有餘休卓哉
大節祖德是倬古稱孝道施無朝夕爰卜幽堂永瘞芳魄一世之藏百

世之澤我刻斯銘垂諸無斁

明故封太宜人王母仲氏墓誌銘

封太宜人仲氏是爲封承德郎福建清吏司主事贈奉政大夫河南按察司僉事王公諱鸞之妻而江西布政使司右參議錫命之母也宜人考諱雲妣朱氏世家吳江聞溪里中後徙浙江秀水故今爲秀水人封君之居與同里閈厥父欲爲擇配聞仲有女溫惠端靜循內則習女紅遂使委禽焉比歸舅膺末疾尋至不起時封君方食貧復罹家難往來吳越間以貿遷爲業每一出輒閱月而返甚者伏臘猶稽旅次宜人上奉寡姑下鞠幼嗣茹辛銜恤訖無怨咨參議君既長就傅暮歸篝鐙緯絡課其誦讀往往夜分而後卽安雖登第後紉綴饎爨猶不廢也嘗謂參議君曰昔吾與女父拮据捋荼僅足衣食今幸通籍金閨祿養不乏女毋厭貧毋尸祿毋詭隨毋激亢吾志乃慊爾參議君受命唯謹故今

清愼如未第時所謂非此母不能有此子誠哉語也宜人平居無誶語頩色旁接姻族下御子姓僮婢未嘗不以和恕先之故屬纊之日雖鄰嫗亦雪涕云隆慶四年參議爲福建僉事丁外艱服除不欲出宜人弗可萬曆二年起補河南間道迎養居二年遷今官未上以宜人老且多病途中再疏乞終養明年三月承俞旨遂奉宜人南還甫歲餘寢疾以歿萬曆六年九月九日也距生之年爲正德改元四月二十六日享年七十有三子男一即錫命娶錢氏累封宜人女一適郁蘭孫男二堯煥庠生聘江西布政使張君大忠女夭娶海寧指揮使馬君繼武女舜華聘吏部主事屠君謙女女三長適盛紹先次適周必進次未字參議君卜食萬曆七年三月十六日奉柩葬里中成字圍之原合封君兆先期自狀行實來徵銘辭弗獲乃按狀爲誌而銘之銘曰

婦道在隨順而莫梠隨之誤也母儀在慈愛而弗勞慈之蠹也唯宜人

之攸爲二德靡虧我求于今女之度也壯茹荼而老含飴時之遇也祿養委蛇世所慕也榮壽以爲綏天所助也下從夫君而瘞之千百歲之固也我刻斯銘以殉之曰哲人佳配之墓也

南京光祿寺良醖署署正中河吳君元配封孺人王氏墓誌銘

封孺人王氏吳江世家女也嫁爲故南京光祿寺良醖署署正同邑吳君諱邦模之妻繇夫貴受封以弘治十八年十月八日生嘉靖四十一年九月十六日歿其嗣子鄉進士承廉卜卒之又明年甲子十月二十七日葬孺人於邑東范隅上鄉昨西字圩之原合光祿君兆乃自爲狀來乞銘余孺人之里人也知其世最詳不獲辭於是掇其語爲銘俾刻諸隧間之石其詞曰

於王氏胄太原徙吾吳族愈蕃維曾祖宗吉公以仲貴受憲封祖諱明躋辟廱考諱惠在頖宮稽世德與吳同婦人歸匹光祿祖司寇舅參蜀

藩伯逝尚書蕘協厥家圖中興業罔墜且拓增姑徐亡繼則沈恫不逮事彌謹靡纖鉅命必稟潔滫髓羞甘腴挐粢粱厲臛蠵姑暮年心懌愉母氏錢老而貧恆軫念饋遺頻詒謀在今相因舅族殷子姓繁叶汾溶反遇以恩無燠寒疏若近具洽驩御僮婢寬以栗食指千惠鈞一行賞罰視惰勤爭効力家用振躬節儉以帥人修歲祀秉匡勑曰酒漿維婦職操祼奠遵禮式三十年如一日君好容廣交游家及邸必驂輈治觴豆旨且柔共夙夜佐綢繆賓燕樂爲淹留君囍嗣常鬱鬱精選御無娼色竟不孕命之嗇擇賢子立所愛非我私明令在君既歿家即傳斥羨餘均族姻叶伊連反惟屛居讀佛編嗟暴疾遂不延生乙丑死壬戌五十八壽告畢范隅鄉有玄室甲子冬維卜吉子與女各有一並再從君所立子娶淩女字魏後有託心罔懟杖而衰泣徵銘自爲狀贍且徵媿譾劣辭莫承掇緒餘質幽宾據吳譜去病記此文湖上集未載棄疾記

明故文林郎浙江道監察御史魯齋顧君權厝誌

嘉靖四十五年七月二十四日御史顧君在告持承重服未及禫以疾卒於家其子而語輩卜葬未食乃稟命于大母周太孺人以隆慶五年三月二十四日奉柩權厝於里中室境字圖祖塋之側先期持太僕卿吳君子寧狀來徵銘余辭不獲乃述梗概俾勒貞石以竢誌曰君諱曾唯字一貫姓顧氏其先武陵望族有諱均祥者始居吳江之同里嚮笏巾衿代不乏人曾祖寬祖綱皆處士考文藻以君貴贈文林郎浙江金華縣知縣母周氏封太孺人君資性穎拔爲文沉著不事屬草不加點綴不落時格在諸生中試輒列高等廩于官弟子從遊者日衆郎未及門亦爭傳其經義爲程式嘉靖己酉舉應天鄉試第三癸丑成進士授金華縣知縣時值倭亂兵餉交徵君劑量盈縮酬應有方事集而民不擾又以餘力拓學宮裁冗費剔飛詭申鄉約平糴價詳獄訟其最著者

商人募市傭擔芝蔴入貢家傭多星散逸去莫知主名商訴于君君祕之越數日假他事鳩羣傭立縣廷使吏唱名自西趨東趨者擈其從見有芝蔴糝糝下卽命卒擒捽一訊俱服邑中稱爲神明丁已徵拜浙江道監察御史戊午查理福建兩廣軍餉悉剷侵蠹辛酉差巡按廣西搏擊豪右汰去冗員罷遣壘吏節省浮費皆有惠于龍民至若更立會哨添設營堡增築壺關又有裨于兵政已復塞柳州之枉路毆舞文之奸胥革積役之交通禁門庫之兜收公私蓋兩利焉安南貢使客粵中坐稽覆頒襲補易儀物之故積十五年不遣來者多物故君言于朝始得竣事還國湖廣歲供粵額逋緩不時入輒以風波寇盜爲解君知衡永長沙諸郡近幷隣界可避洞庭太湖諸險奏使直達且著爲令兩省稱便及爪候代忽念太母董孺人春秋高引疾乞歸蓋歸一年而董孺人果歿人以爲孝始金華公以孽息畜孤受產涼薄去爲富室塾師資館

穀以養母及君名起膠庠亦事講授穀豐于金華公乃白公棄前業以怡其老公喜竟謝主人歸比公將屬纊意有所囑而口不能言君逆得之曰大人得無以八十之祖母未婚嫁之弟妹爲念乎即不諱此兒事也語畢而公瞑當是時君已領鄉薦矣厥後事董孺人喪葬如禮教其弟曾學曾約及期而婚裝送女弟之歸朱氏者曾學早卒撫其嫠孤一一若前日語初君在京師當道以稅局廢地效君令作入城私館君歸還之縉紳子孫以墓上華表石求售君不忍市迄今石不得廢至于愀復先業即厚植不慭里中某素恣肆君屢戒之弗悛後坐譎戍求解于君君曰吾固知女之有今日也謝絕之其人瘐死而獄不解將逮其子君聞之愀然曰此子何辜明日棹扁舟詣公庭白免之并除逋贓蓋其子未嘗求君君亦不俟其求也君爲人意度愷爽不立城府而嫉惡甚嚴持身廉潔操家儉約獨喜軫卹孱弱宗族姻黨蒙其憐庇者良多其

爲政善持大體不務繁苛就徵後金華士民立石以紀去思請告時督撫都御史張公業爲君具疏有文章典蔚操履嚴明貞度肅紀遐陬改觀之語見者謂實錄云易簀時而語輩求遺言君第瞪目曰讀書讀書三問不易辭無一語及家事君邃易學嘗扁其所居曰魯齋門人稱爲魯齋先生所著有西粤疏草詩文多散逸未輯君生於正德十三年十二月十七日享年四十有九配朱氏封孺人子男五而語邑學生娶陸氏太學生延枝女而訓娶毛氏進士圖南女而誠聘吳氏太學生邦棐女而詔聘楊氏並朱孺人出而謀聘劉氏側室張氏出女一適太學生徐履中之子永錫朱孺人出孫男三祖範聘吳氏太學生承光女祖武未聘而語出祖芳未聘而訓出余昔與君同遊學宮同事席研同舉進士雖微狀猶能銘君矧狀文之詳且贍乎顧吳君能銘而以讓余則非余之所敢當也銘曰

儒生治經循括帖善宦並稱途徑捷皇風邈逖不可追崇班高第徒登躐唯君經義出埃塵發魁登第聲光燁權門無迹身潔淸實政及民民帖帖再巡三省著風裁貪墨聞之解綬回謁告本由將大母承歡未久生悲哀禫期欲逼不復待窆令識者嗟山頹室境嘗爲祖考域君今暫往祔其側鑱詞貞石永不磨俟他年龜墨食（據顧譜去病記此文湖上集未載棄疾記）

處士嚴子春夫妻合葬墓表

處士嚴君之卒也嘉靖末年其子國衡卜葬有日求銘于南京兵部侍郎光州喻公公嘗令吾邑君屢承重役弗懈益虔由是見重而許之銘文既脫藁顧以故阻不克葬而喻公尋卒于位至是改卜萬曆七年二月三日啓君暨元配王孺人柩葬于所居西南一里北退字圍之原乃奉喻公所撰誌銘請表其墓蓋公卒後乃葬日月不倫又以銘藏于幽欲得表樹于道也余雅受公知文可傳信其又奚辭按誌君諱仁字子

春別號古灣姓嚴氏蘇之吳江人其初莫知所從徙勝國時有通一府君者家于邑東二十里其地因名嚴扇君九世祖也祖諱鼎考諱篔妣梅氏君家舊業素饒私政日繁公役遂重父勸而託諸君君身任之克當其意入奉父母出事令長內外咸宜先緒愈拓父歿喪葬准禮比疾革猶以不獲終養母氏爲憾待二弟有恩不以官累及之亦不以私務自愛其力故沒君之身怡怡焉里中歲歉君出奇贏貸之或不能庚輒毀券不言家世業農至君始學禮好文故葬父而儀部楊公君謙給事中陸公子餘爲譔誌表二公皆海內文士而陸尤狷介少許可非君篤好弗能致也他如待詔文公徵仲太學陳君復父文學顧君中父高士黃君志淳姜君玄仲皆負才名樂與交往陳湖之涯葺茅穿水營軒池以遲客共適其間飄飄如仙窟云子姓蕃衍爲延師友俾習儒業蓋自是而嚴氏彬彬多文士矣凡此諸務皆原配王孺人佐之王同邑人祖

某父塤母徐氏性惠慧恭儉侍君大父母父母側愉色婉容人稱萊婦
尤善貳室訖三十年亡反目乃不永年先君而歿惜哉君享年五十有
五以嘉靖四十三年十一月十九日卒孺人年才四十有四以嘉靖三
十一年正月二十日卒繼孺人者馬氏也子男二長即國衡太學生王
出娶太學生沈君元德女昌國布政使司候缺經歷馬出娶邑學生申
君孝女女五吳應球顧曾撰趙威重計可傳吳蕙其壻也孫男三大禮
聘布政使司都事徐君汝欽女大中大成女二長字楊某次字沈某又
次尚幼余讀漢書篤行之士往往稱力田而不及承役豈漢代近古征
役未繁之故與後世不然民率規避避者偷安承者輒敗以是效尤者
多嗚呼爲郡邑者良艱矣有如君者能不致喻公之重哉公誌君至比
之黄安夫安役而仙去事涉繆悠而公歎賞遺蹟且云視君爾信則君
夫婦之弗享上壽殆亦所謂仙去者邪

四川布政使少渠汝公象贊

一士諤諤忠肝披瀝直道難容退飛六鷁老驥之心尚在伏櫪

南城兵馬司正指揮恩隱汝公配徐安人贊

溫溫恭人閫範超倫相厥夫子允作嘉嬪雞鳴相儆馬首回春鸞書用錫象服以新霞輝厥德珠瑩其神爰題蕪語挹此芳塵（此兩文並據汝譜湖上集未載）

秉疾記

卷二十九 完

同邑柳秉疾 鄭瑛 校錄

卷三十　　邑後學　陳去病　纂輯

明　一人

徐師曾　見前

吳江縣重建公堂記

嘉靖四十一年七月二十九日知吳江縣安丘李侯遷梧新作公堂成其僚縣丞王君良慶李君鷸樊君文光謁余而言曰是惟我寅寀長公之績垂諸永久我有樂石既斲既礱幸爲我記之余辭弗獲乃爲其文曰惟我縣治據邑城之東南更創迭修凡歷數侯以迄於今四月丁巳廛氓弗戒於火延及公堂一夕而燬侯方引咎責躬而士民則以爲適然之數侯惟興復是慁而士民則以爲必不可已之役於是聞於憲請於郡咨於僚屬暨合邑縉紳耆舊僉曰宜哉遂以某月某日經始越百

日有奇而告成事聽政之堂右客之次燕休之所財賦簿書之府悉復舊觀而閎敞壯固則稍過之民但見工之成而不見役之及已也蓋其取材於垂圮之庾取力於鄉兵之隙取貲於失火之家不足則里出夫三日訟出鍰金以繼之而公帑民錢不以及焉宜乎成之速而民之說余觀春秋築作必書重民力也而定之役斯干之役則詩人又播諸咏歌非以謂一切不可爲也今天下州縣之署當改爲者不少然卒因陋就簡其故何哉蓋世固有廉吏矣不幸而有墨者往往假興造而濡染其間以是大吏疑而不信而謗讟隨之故其末流使人避嫌畏譏雖有不可已者亦退讓而不敢議噫其甚矣侯爲人悃愊不矯激以近名又不善候迎人意以求說獨其閎閎之政有足稱者如革賓餼省供應減貲馬減空役發總計息訟爭數事皆有實惠下於民而其大者則以廉潔不緇爲本吾意侯凡有興作大吏亦必信而不疑況今日之事乎昔

魯叔孫昭子在晉凡所館者雖一日必葺其牆屋去之如始至至今垂美簡書侯居三年刻日赴召而猶汲汲茲役不欲貽勞於後人亦庶幾昭子之用心矣余又聞被火之夕侯坐門下戒僚吏徙獄囚移帑藏斂圖籍凡政之大者皆無亡失此又見侯倉卒應變之才而區區興復不足多也敢并及之是役也李君專董其事而王樊君間亦相之主簿陳君舜適至亦共落成典史段君迎登睹厥始終法皆得書以詔來者

吳江縣水利功成碑記

三吳水利屢壞屢脩蓋無一不廑宸慮然攷其議論之紛紜經畫之詳略財力之贏詘功成之大小與夫志之行不行則存乎時與人焉耳嘉靖甲辰後闕焉弗脩由是水沴頻仍歲數不登公賦日逋民生日蹙識者憂之今天子冲聖深惟邦本軫念吳農僉言官之請簡命御史林公專董厥務時公方巡視下江虔奉璽書按行郡縣惟我吳江踞江湖之

交會水道之咽喉視他處尤急周爰相度咨謀羣策而以獨智斷之知
吳家港爲太湖東注之口也於是首浚其淤知長橋南北兩灘爲湖水
注匯之區也於是斥私占之田令復其舊而窪其中知龎山湖爲通江
入海之道也於是闢隘撤洩引其中之蓄聚而瀉之析爲兩流其一東
北行由吳淞江入海其一東行由黄浦入海咸得所歸已又浚三江等
九橋脩石塘開百竇疏南北運河以利漕舟已又葺長橋疏兩灘積土
以防復隍乃稽古典遷太湖神祠重建三忠三高兩祠及垂虹等亭凡
諸造作次第興舉其敷土以方計之爲三萬二千一百有奇其夫庸以
兩計之爲一萬二千九百有奇其塘竇橋亭祠堂木石瓦甓工匠之需
爲金一千一百四十八兩有奇其經費盡出蕩戶財力兼輸悉從民便
推才幹者若干人以董之而齊民不濫及焉以萬曆五年十一月庚寅
始作明年四月壬辰告成至是而吾邑水利無不興矣公猶以爲未也

拟治田六事鋟梓以頒農甿使自相養蓋公於是時焦勞劬勩晝夜不遑寢處故能綜理周詳人樂趨之不半載而奏績苟非天災歲罔不登自是貢賦可充生養可遂以稱塞我皇上授拯吳民之至意於乎休哉其在他郡邑別自有記是舉也協理則巡撫都御史胡公執禮贊襄則巡按御史胡公時化郡守李侯充實綜理則縣令王君一言分區督率則署教諭陳君文璨縣丞萬君鳳至張君家喻主簿李君三省陳君球典史劉君遇明震澤司巡檢張楠至於疏圖指說裨益講畫則周生大韶也曾嘗聞父老三吳治水惟正德役最巨費最多而迄無實效噫此其故難言之矣視茲工大費小一勞永逸者相去何如哉搢紳士庶僉謂宜有刻石以紀厥績縣令王君來以命曾辭不獲乃書其顛末而系以銘詞曰吾邑厍塹湖水所趨下流弗濬水溢厥居兩灘之交淤爲畦畛私其膏腴水道以梗吭搤乃閉孰洩孰容氾濫狂奔害我三農天子

廑懷璽書下敕憲臣祗承夙夜靡及爰諏臺司以迨郡邑會議協同罔吝財力斥廢占田豪右帖柔除害舉利要在咽喉咽喉既通吾邑斯乂遂導下流望海而逝乃條六事播告羣農勞來勸相吒庶歡從繄公之功惟帝之德稽首勒銘昭示無極據邑志去病記此文湖上集未載棄疾記

吳江縣重建總收倉碑文

倉廩之設所以儲田賦稽出納愼防守以供皇朝之用者也吾蘇財賦甲天下屬邑凡七而吳江獨稱雄焉乃其儲偫之所建置不一或渙而無統或隘而難容邑乘具存可按而論也正統末巡撫侍郎周文襄公始卽北郊三里橋西隙地營焉拓址百畝移諸倉而合之名曰總收於是渙者一隘者充規橅次第裒然改觀矣顧其時編竹爲困歲費修營民尙未便成化中合州馮侯衡來知縣事乃建厫四十六區爲廬四百十有四楹堂寢門垣悉仍文襄之舊而閎敞壯固垂七十餘禩其功良

偉嘉靖三十四年海夷入寇厥被燬者七區嗣是風雨摧剝官司移用
姦頑侵削傾頹殆盡余每過其地而嘆焉以爲成之難而毁之易也越
八年而沔陽吳侯一本爰采衆議請於撫按兵臬郡國諸公撤其圮而
新之更作者四十有三區區十二楹堂寢祠宇門垣亦皆補葺爲費三
千一百二十五兩有奇取諸執役於官及廢材之鬻於市者以充而廛
井之民略罔聞焉經始於四十二年七月十八日落成於是年九月七
日雖其壯麗不逮往昔而數年奔走僦賃之勞一旦稱息肩矣耆老蕭
隆𦒉寳督是役乃具始末徵文勒石以告後人余嘗念馮侯之功而求
其紀述漫不可得心竊疑之詢諸父老則謂沮於流言之故嗟乎心跡
之難明久矣當馮侯締造之初披草萊治垣屋費實不貲而議者遂以
染指加焉何言之易也意其輕用民力或不能免而因招物議歟若我
吳侯今日之役下而謗讟不興上而猜疑不作則侯平日冰蘗之操揮

霍之才使然也使嗣是者以馮侯爲鑒吳侯爲法歲修月葺毋俟其大壞而後圖之則斯役也垂諸永久而勿勞矣此勒碑之意也吳侯爲政其良法美意甚多茲特其一節耳然碑爲是役而作故他不著且俟異日頌去思者刻焉

吞海樓記

吳江環水以爲邑故雖無高山大陵平沙曠野以爲用武之地而江湖溪瀆所在淼瀰亦可倚以爲固其人習水善舟能操戈弩與賊戰於艫艦之上賊入境輒失利去自用兵以來未有如我邑之强者也邑當西北孔道循王江涇而北可四十里有地曰盛墩左襟運河右帶唐家湖湖水洶湧視他處特甚於時安陸楊侯來知縣事相厥形勝曰是可控扼倭夷矣乃議建敵樓於官塘梟腰橋之北以命太學生沈疇中疇中欣然承命度材鳩工經始於嘉靖三十四年正月二十八日落成於二

月八日基方一丈七尺崇一丈九尺有奇扃以鐵門挾以扶欄櫓堞旗幟莫不悉備凡費已貲七十兩有奇扁曰吞海樓其年四月賊果至侯又命疇中鑿樓南之隄橫運河而築之屯水軍於河中列陸兵於樓上賊不得渡侯復邀擊俘斬三千餘人賊大敗南遁於是更名其地爲勝墩余聞之書曰惟事事乃其有備有備無患向微侯蚤見之明先事之備倉卒賊至孰克成此功哉侯既去當事者僉議建新樓於運河之東高廣經費視此倍蓰其殆聞侯之風而興起者歟然余謂勝墩之險在唐家一湖湖中屯兵橫絕賊道而樓中兵復南面而臨之故賊不敢渡若樓在東則矢石西下我兵不得屯湖中而失其所以爲險矣竊惟諸公建置之意非余所敢與知然鄙見如此因遂言之猶幸他日無試其說則大願也侯名芷字文植余同年進士今爲南京兵部主事疇中名敷言疇中其字云

吳江縣重建四橋碑文

自南津而南至於徹浦有隄長九里曰石塘又自徹浦至於平望亘三十里曰官塘二隄截太湖之流通道南北爲竇百餘以洩水勢而其湍激汎濫之處不可竇者則必架梁以濟蓋吳江澤國也又當孔道人跡旁午仕宦商旅之出其途者雖必以舟而牽挽之役非橋莫藉故橋梁視他邑特要若萬頃甘泉徹浦得勝其尤要者也前此三橋易石以木蓋詘於力之弗逮唯得勝以石而邇年鑿隄禦倭橋亦隨廢涉者病焉嘉靖四十二年御史長樂陳公奉命再按江南行部至縣見病涉者爲之惻然乃謀重建會太僕少卿溧陽史君來謁聞其議願蠲四十金助役公復斥贖鍰以贍之而委其事於縣令沔陽吳侯於是四橋一時並建遠近相望壯麗堅緻視昔有加經始於是年某月日落成於某月日四方之人讙然稱便而邑人之稱便尤深且樂夫工役之不已及也夫

陂障舟梁先王之教也三代以來皆用之而周人之法最詳及周既衰則雖賢如子產僅行小惠彼豈以爲細務而忽之哉良由王政不行除道成梁之法久廢雖賢者亦莫克舉焉耳今之時去古加遠國典雖存而長民者漫不之省其勤勞締造往往出於緇黃之流吁可怪也且夫御史之職興除利害而已橋梁雖細獨非利民之一端乎顧世忽爲無用而公獨究心民瘼縷縷及此况其大焉者乎異時操持政柄其所設施豈不賢於子產乎宜吾民赴闕疏留而至再不已也工既竣吳侯樹豐碑於津口欲紀成績以詔後人而屬筆於余余諗公之政久矣識其大者而又嘉其不遺乎細也遂不辭而爲之文俾鑱諸石若吳侯之祗承憲令悉心經畫又是役之所由成也法得附書其廣袤之數經營之費助役董役之人則具列於碑陰云

重建大浦橋記

吳江爲縣當江湖之交自築長隄以來左江右湖湖水東流入江以達於海其間泄水之道不下十數而甘泉爲最鉅厥後甘泉日微則水南出八斥大浦港怒而東奔昔人嘗架木作橋其上以瀉之然口隘水湧西風發舟經其左輒覆溺死者不可勝數嘉靖中海寧安國寺僧文玉來授句讀於茲土目擊其事謂人曰吾力不能疏甘泉之淤猶能廣大浦之口以免覆溺乃與其徒守清虔心募施會有錢宗德者見而義之施捨之外復貸白金若干鎰以贍其費而徐責其償石工鄒恢鄞人也亦願茹素以效力於是買石僦工撤舊木剙浦口而改建焉爲拱七長十八丈廣一丈一尺費金八百兩有奇經始於嘉靖二十五年四月至二十七年四月而告成事已而文玉大懼廢墜乃徵余記以詔後人余惟佛氏雖東西分祖南北異宗禪律殊敎而其大要不過以寂滅爲道以淸淨爲本以慈悲爲心以饒益爲務以方便爲業至於持經誦咒以

誑愚俗而利其財則末世之事非佛之本意也文玉爲其徒乃獨業句讀建橋梁以濟人而不爲末世之所爲豈非能尊其教者哉先是文玉嘗建白龍橋蓋得余同年今刑部員外郎吳君子寧爲之主其若心剏建不一而足而往往歸功於吳錢二氏譽之不容口易稱勞謙文玉殆近之矣吾聞錢嘗爲吳氏養子稔聆家訓則其輕財好義蓋有所自云

重修寧境華嚴寺塔院記

昔阿育建塔以奉舍利其侈則八萬四千而在江南居多若我吳江寧境華嚴寺塔則始剏於宋哲宗之朝蓋亦其蔓延也中間新故屢更而迄今猶存則以其教不墜而崇奉者衆耳事雖不經然其金碧輝煌丹堊照映則於一方之形勝不無助焉自寺而東北若干武爲學宮負艮抱坤而塔當其東南在青龍之位有丁火文明之象故堪輿家以爲文筆峯非無謂也峯現則文盛晦則衰故卜科第者恒於塔焉覘之咸歷

歷有驗邑人以修塔爲事佛不知其有裨於儒也世嘗稱儒佛之道不相爲謀由今觀之豈盡然哉嘉靖戊午當大比之期會塔敝寺僧祖芳慨然歎曰我雖爲佛弟子然不可以無助於儒顧力不逮思集衆緣以葺之乃告於縣令安丘曹侯一麟侯報曰可而教諭沈君朝臣訓導徐君瑞尹君奎僉力贊之余亦爲撰疏詞有泮水文星之句於是好義之士咸樂施捨得錢若干緡飭材庀工凡四閱月而告成事是秋薦士果得九人自設科以來未有若是之盛也夫堪輿家之說余不能知然考之邑乘往往利於子而不利於午余竊怪之乃今值午而其盛顧如此將氣數之更與抑人事之勝也不然豈可謂無其故哉芳之爲僧也能詩能醫又能勤力以助文事不可無記故爲志其歲月以示後人使知儒佛亦或相資且以見余始終之意若夫福田術數一切不問而唯修其在我者則又當爲吾輩告焉

賓山記

有地當南北之衝臨蘇秀之間曰王江涇兩壤接比以聞店橋爲界由聞店而北爲我吳江故二邑之民雜居焉其業絲纊其俗儉樸其地有水而無山有好山游者則必理舟檝戒童僕載酒殽南之武林北之姑蘇而後能畢其願其勞既甚而其費復不貲故雖有好事者往往退縮自老於繩樞甕牖之中蓋其勢然也吾邑王君國祥隱於其中心說山谷之勝而拘於勢乃叢石于庭以爲山而日與相對焉因自號賓山子若曰我爲其主人云爾昔唐柳子厚有言游之適有二曠如也奥如也宜於曠者不病其敞宜於奥者不病其邃語志各有適也今君好游而姑寓情于兹將憚勞費而甘退縮自老與抑所謂宜於奥而不病其邃者也吾聞君爲人無他材能而安靜厚重實與山類則其志殆有出於形迹之外者豈較區區於曠奥敞邃之間哉余固知君非憚勞費而甘

退縮自老者也君嘗命其子予卿治經爲諸生有聲庠序校間異時入仕數歷中外且必迎養以娛其心君當泝江淮達京華陟五嶽之巔覽諸陵之勝倦游而後歸則四方山靈又將迓君而歌鹿鳴之章曰君殆嘉賓矣乎余又知君不終退縮自老而已也予卿與吾兒詢友也嘗語之意且來徵文故余記之而并俟諸後焉

吳江縣黃墓村觀音菴新建像閣記

南海大士肇於天竺顯於補陀而敬信崇奉徧於天下故琳宮梵宇專爲大士而設者在在有之若吾蘇諸邑總二十有三而吾邑居其三在黃墓村者其一也私剏不與焉嗚呼何其盛也大士之著不多見僅載蓮花經中余嘗讀之大抵似莊列之寓言而眞實爲人其意溢於言表如言火坑者喻利欲之熾然也言苦海者喻貪愛之沉溺也言刀械者喻災患之纏縛也言猛獸者喻横逆之侵陵也若人一念清淨則烈焰

成池矣一念警覺則船到彼岸矣隨處皆安不生畏怖則械自壞矣犯
而不校勿懷忿疾則獸自奔矣諸如此類更僕難悉蓋皆修身之樞要
入道之階梯誠非惑世誣民者獨惜夫流俗之莫解也史稱人有繫獄
而枷鎖自脫臨刑而刀折被赦者彼以爲大士之力若此其神也念誦
之效若此其捷也而不知其流於誕矣若唐李文公謁藥山禪師舉此
經黑風吹舫飄墮鬼國爲問師曰李翱小子問此何爲文公愓然發怒
師笑曰發此嗔恚心卽是惡風吹船飄入鬼國也噫若藥山者可謂善
悟人矣千載而下吾安得斯人而與之讀是經哉夫以大士之書啓佑
衆生明白簡暢如此特悟者鮮耳則夫敬信崇奉有若鼓之舞之而不
自知者固其宜也此方觀音庵爲宋建炎間僧和覺所剏入皇朝宣德
中里人翁某史某皆嘗修之然堂宇湫隘久漸傾頹嘉靖中主僧如杲
欲建閣還奉有志未逮以屬其徒靜學眞緣緣承師指經營數載將議

興造乃得吳公子隆倡首自是檀越好施者接踵而至遂相與庀材鳩工更新舉廢晚又得顧君解鎔金範像遷坐妥靈而事始備焉閣高二十八尺有奇廣三十二尺深如廣而殺其二經始於隆慶四年十月訖工於明年某月土木丹堊像設工匠之類凡費白金若干兩緣龍石具狀請記歲月余欲後人毋忘其勤善繼其志而永大士之教於無窮也遂不辭而文之

瑞鹿堂記

萬曆改元歲在癸酉予買地于吳縣横山之大墩築新阡於翠微以葬亡妻陳氏兼營生壙其左又作室一區以爲祭掃憩息之所先期卜日暫掩生壙俟異時啓而合焉其年十二月十七日也是日也忽有鉅鹿從巔而下旋繞踟躕久之乃去羣匠馳告曰此主翁壽徵也敢不敬賀予笑而不答客有過而聞之者題其堂曰瑞鹿夫鹿野獸耳仁不如麟

義不如犬引重致遠不如馬牛狉狉然逐逐然放逸奔走難於馴擾何取而瑞之乎豈以鹿之初生也黃質白斑千年而蒼又百年而白又五百年而玄在毛類爲最壽故瑞之與予則謂鹿之爲物生長深山窮谷之中偃仰豐草茂林之下不入檻阱不受豢養故能三變而長年其不幸而入檻阱受豢養者無幾也若人寓形宇內汩沒風塵出者羈紲處處者窮愁雖曰以百年爲期尙弗能至況如鹿乎古稱冢墳爲壽藏蓋取久遠之義今以生壙當之誤矣然冢墳稱壽亦未必然古者棺椁封樹僅可免烏鳶螻蟻之蝸於目前而不能保钁鋤抇抉之患於百歲惡在其爲壽哉然則孰爲壽老子曰死而不亡者壽夫死而不亡者傳所稱三不朽之謂也予觀自漢以來魁梧奇壘之士不爲少矣然求其有一於茲而絕無瑕纇者指不多屈此豈易及者邪予也幸生聖世强壯垂紳旋返初服多病蚤衰來日恐趨頹達死生之理故年未六十而營

菀裘彼鹿胡爲乎來哉聞之易曰同聲相應同氣相求意者野人之性與鹿爲類故聲氣感召而來相與狉狉逐逐游於巔麓之間耳若曰壽徵吾不知也而況壽藏乎況壽名乎夫壽身壽藏既不敢必而壽名又復不能則唯與鹿狉狉逐逐游於巔麓之間以盡吾餘年而已予於是知鹿果爲氣類而來而未知其爲瑞也已因記于西壁

述志賦

眇余生之孱弱兮苦貞疾之纏綿嗟抱志而莫酬兮聊憑辭以重宣相先民之不朽兮托三事而流傳吾何有一於茲兮死速朽而猶偲道德文章本在我兮惟功業斯繇天咎怠荒之爲疾兮視腑臟而尤堅惜青春之不我與兮忽已至乎衰年胡不及時以精進兮擇可修而勉旃歲冉冉其邁往兮恐來者之逾速欲繼日與待旦兮望前修而奔屬余將先行而後言兮踵君子之芳躅縱無勞於斯世兮庶免吾生之碌碌吾

初至夫大皇之壄兮隨鵬鳥而翺翔仰雲霄之迴邈兮怨飄風之不長迺斂翮而下墜兮旋吾返虖舊鄉舊鄉之曲有桑梓兮可遠世以自藏豈岐山之奧邃兮無棲伏之鳳凰雖棲伏亦何傷兮終然異乎犬羊被錦羽以爲衣兮啄梧實以爲糧聊相時而寓處兮冀康娱以徜徉非高舉之無志兮愧羽翼之不強望閶闔而延佇兮吾焉敢忘君之厚德蹇時命之弗順兮欲馳驅而靡及儻縲官而苟祿兮孰與虖力耕而自食思皇恩之未報兮吾唯勉修乎素職覽六籍而久蹈兮姑弭節而志抑幸溝壑之未塡兮或斯文之可及朝聞夕死其靡悔兮容少懈於一息本躬行而修辭兮覬可憑以報國亂曰已焉哉俟河之淸壽難期兮矧余多疾苦莫支兮願假數年畢吾志兮持以告帝無兹生之爲累兮

刺舟賦

昔吾遠涉虖江淮兮凌烟波而望洋鼓吾檝以刺舟兮跂余進於帝鄉

瞻帝鄉之渺漠兮，歷日月而彌遠。儵夷險之屢更兮，增余心之煩懣。夫何道岸之無涯兮，孰延佇而可能。欲舍舟而登陸兮，恐西北之無朋。相尼軻之矩矱兮，曰知行之並進。遡精一之心傳兮，洒發源於堯舜。胡近代之高賢兮，厭舊說之庸常。啓捷徑以超度兮，改權概而稱量。嗟聽察之不審兮，紛總總而扇飈。聚生徒以授受兮，欲家喻而戶說（音稅，叶如字）。縱陸路之即安兮，或臨歧而改轍。彼西北雖多朋兮，非唐虞之眞訣。吾聞夫知之非艱兮，行之惟艱。徒口說之謾騰兮，竟逸駕其誰攀。吾寧棹舟而從危兮，遵前人之故道。將脩辭而立誠兮，惟躬行以爲寶。覽先正之講論兮，罄幽微而傾倒。所貴後生之善學兮，在浮游之掃稽。夫人之所蔽兮，藉空言以終老。挾茲術以出處兮，惟日求乎速化（叶平聲）。薄遽玉之卷舒兮，效子雲之龍蛇。非窮途莫可進兮，終不樂乎迴車。遑高談以沒世兮，世猶惑其芬華。望帝鄉其日遠兮，吾焉取於浮誇。吾令榜人進檝兮抃揚帆而盪槳使長年扳柁兮天風助游乎滉瀁計至止之有期兮洵前言之不爽庶初志之克酬兮吾何愧虖頫仰誶曰泛舟滄茫紛浩蕩兮遵彼貞途指所嚮兮累日待濟毋怏悵兮道岸可登終不失望兮

梅花賦

睹萬木之品類羨茲樹之清奇初移種於漢苑漸繁殖於隋隄唯浮羅之松間岔播名於厥時爾其貞元交會物序驚催衆芳皆落此花獨開早則破於臘前晚亦應乎春回乘凌寒之勁節作百卉之先魁洗鉛華之塵色見素豔之眞胎或在江邊或臨嶺隈或橫月觀或遶風臺冰肌裛襲疎影徘徊精神傳於墨客詩賦動乎吟懷豈人情之有私抑物類之招徠吾想夫高士幽棲山谷是託無心朱紫可伴寂寞故能勤石湖之作譜費東山之鬲確豈共牡丹芍藥以爭妍實與蘭蕅蓀蕙以成約堪作隴人之贈郤詵梁臣之詠責也何不佩於楚之騷人而爲晉徵士之

見略更有修枝老榦歷歲不凋絳跗青實和羹可調比桃杏而增貴偕松竹以締交彼閑花與野卉空過目而蚤飄願吾徒之共勗惟務實以相要

蚊賦 有序

萬曆改元歲在癸酉余避暑於南澈書莊是夏蚊獨多晝夜不得休息因憶歐陽公云嘗作憎蠅賦蠅可憎矣尤不堪蚊子自遠喓喝來咬人也遂作憎蚊詩余今易之以賦賦曰

蚊之爲物也一軀藐小六趾昂藏口帶三鍼翅軒兩張其來孔捷其去復揚飽若櫻桃之重實飢如柳絮之輕狂當夫朱明啓候薰風薦涼或吐毋於鷁口或羽化於水傍擇草樹而託處尤彌滿虖南邦方其日倚崦嵫暝色在戶千百爲羣豫集簷宇聲殷殷其如雷勢薨薨而若雨主人且宴息於中房掩絺帷而交股不揮箑以爲安謂斯蟲之莫侮夫何

一伺隙以潛入漸增加於莫數展轉不寧且驅且怒兩手交拍而濡血若染腥羶於塵土彼虻蝎猶可防詎茲物兮相伍然此特幽閑之時吾無怪其爲苦也至若赫曦上晉萬室當陽主人厭永日之難遣或假息於胡牀展蘄楚之文簟將夢寐乎羲皇爾乃奄忽而來如有告報窺息乘疏肆其虐暴拂面嗜膚就睡輒覺嗟高枕兮徒設胡黑甜兮足道憐江南兮美景惟平望兮尤鬧似白晝大都之中刦吏奪金而爲盜也想夫畝宮環室甕牖繩樞明遠日月淺迫薪芻欲焚無藥欲幬無幮因可欺而欺焉曾可問乎窮民與貧儒獨有高棟層軒廣除巨室敞虛明其莫容縱至止而難匿然而來者之稍稀匪云種類之盡殲譬則唐虞之世羣賢秩秩尙有共工驩兜逞其憸壬而猶待夫放黜也尤忌文身殊爲刺骨（叶訣律反）頓成斑瘢頗費搔抑噫嘻蚊乎利甚鏃飛風成市集有翼而不能戾天有鍼而不能砭疾但充已腹殊無一德彼蜂虺之含毒尙

醫師之見拾視營營之蒼蠅蒙讒名而罔實徒令人子不驅以爲孝貞女露筋而野卒既與龍而相讎復類虎而加翼豈乏孫謙之屏風難爲趙炳之道術春暮早出秋末末藏爲生民半載之害使阽危而彷徨安得焦冥集其睫而滅目泰山壓其背而截吭者邪嗚呼天地生人以安爲說何物纖微獨令呑噬世有肉食爲國謀顧亦朘民之膏血吾將叩乎帝閽冀斯族之殄滅

祭周孺人項烈女文

於維二難人中之傑夫沒於勤婦終於烈生不同衾死則同穴萬古綱常有光無缺粵周之先始自公旦傳及恭肅嘗陪灌瓚爵躋上公功業有爛賢孫世官樞府是贊爰有仲子纘承文緒嘉禾之陽我邑相望襄毅崛起效忠英皇致位司馬長慶發祥施于孫子科第彌光肆太學君克紹先緒配厥思齊誕育貞女天作之合待時而聚云胡弗慭亟奪良

緣之死靡他誓不二天朝聞赴音夕歸泉下求仁得仁吾生寧舍古稱
英烈多於既昏或雖未字勢迫邅迍若乃淑媛本非臨難特以一諾終
身弗畔爰稽記載僅得三仁寥寥千載兩王一陳不有淑媛曷四其人
譬則伯夷爲清之聖雖非中庸要不失正起懦廉頑厥功莫並風於四
方夫婦乃定我觀丈夫更歷五季反面事讎曾弗知愧卒汙身名苟圖
富貴遺臭至今誰不厭棄煌煌天恩來賁里門國史有傳邑乘有文是
謂不朽慰此芳魂嗟予父子素承敎督由情則哀由義則服晴窗稽古
彤管可續恭陳鄙詞以侑醽醁尙饗

卷三十 完

女兒緐祥校錄

卷三十一　　邑後學　陳去病　纂輯

明三八

潘志伊字伯衡字嘉徵號少東嘉靖四十四年乙丑進士官廣西參政有山東問刑條議不遇紀事今未見

重建長老橋記

嘉靖乙卯倭夷煽亂震驚內地民不安土各徙其居惟歲六月適有諜報虜自檇李駕百餘艘乘勝北向官軍莫敢誰何邑侯楊公思爲捍禦計不可得乃斷平望長老橋以遏其衝旁築敵臺以爲之犄角俄而寇至狼兵賈勇醜類就殲而橋以北無一矢之患戊午而後瀚海息氛境圉（平望志作宇）寧謐而橋之缺者猶故也邑侯李公謀所以新之而苦於用（志作費）鉅未克速就乙丑予始釋褐承乏中山閭里中廬舍日漸稠密而

向之苦於兵燹者駸駸（志作駸焉）焉日返其故竊以爲桑梓幸隆慶戊辰獲轉留曹便道歸謁比入境見橋之廢者復興圮者復續環橋數十丈隄岸俱葺而昔之敵臺改建關侯廟以鎮之增無創有棟宇巍峨鳥革翬飛（志作恢恢燿燿）屹然一邑之巨觀矣（志作也）予竊偉之適浙人童仁請記其事

予觀平望固吳越之衝而舟車之所走集也其地渙漫多水無城郭溝池以爲之固無崇山峻嶺以爲之限江南有警茲地必爲騷然是平望之盛衰實東南氣運之候也然方其無事也舳艫相繹商賈並輳平衍蕃庶甲於一邑而時乎登橋遠眺四望靡極挹鶯湖之澄清覽天目之蒼翠固有一矚天空萬景俱集者矣一旦有變大都廣邑廢爲邱墟華堂古刹化爲煨燼雖欲一朝安其居不可得而況於斯橋豈能獨存乎是橋梁之興廢又一邑盛衰之候也夫東南之氣運觀之一邑可知而一邑之盛衰即橋梁之興廢可見則今日之建立豈徒崇觀美便濟涉

而已哉嗟乎變無常形弭之貴豫方倭夷之竊發也豈盡海島之孽耶
而中土之民相胥以助夷也又豈其甘心於逆耶毋亦民不聊生而勢
有所不暇顧耳方今沿海諸郡懲往鑒來碁布星列封守慎固足以峻
華夷出入之防而長民者常能平其賦役順其欲惡使民欣然有樂生
之心無倖變之志則凡茲率土孰有狡焉啓封疆之思而斯橋之建寧
不與穹壤同敝也歟哉刑部郎中潘志伊記

文昌閣記

平望距邑四十里而遙民生浩穰闤闠揉雜且居吳越之衝爲冠蓋之
所走集固東南一雄鎮也而家逐末業戶鮮詩書非獨其天性亦習尚
使之然矣故自勝國以來罕有文學之士興起其閒者熙朝文教日闢
風氣漸開毅皇帝時有錢君廷佐始應鄉薦空谷足音此其一振而嗣
後幾五十年又落落無聞嘉靖辛酉有吳生禮居卜肆談性命有奇中

而雅好文嘗謂文昌星主持文柄禱之當有神應而里中向乏崇祀之所將謀所以新之一時好事爲之慫慂遂得地於通安橋之隅鼎建一閣閣之左更闢一室吳生居其中卜筮且以便皈依於神所閣成三年爲甲子而不佞叨薦鄉書明歲獲第南宫吳生漫自喜其言之中而不佞竊自媿碌碌無文不足以當神明之佑也又閱二十年而閣漸頽圮吳生復圖葺之卜曰吉謂當有嗣者而乙酉之秋王君子順復薦於鄉己丑策名天府吳生則又喜其言之再中信卜筮之不爽遂更加修繕謂不佞當有言以記其事因介於别駕王君子良爲請不佞嘗聞王武子自敘其土地人物之美云其地坦而平其水澹而清其人廉且貞平望無崇岡峻嶺古稱一望皆平而其水當苕霅之匯流受檇李之川浸風氣所鍾隱然稱一勝概非獨神明默相之而兹地固當有偉人烈士傑出其間爲之應者且也士以文名殆將樹掀揭之業於宇宙豈徒拾

靑紫竊榮施以博名高之爲文哉顧不佞行能淺薄入仕二十餘年上之不能潤色皇猷下之不能宣布德澤而株守尺寸方貽鰥曠之誚安敢自附於兹文今世際淸時人文宣烺豪傑之奮聲應氣求安知不有特達之士翕然嗣起以爲文昌應爲吳生驗哉里人潘志伊記

錢錫汝字寵伯二十五都人嘉靖四十四年乙丑進士刑部員外郎

重立雙谿昭靈廟碑記

國朝應祀之神自土穀以至海瀆皆有恆祀惟昭靈廟在雙谿者乃唐先天中鄉民立廟以時祀自五季至元屢有靈應代有專封載於邑志可考也我朝洪武十三年里人新其廟刻石紀事迄今二百餘年日久廟圮嘉靖中倭夷作亂所至殘虐惟獨震澤賴神之庇得以保全衆議欲新之未能也錫汝先君霖野商翁暇日過廟謁神四顧祠宇彫敝前有刻石僅存廡下制甚陋也心欲立石於庭以宏其規拜而祀之越歲

餘不幸先君忽講疾不起齎志以沒錫汝嬛嬛在疚他務未暇勉於萬
曆歲在丙子夏五月乃克成先志立石于廟嗟呼神之功在朝廷祀在
國家非一鄉之民所能表揚其盛惟神大有功於民禦災捍患靡所不
至則夫賴神之休頌神之功實輿情之所不能已者豈是鄉之民獨私
於神以利其休哉嘗聞古之賢士大夫有功於民民皆樹石以頌其德
矧神於茲邑之民一切禍福皆禱而應也則又不特如古之賢士大夫
有功於一時而已也則吾民賴神之休寧有窮哉謹作頌曰於維昭靈
肇封唐室越千餘載厥祀不忒顯靈吳越尤著元季干城是賴厥功不
細赫赫厥聲濯濯厥靈崇功峻德惠我生民震澤之波其注無窮勒茲
貞珉永表神功

陳王道字孟甫號敬所一號浩庵同里人嘉靖四十四年乙丑進士
授鄞縣知縣改陽信擢南監察御史有弘略堂全集西臺諫草俱

未見今存弘略堂奏疏一卷

及時修舉切要急務以隆萬世治安疏

謹奏爲懇乞聖明及時修舉切要急務以隆萬世治安事臣聞賛理之道圖之其未形也爲之其未有也故可以建久安之勢成長治之業而垂之於無窮我祖宗立國開基肇造區夏並建兩都均重也而留都實爲根本重地其諸司之建置百度之整肅法紀之森嚴視之輦轂下無殊也顧承平既久翫愒日生不無怠弛廢闕之弊臣愚所見方今時事最要所宜急爲之圖者蓋有二焉一曰飭武備也一曰脩文事也何謂武備之當飭蓋南中地土夷曠城廓溝池環亘廣衍其内城則延袤九十六里廓外周遭百八十里高壘深塹雉堞連雲非不金湯固也而聲援策應防守實難以故統轄備禦之制星列棊布極爲周密有中官以爲之内守備有勳臣以爲之外守備參賛機務則屬之於兵部尚書軍

於京城裏外者爲衛四十有九操演場所凡六簡閱以時蒐戒勿替其揀選汰黜歲卒以爲常宜其士馬服習將卒驍勇可恃以無恐矣臣愚竊以爲未也文具徒存而實用尠裨也老羸選耎取盈原額之數曾不聞有一超距刺蜚之輩乃其壯勇餘丁固自在也脫有緩急國家亦奚賴焉爲今之計須責任內外守備等官時時督率將領申明紀律愼意汰選毋踵故習罷弱者悉爲革去丁壯者卽爲充補約束旣定行之有常毋俾縱怠則自然營伍充實將惟所欲用之矣再照南京六部堂上官額尙書一人侍郎一人邇年以來止設尙書而侍郎則不復更置蓋謂其事省而官不必備也臣愚竊以爲六部惟吏禮二部曹務頗簡而刑工次之卽以尙書一人總之諸曹分隸之亦足辦事若戶兵則等也今戶部尙有總督倉場侍郎一人而兵部則無之矣夫足食足兵爲政所先戶部所以不廢侍郎之官者爲其國儲積貯所係非輕足食也兵

部爲兵戎所寄軍國之大計攸關卽居常無事籌策計畫商確可否獨可少此官乎夫兩都事體相同北都自本兵以外復有尚書一人協理京營戎政南京卽不能效爲之而兵部侍郎之增置臣故知其必不可已也何謂文事之當修我國家開科取士以三年爲期兩京十三省各創立貢院其生儒號舍俱預構成之甃以磚埴覆以檐楹規制整齊葺治堅厚可垂永久各省皆然也惟南京則臨時搭蓋棚廠僅足容膝不蔽風雨窮日盡明繼以脂燭則風火可虞事竣則以芻狗視之且鞠爲蔬園矣夫朝廷設科目求賢才甚盛典也而京師又首善之地顧因陋就簡一至於此豈非以其貲費浩繁而慮始之不易耶臣嘗周爰相度約號舍之數僅僅四千四百有奇計所費不過二萬餘金足矣卽欲新其堂宇美其輪奐不過三萬金可無加益矣夫不一勞者不永逸若經營創造措處有方委擇廉幹董治其役可計工而就者我國家胡惜此

有限之費而不爲之也矧南京上下關設有抽分税課局征榷商人本色折色本色則竹木雜料等項緣江而下者比比鱗集也浹歲以來所榷杉槁之類朽腐不堪用者奚啻數萬藉令以此爲號舍榱棟之需何至積於空虚無用之地乎此臣所目覩者私竊爲之惜也不獨此耳又有利弊所在其事若瑣屑而興利釐弊所關甚大者不敢不一陳之夫南京太常寺光禄寺等衙門及陵寢歲時供應犧牲例取諸榷税每猪三十口税一所從來舊矣顧法久弊生不便於民且隱匿不報税者十之四五其佻儇亡賴往往鬻販私猪糾夥聚徒越城弔入持械衡擊無復顧忌直以城垣爲梯徑即偵警人役邏而得之懼其黨與衆多莫敢誰何南中仕宦每一聚譚間僉曰此漸不可長也將來有大可虞者臣切憂之嚴行守禦官及五城兵馬司指揮痛爲禁約且令其從長集議有可通變宜民弭患遏暴者一一開報隨該守禦浦子口署都指揮僉

事嚴慄南城兵馬指揮杜陵雲等會議前來謂不當復税商人之猪第責令屠戶報名在官每猪一口量納税銀三分官給小票赴宣課司輸納仍榜示通衢曉諭則税既輕省易辦即亡賴者亦自重犯法私猪之弊將不戢自止矣若泥於三十税一之制則彼賈豎市販者挾幾何貲安得一一足此數乎如必欲足此數直須等候別商計總而税則留難抑勒且重苦之矣是則奸弊之所由生也夫都民戶口日繁一日屠猪不下五六百口税之所入不惟祭祀之用足以取給而每年奇羨尚可贏一二千金也臣即以此事諏訪閭閻無弗踴躍稱便似可創爲之者語曰福生有基禍生有胎納其基絶其胎禍何自來聚黨越城禍之胎也萌芽不折將尋斧柯矣試一變通之即錐刀之末不足以兢獨不可以消厲階杜釁蘖乎矧於城守之備此亦非細故矣乎而興作工力之資亦未必無小補矣此臣愚芻蕘一得之見輒敢冒昧爲皇上陳進伏

乞勑下該部覆議如果臣言有可採擇俯賜施下則庶幾武備飭文事脩而留都重地可綏固於無虞矣

經理漕河永賴事宜疏

當今天下國家之首務孰先焉曰轉漕爲急何則天下譬猶人之一身漕運其咽喉也善理身者必先使咽喉無哽塞之患而後吾之一身血脈流貫榮衛滋暢攝生者恆必藉之善理天下者思食爲民所天毋俾壅閼使輸輓以時轉餉相繼儲蓄給則國計永賴無或捐瘠之虞矣以今日之漕務言之誠有可爲扼腕歎息者尚可不爲之講求也哉夫東南財賦之淵藪也其富饒甲於天下而閩廣江浙其爲朝廷軍國之所需者何限也每歲達於京師下自迎鑾瓜州上抵魚臺汶泗皆運道之所資焉而徐邳故道則所謂天下之咽喉處也顧頻年以來大壞極敝不可收拾黄河水勢奔潰衝突四溢漕糧漂損無算徐沛之民半爲魚

隴當日臣工莫可誰何建議者莫不曰治河爲先然而虚靡歲月耗竭貲費迄無成功至於鑿新河疏泇口欲避徐吕二洪之險是所謂以有限之貲置之於無用之地驅無辜之民而興必不可成之役也天下大計亦奚賴焉若今日之急務則其弊所從來誠不可不究其原也國家之創爲漕規也蓋二百年於茲矣考衷前代相度時宜斟酌損益行之既久財以饒羨公私交利不致困匱者亦以法立於一時而守之者無斁也迺今則有大不然者矣夫漕額設有運船有運官每歲漕糧不下四百餘萬石每船裝載正額及加耗約計四百餘石旗運每船十人此則一定之規也運船則各有廠工部分司之事董其役有淺船料有遮洋總料總則爲海運設也運官則有各衛所官專其任旗甲則千百戶轄之千百戶則指揮轄之夫何相沿漸久成規廢弛運船則侵尅料價無從考覈朽腐不堪額算虧少衙門積役恣肆漁獵此則船之弊所從

來遠也運官則上下無紀名分倒置兌軍本色私相貿易輾轉延賄往往以老弱充數且不滿十之五六欲求其無漂溺損壞何可得哉斯二者皆目前剝膚之災若不早爲之所則咽喉之患必貽腹心之疾司國計者安得宴然而已乎且夫江淮轉運襟帶南北我祖宗建立督衙門有撫臣有總兵其爲萬世計久遠者非不重其事也然而漂沒損失之患無歲無之此其故何哉亦以運船運官之弊莫爲整頓而釐振之也夫苟於斯二者加意講求嚴其稽察專其委任賞罰明號令信憲典聿新毋因循姑息蹈玆前轍未必非國家之計也若夫治河之策則又有所當講者夫今之議開新河言之者非不詳行之者非不力祗滋紛紛莫可底績夫亦喜於有爲而謀之者未定耶考之往昔賈讓治河有上中下三策上則徙民決障害中則穿漕渠殺水勢最下則繕完故隄增卑倍薄說者莫不以爲讓之下策終莫可施用也殊不思事貴通變勢

難執一導水之道汪瀾奔騰弗可稍逆若乃因其故道隄而障之則讓之所謂下策寧非今日之上計也哉易曰君子以思患而預防之患不思則防不預矧當今漕河之患又切於時艱者乎夫黄河遷徙無常漂損廬舍衝壞船隻此其天變之莫測者也量時度勢救敝補偏此則人事之當修者也欲爲國家建久遠之利者奈何舍人事而歸於天變之不可爲也哉緣係經理漕河永賴事宜謹獻芻蕘一得之見伏乞勅下該部覆議採擇施行臣不勝勤懇戰慄之至

陳末議以禆覲典以隆聖治疏

謹奏爲陳末議以禆覲典以隆聖治事炤得萬曆八年正月復當大計天下羣吏仰惟我祖宗舊制載在令甲盡善盡美而部院之條議約束又自纖悉具備宜復無容置喙矣顧官材論辨不厭精詳而規制具存尤宜申飭臣等輒敢謹攄一得列爲六事敬爲我皇上陳之伏乞勅下

部院酌議施行則吏治民生不無少補於萬一矣一曰核久任之實我
國家近年以來申明久任之法即虞廷三載考績三考黜陟幽明之意
也蓋吏數變易則下不安業且各懷一切莫慮長久自惟居位久而受
任專則民服教化得以歷試而考其成故自藩臬諸司以下莫不皆然
而守令爲尤甚蓋守令師帥一方其於民爲最親漢宣帝所謂庶民安
其田里亡嘆息愁恨之心者惟良二千石漢明帝所謂苟非其人則民
受其殃良有見於此矣然任之所以貴久者豈徒限以年資而不稽其
實政矣乎審爾則養交安祿而優游歲月者皆得以計時而待遷矣合
無令次考察伏乞勅下部院通行各該撫按於所屬府州縣長吏務詳
驗其行事屢考其政績毋以一事之稱愜爲美而不問其他毋以一時
之刻厲爲能而慨許其善如果能奉職循理初終一致廉隅則砥礪簠
簋則愼飭刑罰則淸明教化則修舉種種行之歷有成績然後備揭開

陳以需不次之擢如有鋭始怠終改轍易行者亦須據實論刺黜謫不免焉則專任責成之意爲不孤而養望以崇虚名者不得希倖進之途矣二曰貴參審之精虞書曰知人則哲能官人夫官人係於能知人則知人要矣顧庶官之淑慝所以甄别之者豈一人之聞見所能盡哉廣詢博訪兼聽並觀尤所至急者今兩直隸十三省自藩臬諸司羣縣牧伯長吏以下銓司所據以爲殿最黜陟者惟此撫按之考註也而其所遺於考註之外者則固多也所以然者蓋以撫按之耳目必將寄之於司道而司道之耳目又將寄之於府佐縣令等官中間豈無伐異黨同而惡直醜正者乎有一於此其能免於賢否混淆而是非之倒置乎若噂沓滃訾之輩抑有甚矣合無今次考察伏乞勅下部院於應朝官員務須先期多方訪求或爰咨於九卿大臣或遍諏於寺監科道爲各官者亦宜虚心秉公各舉所知覈實以告其來朝官自藩臬及府州縣正

官各令將所屬官開具壹實跡揭帖據事直書毋工組織毋拘對偶俱要預先投遞逮其過堂說部之時尤須面相質問毋容欺隱其應對之詞與撫按考語相符者固無容議矣如有牴牾不合者部院堂上須參之輿論考之素聞務在綜核其實其各官如有偏私庇護左枝右梧者部院指名參究則庶乎涇渭之清濁自分衡鑑之平明不失而賢愚高下自可以坐照之而無遁情矣三曰謹人品之辨夫人品之邪正政治之得失生民之休戚關焉此其清源正本莫先之比者有等姦邪詭譎險躁浮佞假公濟私之徒才足以飾詐力足以濟姦智足以延譽辨足以惑衆本分之職業不修也惟思出位以表見居下之分義不安也惟圖訕上以要名以矯激不情爲特立不懼以背公死黨爲扶持公道以虛談妄論爲倡明大義以殘忍刻薄爲奉公執法一時循其名不責其實反以爲賢交相稱譽又或因其曾居顯要也雖補外而不敢謂其不

稱或因其屢膺薦剡也雖改節而不敢謂其不廉或畏其有所慿恃雖知其非不敢遺之上薦或懼其能爲傾危雖知其惡不敢註之下考又或因其素有虛名非之而人莫信也而亦同聲賢之或因其素多僞黨醜之而禍以隨也而亦違心附之以故核其考則類多溢語詢其薦則累盈章牘而不知此特其姦人之雄耳其實爲害不止於貪酷其不肖有甚於不謹國是因之以亂人心因之以壞風俗因之以漓久之且溢清華躋膴仕爲縉紳大蠧若而人不思所以一處之其何以稱黜幽之大典哉合無今次考察伏乞勅下部院加意愼覈此輩察之於衆好之中毋得呑舟漏網則庶乎仕路清夷大姦脫距不獨有資於吏治抑亦有裨於世風矣四曰愼卓異之舉方今聖天子勵精圖治褒德錄賢大小臣工自銅墨以上爭自祓濯豈無瑰意琦行興化致理褎然傑出者乎故推擇選舉誠有所不容已者顧人才行少能相兼而名實亦少能

相爭若徒採聲華不究實用則矯飾者妄意以干進積行者或壅於上聞大非朝廷優寵至意也照得萬曆四年雖曾舉行然但存紀錄竟賓宴賞夫亦以特恩之難稱也屬茲朝覲又將屆期其於不肖者既不免於創懲則其在賢者亦宜有以彰激勸然則卓異之選固當舉行而宴賞之典似亦所不可廢者合無勅下部院行令各該撫按慎意遴選簡拔俊良毋限以其地毋拘以其官如其治有異等果得於灼見之眞則雖多舉而不以爲濫如其無有則雖闔省不薦一人而不以爲過其在部院尤宜獨持藻鑒毋得輕信若曰循襲故套取盈充數則此褒崇旌異之典固所以待超羣軼衆之賢者而可以中才副之乎萬一有匪人溷廁其間始以卓異見推尋以不職論黜其於朝廷之體統亦甚褻矣其爲盛典之累豈淺尠哉及令申儆之後如有撫按官保舉失實連坐不貸則庶乎鑒別精而眞才之實效可收矣再照行太僕寺苑馬寺鹽

運司等官一則戎馬所係一則邊餉所需其責任之重不减藩臬年來
累奉明旨愼擇其官意獨至矣顧官此者率多委靡沮喪弗克自振何
哉夫亦以寵渥之典未膺而苟求者衆也寵渥弗及則前進之望孤苟
求衆則微瑕所必指以故人有疑志而無奮心職此由也合無今次考
察於前項等官察其果有能激昂砥礪勤職業潔操履勵名節毋以因
循自狃者部院廉得有此直須疏名上請一體優異則人人爭相淬勵
而振揚幽滯之術亦寓於其中矣五曰申卑官之儆夫朝廷張官置吏
凡以爲民初無分於大與小也故人臣之義所以勵官常而儆有位者
豈獨崇資膴仕爲然哉卽卑官下僚無或殊也竊照年來舉行計吏大
典其於府州縣首領佐貳下至倉巡驛遞等官一則曰某官逃差二則
曰某官逃任其去而弗之問在此輩亦且恬然自爲得計而無復顧忌
於其間積習相沿莫可禁制所以然者蓋繇其居恆當官任職之時思

莫在公素行不檢自知不容於公論不免於顯黜故以逃亡自損之而不知臣子之進退予奪惟上所命所不得自專者專之是無法紀矣此風不息效尤日甚將不知所底止合無今次考察伏乞勅下吏部凡有潛逃官員除罷黜外仍行該處撫按官提問坐以應得之罪查果有贓跡顯著者監追處治則庶乎法度嚴明明威震讋非惟不敢幸免於臨時亦且不敢恣睢於平日矣六曰嚴中傷之禁我國家稽古定制每當三歲羣吏入計期部院總其綱撫按上其行科道拾其遺法網至密也而驕人之萋菲者往往以睚眦行私逞其胸臆快心恩怨造爲飛語浮言遍投揭帖需垢索斑吹毛求疵搖惑視聽其有孤直自許之士守正不阿不事纖趨不狥私託無能諧世取容者反以不潔蒙訾橫被口語而不知譖人者亦太甚矣昔司馬遷云讒言不聽姦乃不生賢不肖自分白黑乃形讒言且不可聽也況譖言乎語有之曰三人成虎十夫柔

椎衆口所移無翼而飛此而不戢非所以保安善類而禁伏兇回也合無今次考察伏乞勅下部院如遇此等嚴加式遏明投者卽時擒治匿名者卽便焚毁仍行五城兵馬司偵伺緝捕則庶乎誣詆者無所容姦而當事者亦免於三至之惑矣

竭愚衷贊聖化以隆安治疏

謹奏爲竭愚衷贊聖化以隆安治事仰惟皇上天挺英資嗣登鴻寶陽德方亨熙運隆洽萬方臣庶莫不延頸瞻望太平此誠宗社生靈億萬載無疆之休也若微臣區區犬馬之忠私竊過計以爲皇上春秋日漸以多則志慮日漸以廣嗜慾亦易以萌所宜防微杜漸謹始慮終此在臣子交相儆戒之義有不容于自已者顧爲治不在多言而提綱挈要乃其先務之急不切于身心則非所以清化源而輔台德也不詳于政事則非所以宏理道而宣至治也用是罄竭一得之愚謹疏治要十事

爲我皇上陳之伏惟垂神採納焉一曰養聖躬臣聞人君一身爲天下之本所係甚重天地祖宗廟社之所付託中外華夷臣民之所仰賴上而帝王相傳之統緒下而子孫萬世之基業咸於聖躬乎萃之珍養崇攝之道是胡可以不謹哉況深宮燕間幽獨隱微之際尤人情所易肆者以天子之尊威福玉食靡麗紛華惟所欲而莫予違檢束少弛耗損必多忠臣愛君孰有切於此者伏願皇上常存敬畏加意謹微澄神定志頤精葆眞愼起居節飲食均勞逸時喜怒佞幸易溺也則思所以防遠之玩好易流也則思所以遏絕之奸聲亂色不留聰明淫樂慝禮不接心術常使一身之中冲和完粹則純嘏騈集壽考且寧國祚無疆之慶端在是矣二曰勤聖學臣聞之書曰王人求多聞時惟建事學於古訓迺有獲自古帝王脩己治人之方興邦資理之要載在經籍班班可考皇上今日所以啓沃睿衷日新聖德此其所最先者顧堂陛森嚴地

勢懸絶儒臣進講略陳訓詁未嘗進一詳說旁引曲喻上有疑弗之問也下有見弗之陳也即有聖賢微詞奥旨與夫理欲危微之辨治亂興亡之由何自而講明哉頃輔臣某某等歷稽往古典謨史册編摩成帙名曰帝鑒繪畫作圖講解陳說所以别善惡而昭勸懲者一覽無遺豈惟聖學之資抑亦有裨於化理多矣我皇上亦嘗親灑宸翰特賜褒嘉龍章焕發固其天縱聰明之至而其馳情文史嗜學不厭亦自可見也伏願充此一念典學之志益勵懋脩博選侍從文學之臣擇其純正博雅通達練習者數人更番入直仍命内閣大臣一人領之于萬幾之暇召見便殿相與講究經書討論史傳更取所進圖說時時展閲凡有未明輒賜清問善者法之惡者戒之觸目警心無時豫怠則自然心益清理益裕以之斷決政事裁處庶務自無不得其當矣三曰隆繼述昔孔子稱武王周公爲達孝而曰夫孝者善繼人之志善述人之事傳說之

告高宗曰監于先王成憲其永無愆蓋言法祖爲治則可以凝天命得人心保大業而垂永久也故啓能敬承繼禹之道而夏祚延長成王能式刑文王之典而周歷綿遠洪惟我太祖高皇帝誕膺天命汎掃胡元神聖勇智肇造區宇在位三十二年宵衣旰食勞心焦思取前代禮樂制度而酌衷之立綱陳紀貽謀作則大經大法盡善盡美其所以垂裕後昆者至矣迨我累朝列聖相繼率循舊章二百餘年以來承平如一日者良以其培植之有自也伏願皇上思祖宗創業之艱難念今日守成之不易每一舉措恪遵祖訓申明法制脩舉彝典其有近代因襲相沿之弊不無稍變更於其間者悉取而釐正之光復令圖永示畫一則久大之業自足增光前烈矣四曰端好尚夫朝廷立四方之極而人主好尚薄海內外環向而取則焉君惟風下民惟草上好之則下從之如響之應聲也如影之隨形也故晉俗好儉而民蓄聚太王躬仁邠國貴

恕以風之者有自也苟好尙一偏則遠近之人且得以窺伺之矣昔人所謂廣眉高髻大袖細腰往事可鑒已伏願皇上加意敎化之原本所宜先正以帥下愼防其端審所好惡以導其趨立標準以爲天下之先明意向以定萬民之志黜異端崇正道敦儉約却貢獻游觀畋獵勿使蕩心奇技淫巧毋俾玩志自畿甸以達于四方曉然皆知皇上好尙之端純一無所偏私莫可投間抵隙將見遐邇聞風莫不感動道德一風俗同而治效可立見矣五曰固邦本書曰民惟邦本本固邦寧又曰德惟善政政在養民安民則惠黎民懷之蓋以生民之休戚國家之安危係焉故自古聖帝明王英君誼辟莫不以仁民爲首務成周重農事愛養民力故其享國傳世最長久漢文帝以賜租而致富樂之效唐太宗以裕民而成給足之風我太祖高皇帝立國之初瘡痍甫定萃渙合離痛恤民隱其爲治所先別無異術每以魯論節用愛人一篇書之殿廡

自此盤銘專務以恩結人心以財養民命是以惠澤日益深基本日益固民心愛戴久而彌篤實由於此夫何今日四方之民苦于差遣之浩繁征斂之苛急力疲不勝其役財殫不勝其求田野嗷嗷凋瘵甚矣殆非所以愚懷黎庶而保乂邦家也伏願皇上軫念小民之艱深維國本之重紀理財用裁抑浮冗賜予有節費出有經擇守令而重農桑黜貪殘以淸府庫稍紓物力俾不涸于誅求期以數載儲積充盈國無捐瘠之虞民有豐亨之慶自然家給人足上下相安而邦本日益以固矣六曰愼邊防竊惟夷狄自古爲中國患叛服靡常狎則犬羊然卽馴擾之其嚙觸之性固自不亡也頃年唵哈欵順欵塞稱臣邊徼稍寧烽燧無警似可幸以爲目前之安者殊不知禍幾所伏每於未形而思患預防辨之貴早兵法曰不恃其不來恃吾有以待之不恃其不改恃吾之不可改也節該諸臣題奏邊務區畫周詳悉當機宜若無容喙者顧天下

之事不惟言之要在行之言而弗行言無益也臣觀今日之病正坐此耳今之言備邊者孰不曰選將帥勵士馬足儲蓄除器械明賞罰固封守此皆制禦之長策夫人而能言也夷考其所行之實則十不得一焉何則積習之弊未能祛而財力且困疲也徵發調遣動輒牴牾而狃於因循者莫肯起而整頓之以故建議雖詳修舉則否將帥不必其皆忠勇也士馬不必其皆練習也儲蓄豈盡充實而器械豈盡修除也賞罰豈盡明久而封守豈盡愼固也一旦狂虜竊發擁衆內侵不識將何以待之爲今之計其大要有二一曰嚴及時之防一曰固經久之利蓋各邊關重地東有遼陽山海北有宣府大同西有寧夏甘肅皆所以捍衛我京師藩籬我中國如人之一身肩背肘臂也修備固圉一或少弛何以示守然則繕葺墻垣以爲屛翰挑濬溝塹以爲陷穽墩臺斥堠則添設增廣比比聯絡俾足以策應聲援此則所當亟爲區處無容後時者

也若乃爲國家計久遠則又莫切于課耕屯田遮塞要害安攘之略此爲上策蓋邊餉之匱乏恒苦於轉輸之不繼而平衍夷曠之地障蔽限隔也誠能驅在邊之卒以耕沿邊之地牛具粟種官爲給之儘其開墾寬其子粒禁制將領不得科擾行之數年期以成效而又于原隰高下險扼之所相度地形栽植榆柳其茂密蓊翳則不惟我軍得以依阻設伏即胡馬欲長驅深入亦自不能矣夫不一勞者不永逸及今不爲先事之圖坐失萬全之道長慮却顧者當不能無隱憂也至于貢市一節業已許之尤宜慎慮蓋布幣絮繒之類順其欲可也若夫金鐵等物彼所利誠在於此又烏可藉寇兵以資益彼之長技也哉矧虜情叵測桀黠狙詐即今欵服能保其他日之不渝盟也哉萬一釁自彼開敵加于我此其勝負屈伸之幾關係甚非細故直須擊其鋭挫其鋒褫其魄而奪之氣則庶乎畏懼慴息中國之威振而夷虜窺伺之謀亦可以少寢

矣七曰時接見臣聞之君尊如天也臣卑如地也尊卑之勢分相懸則上下易于暌隔君臣情通政事以和自古唐虞三代明良相遇都俞吁咈于一堂之上竟能致雍熙悠久之盛者職由此也昔帝舜作歌喻君爲元首臣爲股肱正以明其一體相成無復形骸彼此辟之周身之間精神血脈周流宣暢是以上無亢志下無隱情交孚其間天工亮而帝載熙也迺今皇上所資以論道經邦朝夕納誨者非輔導之臣乎至于府部院寺諸臣分職率屬各有所司刑政紀綱咸有攸賴何可一日不講求諏詢者伏願皇上於視朝之暇從容燕見內閣輔臣及文武大臣俯霽天威接以誠意與之商搉國是裁決可否凡四方之利弊軍民之休戚治體之得失風俗之隆汚有疑于心必詢于衆使人人皆得盡言以輸其忠則自然志同道合鮮壅蔽之患聽覽熟福澤流不出闕廷而時雍風動之治可幾矣八曰納諫諍臣聞言路之通塞天下之治忽關

焉古人之告君曰木從繩則正后從諫則聖故自昔聖帝明王罔不以求言納諫爲首務大舜明四目達四聰禹拜昌言成湯不吝改過此其所以致治極盛後世爲弗可及也皇上踐祚以來科道言官亦常抗疏論列時政間有肆其戇直誤觸忌諱者不蒙優容一鳴輒叱去于是有削秩編氓者以故人情疑忌鬱抑猜嫌敢言之氣不無少阻國家亦奚賴焉語曰狂夫言而明主擇之言茍切中何畏逆耳況天下惟中才最多不皆謇諤匪躬之士人君者導之使言猶懼有所觀望畏縮不敢自盡其愚若又厲之以威嚴加之以斥逐忠言讜論安望其日陳于前也伏願皇上師古求言含宏茹納勿惡其剴切勿忽其迂遠言有可採則用其言而顯其身言不可用則置之而不加其罪則人人得以自盡事事得以上聞忠良進而諛佞遠臣道泰而庶事康矣九曰蠲逋負臣聞宋司馬光有言曰天地生財只有此數不在官則在民臣愚以爲其在

民亦只有此數盈于此則縮于彼伏覩皇上登極詔書有自嘉靖四十三年至隆慶元年止錢糧除金花不免外其餘拖欠夏稅秋糧馬草農桑人丁絲絹各色糧價匠價等項悉從蠲免二年三年四年各量免十分之三其各處該納諸色課程顔料牲口藥材等項除已征在官外其餘小民拖欠未徵者自隆慶五年以前悉免六年量免十分之三以甦民困皇恩浩蕩其所以寬恤民力者至矣顧蠲免之詔雖頒而小民不蒙實惠何則淸查之令未行則豪吏得以夤緣爲奸以致使我皇上之德意壅而不宣也至於蘆課銀兩唯南直隸濱江一帶郡縣及湖廣江西九江等處所在有之近年以來虛增加派之數多有浮於原額者詔旨曾未之赦及是以有司督責雖嚴終無完納之期伏乞勅下戶工二部覆議委差廉幹官員於直隸各省稅糧重大去處將隆慶五年以前逋負稅糧及各色課程等項逐一稽查明白或係人役侵收或係細戶

拖欠侵收者變產抵償拖欠者悉與豁免其蘆洲課程俱照前例明示蠲除一體停止則庶乎惠澤下流而黎元得以蘇息矣十日恤淹獄臣聞刑者聖人不得已而用之故刑罰適中則下無寃民淹禁枉監則上干和氣帝舜明允大禹泣囚良有見於民命之重所宜加意欽恤者也方今天下萬姓之廣獄訟之繁豈無有冒羅憲典含寃茹抑枉死囚禁者乎此在聖明之世不能不爲之惻然也伏乞申飭兩京法司及各該撫按察司問刑衙門等官將一應見繫獄囚讞究詳審毋深文法毋拘成案應決斷者卽與決斷應開釋者卽與開釋應給衣糧醫藥者卽時給與其遠年侵糧家屬及追贓人犯納贖囚徒悉爲清理有家產者儘其所值估計變賣完官如無家產并無力完贖者速與查勘明實卽行發遣或擬改配毋令久滯則庶乎囹圄空虛而刑措之風可致矣

卷三十一　完

女兒繇祥校錄

卷三十二

邑後學　陳去病　纂輯

明四人

沈位字道立號虹臺漢孫隆慶二年戊辰會元官翰林院檢討有尙書筆記都邑便覽歷代文選柔生齋集今未見

宗子說

凡吾之族太平爲長凡吾之宗仕爲長長者宗也有宗而人莫宗之者何也勢不行也姑疏其所以可行以俟知者

位曰以予觀於宗法而知天下之易治也周衰王道熄士庶以財力相君大宗貴則小宗廿爲之奔走服命而不敢抗一遇微弱則小宗役大宗而大宗亦且赧然不能安於其上其積非一日矣而議者見今之世獄訟繁興禮讓不作遂謂治世不可復見於今而委咎長吏之不肖及

推所本無乃宗法不行之故歟予觀方今尙富而賤貧崇衣冠而薄韋帶一切不異於周之衰世然能因人情之所向而利導之則亦庶乎宗法可舉而無患蓋富而衣冠人情所共崇尙而樂宗者也予欲天子重海內之宗子一族之宗得以治一族之事予之衣冠而復其身役其族之可否曲直惟聽宗子之命命不相服長吏然後斷之而長吏於宗子進見之時亦優其禮而養其威不得槪目之爲奴隸賤品如此則宗子尊而小宗不敢有所慢褻而爲宗子者亦以長吏所禮自異也而不敢自私於可否曲直之間天下昭然知本朝之所貴禮讓之風興獄訟之患息而治可幾矣或曰宗法立而天下治敬聞命矣敢問家有宗子則長吏之權將奈何曰宗子之與長吏辟若身之使臂臂之使指轉相屬者也長吏歲計宗子行能分別白之或族歲無獄訟者受上賞其父子兄弟之閒相夷虐者同罰如是而曰權不在長吏非也今里中父老猶

使之斷乎一鄉聽其可否而曲直焉而未聞與長吏分權況以族人治其族人族人與父老等也而迺不可哉夫安於異姓之父老而不安於宗子此蹈常襲故之士所爲而宗法且多見謂迂闊而不行也嗟乎後之君子欲興禮讓息獄訟行王道而治人情者其以予言爲推本之論哉抑亦見謂迂闊而不行哉

與茅鹿門

某無似追憶前居門下時年尚少聞公上下古今私心竊獨喜然方牽制章句求合於有司之所謂文章而於公之議論若周彝漢鼎可玩而不可食及今謝去舉業可以服公之遺敎而年過四十幸不即髮白耳而精神已疲即公日夜指示猶懼不進況去記室之遠又若此也今世談文者必曰史記談詩者必曰杜少陵至其案上所置則曰今之五子也問其故則又曰今之五子李何之徒而李何又史記杜少陵之徒也

是猶指世俗之儈謂張無垢而無垢爲達磨轉相悖之寧有既哉此無他蓋當爲舉業時則習爲平淡之語以幾有司及其爲古文卒又務反其向時所爲而獵取夫言詞奇詭者以駭當世此其務奇詭之心與夫習平淡之心一也烏覩所謂文章之奧者哉今天憫文喪之久畀公獨深公宜擇可與語者不倦而教之不然一齊衆楚孟氏之所以憂也東海某君儆同年侍御王洪洲壻也覽公制作舊矣而以未嘗識其人爲恨侍御兄以某爲紹介使某君親承議論之餘以附門下士之後夫世方突梯彼獨抗驥此其志不小他日能發公之文若侯芭之在雄李翺皇甫湜之在愈蘇軾曾鞏之在歐陽子而秦少游張文潛陳師道之徒之在蘇曾必其此人也足以爲公賀矣近日佳作不吝一示使某不廢法程至望至望

與李仰洲

弟無似然有大幸旣得兄爲同年交又得同事於御史府中見兄之容則足以消鄙吝聽兄之語則足以開蔽蒙竊自幸弟之得於兄者多矣每見習豫南兄稱兄治行卓犖大得士民之心幸甚幸甚蓋兄之才如吳鉤魚腸火化水淬已久一旦出之而陸斬犀兕水截鴻鵠遇之卽破當之卽靡此理固然無足怪也凡在同志皆爲兄喜况弟更素有愛于兄者乎弟年已衰視兄如日方升則所以銘鼎彝當鈞軸皆兄分內事也弟竊餘光或免罪戾足矣敢他望乎

與朱柱峯

弟與兄何等交也自令弟南歸迄今不能通一字於記室亦不知起居竟何似至元夕始得寄高別駕書知兄道履迪吉忻慰忻慰出處進退台有命限所謂命者又非星家所稱引故桃李春華而菊梅冬秀彼亦有命存乎間不可得而後先之者也以兄之才號爲大雅凡在同志無

不推轂今驥足偶蹶而使奔走奮迅之氣頓爾索然忘菊梅之後華傷伯樂之不顧弟竊不能無惑矣弟至庸劣荷兄不遺慇懃誨語出於形骸之外非如世之泛然所謂同年而已者故願兄遂養以俟時不必爲無益之戚戚也老年伯之還雖不得盡試其學然有子如兄猶足以自解兄如以老年伯解綬爲念老年伯又以兄未第爲憂殊與老莊之旨異矣

與蔣生

僕中吳之鄙人也謬竊時聲而足下不察亦隨聲以爲可與賜之禮而降其辭色忘其不肖而虛其心以聽問之意亦勤矣僕何敢當僕往來苕霅之間側聞令先大夫之爲人誠漢世所謂長者嘗欲挹其餘光而不可得乃今得與足下交游而上下其議論僕之幸也雖然足下不以僕爲鄙而甘心於弟子之列僕亦不以足下爲貴游而傲然以爲之師

是猶古之道也古之道其可行於今乎足下如有意於僕莫若務實其氣而精其思其於道不遠矣

上徐存翁

某聞司馬公之入相也舉朝之臣皆曰相司馬矣閭巷婦人小子聞之皆曰朝廷相司馬矣遠而至於窮廬逐水之鄉侏言左衽之輩聞之亦皆曰中國相司馬矣夫士相與悅於朝民相與忭于野而四夷相與慶於邊場方是時其門下故吏豈無自幸之心哉亦能無幸吾相享天下之譽哉而公顧何以得此蓋熙寧間天下多故公口不談新法者且數年德望之信於人者日深及其一朝執政而天下翕然尊之如秋水赴壑無一人異同者其勢然也今我翁之爲相亦若是矣雖重而發之以厚正直而容之以寬德被生民量包天下上爲天子之所倚信下爲百執事之所推服而四夷君長之所畏懷故自執政以來世路清夷士民

樂業百官奉法而至於郡縣之小吏莫不淬勵以自效於下風而求免吾相之憂此其功業之宏偉聲名之赫熚譬如富貴之車服儀從人皆知其宜然而非僥倖於一時者也古之君子能坐制天下而收其成功者未始不本於寬厚若翁之德之量某何足以窺其幾微之萬一然先伯父辱翁爲同年交最厚某是以得入侍以燕間之間而聽其議論之末則某之所以窺翁者意或在此蓋翁之德望與司馬同而量則過之朝野之大蠻夷之衆與夫門生故吏所以私相自幸且幸翁有以享天下之譽於無窮者亦甚於當時之願司馬而某亦幸者之一人也某荆楚賤士固不可以言高獨自幸之私無以上達是以恣其說而無所忌伏惟翁少垂察焉

答陳敬所

去歲奉別顏色懷仰之私何日忘之近接手書知道體迪吉淸譽日隆

其爲吾道光寵恍如挹清風而聆至論也古今言治吏者莫如漢漢二百餘年之間莫如趙廣漢尹翁歸韓延壽之徒及今考其治行大抵皆尙嚴肅獨黄霸稍以寛和名然至種殖蓄養靡不究意道旁烏盜之食亦具知其起居而不能匿以毫髮則所謂循吏者豈一切苟且爲姁姁默默之政而已哉竊聞兄之治鄞勵神淬志以求民瘼質之兄所自言者益信甚盛心也雖然亦嘗有以琴之説爲兄告者乎琴之將御也弛之固不成聲而張之太急亦有繁促之可畏故於急張之時而稍寛之則聲調而足聽弟意今之從政者亦然兄如不以狂瞽而採擇焉則今文學之英皆將援筆而次兄於漢君子之後矣

經筵賦

皇上卽位之三載道浹政治風穆恩洋貢楛矢於肅愼降麓趾於九陽導先軌以繼作宣列聖之重光書傳所載莫得而揚然而聖人抑畏不

遑寧處事求多聞惟善是主尊道藝登三五與治鑒亡崇約卑侈曠旌
門而弗居睠文華以容與文華殿者負層城之幽邃歷嚴廊之槎枒連
金馬石渠以齒列廳西崑東壁而肩差豐麗駭觀帶景流霞文書史策
聖喆英華六經四子九流百家丹鉛縹緗光起雲霞蓋典籍之在茲豈
徒崔嵬與谽谺迺命禮官迺援故典卜良辰以講藝極儒紳之妙選畧
睿美而若虛忘芻蕘之黭淺矧茲地之爲勝可以綴學而展卷於是大
宗伯等合辭而進曰日之在奎皇御法筵載在方策先朝相沿率由舊
章庶幾不僭帝曰俞哉執事惟虔於是仲春丙戌朝陽登曦集冠珮向
明治畢朝會忘蝶娭備法從乘龍車稱啓蹕揚雲旂望東觀以來臨駐
翠蓋之萋萋當是時也閶闔排魚鑰啓和鸞寂皇輿止鵠立乎右者金
貂貴戚虎賁郎將之官鷺序乎左者惠和承明修潔博習之士前則給
事黃門惠文柱史後則中涓攝僕闈尹閹寺又有司儀辨等狄人設席

天子迺坐繡幄而羣公受命以登城沛艾容與揖讓徐疾魚魚雅雅濟濟習習盛三雍之上儀儼天顏於咫尺香靄苑其凝霧蘭茝爲之生色然後典司肅事文几既陳賜以淸讌之間假以虛聽之誠碩儒彥士敷納經綸文學端書講臣啓心或揚搉乎洙泗鄒魯或考究乎訓詁典墳或因經而論理亂或執史而陳替興或激烈而侃侃或諷諭而誾誾敍帝王之宏休見羲轓於遺文百氏略而不談議論一本之六經開闔大訓闡揭天人音朗暢而盈耳義徽懿而足聽擘肌分理殫見達聞抽演微言以洩道眞上下情通麗藻彬彬左右論思鱗次敷陳翕皦純繹恍如張樂乎洞庭惟師臣之爲帝笑秦皇以衡程雖納誨之須臾固已上下夫古今欲說未終天子稱善命大官而具羞賜諸寮以飫宴芳醴浮琥珀之光蕙肴脩燔炙之薦終式燕之令儀咸酣敍而歡忭於是鸞駕返旆還乎法宮穆然俛而深惟遊神邁夫遐風抵璧投珠詢道求中放

鄭遠佞畏命悲窮聽言用能馳明飛聰薄賦斂而慎刑罰躋玄沕而樂時雍昔堯師州父百工允釐舜學許由庶績乃熙高宗以傅說仰德成王以姬旦無爲以今揆之信先登玆蓋學古之有獲匪壯觀於威儀者也臣敢爲之頌曰於鑠維皇天啓喆兮不自滿假揚文烈兮儒紳侍經潤鴻業兮乾乾緝熙遺昳昳兮誰其配之成訪落兮明德維馨臣有光兮休哉懋哉裕無疆兮

顧大典字道行號衡宇隆慶二年戊辰進士官至福建提學副使謫禹州知州自免歸有清音閣集今存二卷又別本存六卷門人龍宗武校稽山集存一卷三山稿括蒼稿北征稿南署稿海岱吟閩游草園居稿俱未見

秋懷賦有序

嘉靖辛酉之歲予春秋二十有一戰藝再北病卧逆旅于時秋也百感

易生一塗難忍以是興懷可知矣因作秋懷賦以自廣（龍本無以自廣三字）其辭曰

素節變白露零潦水凋涼颸興（二句龍本作朝梧墜宵蛩鳴）木受風以厲響雁希陽而哀鳴天塺塺以向晦雲默默而若凝睇楸梧之早凋見熠熠之宵征（六句龍本作風颼颼而振響雁嗈嗈而過庭天窈窈而無色雲黯黯而凝陰）蕭兮瑟兮衆芳歇憭兮慄兮旅魂驚若夫長夜何其漫漫未旦倚柱徬徨循軒顧盼（二句龍本作展轉增哀幽憂結怨）眷明月以長謠（龍本作孤館闃其無聊）步列星而永歎況乃志士坎壈游子淒其薄寒中人卒歲無衣攬秦裘而愴惻操齊瑟以徘徊璞三獻而未證書十上而空歸慕相如之同病感宋玉以興悲嗟青鬢之蕭疎慨白日之浸晚（二句龍本作慨白日之易匿嗟青歲之不回）悼脩名之弗立懼世德之或虧書千愁而貌瘁夕萬緒而心摧抱憤惋而未釋蹇憂思其告誰對斯景之淒緊傷余生之邅迴（四句龍本作恨塡膺而誰告涕承睫而交垂）寧忘情于朱紱聊寄興于金徽遂

（龍本作酒）援琴而爲之歌曰四時代序晷運促兮盛年一謝不復再兮窮達有命莫可違兮君子樂天順吾則兮慷慨載歌聊自娛兮

懷故園賦 有序

昔庾信賦小園眷長林而偃息（龍本作息景）陸機賦懷土撫征轡以躊躇（龍本作指蔓草以怡顏）雖寄興不同而抒情則一余也家世東吳園依北郭迴溪石瀨雖非靈運之新營芳樹清流敢擬僧淵之精舍曾下帷于綺歲宜養拙于閒居緬自釋褐明光以至服官郎署薄遊數載衣緇京洛之塵閲歲十齡鬢染河陽之色嶺上白雲誰侶山中叢桂堪招（龍本作林間青嶂孤標）帝里雖榮慈闈日遠况夙抱幽憂之疾久違寥廓之思觸緒興懷感時增恨式抽短思爰賦茲篇其辭曰

承明時之嘉惠彰玉署之華纓眷白雲而延佇移仕版于陪京仰舊宮之宏麗倚天闕之崢嶸攬三山之夕秀慨六代之朝榮陟層臺以騁望

悵懷土而靡寧江淼淼其無際雲冉冉其遐征潘去洛而淚滋陸出吳而哀興愴鍾儀之楚奏悲莊舄之越吟（二句龍本作鍾幽晉而土操莊仕楚而越聲）心肫肫而軫憂思縈縈而如酲（龍本作醒）睇征鴻之遵渚感倦鳥之長鳴永濡迹于京邑困組緤以自嬰況迺歲晏多懷羈人易感密霰凝愁同雲結慘青鬢兮蕭疎白日兮晼晚年荏苒兮飈逝跡悠揚兮蓬轉行彌久而情深途非遙而望遠積思成慺積慺成悲魂何寢而不夢夢何夕而不歸自筮仕而再遷兮屢逐食而推移展四體而率職兮踰一紀而迄茲詣飾擢之匪縈嘆微尚之日違撫南枝以彳亍盼（龍本作眄）北郭而踟躕戒膏秣以肅駕願言返乎故墟迺若爰居爰處勾吳之里潘岳面城晏嬰近市環雉堞以縈紆接虹臯而迤邐（龍本作逶迤）松落落兮垂陰石犖犖兮崎嶬草蘿蘿兮蒙茸鹿颸颸兮騰倚抗丹檻兮臨渠列芳園兮雜綺復有清晉之閣舒嘯之臺素琴之室玄覽（龍本作習隱）之齋幽軒窈窕密樾交加枝

翻鳥去沼溢鷗來屋覆王猷之竹几飄何遜之梅館熟潘尼之果庭森玄盛之槐一壑風煙半頃莓苔笑彼買山聊同鑿坏若夫旭日始暖和風載揚遊絲冒樹舞燕窺粱傷紫陌之春度對紅芳而斷腸至如羲輪揚烈祝馭當衡朱華逞豔碧樹舒榮蜩蟬鳴而晝永熠燿飛而夜清及其金飆屆節龍本作秋風乍入冰簟生涼玉繩湛色珪月流光雁初飛兮木欲落露將溥兮夜未央龍本作露未晞兮夜何央又若急景凋年窮陰促節野慘繁雲庭含積雪愁偃臥于衡門聊擁衾于邃閤龍本作閣悠然四序眷此一丘從吾所好樂以忘憂覺身聖于宇宙毒塵慮之紛糺遯世無悶賁園今有睠北山之草堂懷潯陽之舊友闢蔣詡之三徑植陶潛之五柳蚤脫迹兮簪纓永屏居兮林藪寧耕負郭之田詎羡步兵之酒于是謝華紱曳輕裾結霞思振煙衢遠喧囂以成趣縈逍遙以自娛或擁膝而嘯或垂竿而漁或攜笻而眺或負鍤而鋤或漱流而枕石或種藥而蒔蔬或寄

賞于絲竹或樂志于琴書或奉輕軒以獻壽或席長筵以怡愉歸與歸與吾將覓蓴鱸于江滸藝花竹于郊居非敢忘情于魏闕聊以保已于斑廬系曰歌蕙桂兮山之隈維吾廬兮江之湄閱山中兮四時結區外兮遐思賦歸來兮秩滿以爲期

聽秋蛩賦 有序

戊寅之秋余官舍閒居淸宵孤坐鳴蛩四壁游子多懷悽然感焉因作斯賦

若夫溽暑既闌商飇始至悽矣客心悲哉秋氣夜如何其夜未央獨處廓兮私自傷憑幽軒兮闃寂撫孤幌兮虛涼颯颯兮聞空階之墜葉哨哨兮吟暗壁之寒螿始趯趯兮振翮於中野既嚶嚶兮遽響於西堂遠而聽之似斷而復續近而即之若抑而復龍本作或揚爾其晚砌籠煙夜堂栖霧斂怨向隅含情欲訴哀韻沸而紛流繁音促而叢聚雜雁聲兮嚶

嚶而慕羣（龍本作嚨嚨而叫羣）伴烏啼兮啞啞而待曙迺若銀河錯落璧月徘徊蕙帳高褰蘭釭半輝聲啁哳而未輟思瘀鬱而凄其至若暝色凝寒沉陰流濕獨夜無歡荒苔翳室客愁霖而欲賦鳴當窗而轉急爰有淪落畸臣流離遠竄賈傅長沙屈平澤畔懷故國以心搖望帝閽以目斷感蟋蟀之宵征蹇煩憂而永歎又乃玄宮潛閉紫闥高扃秋深永巷漏斷層城翠華不御兮履綦絕玉階罷跡兮網絲縈飃迴風于別殿亂絃管以淒清載有遠塞書沉中閨涕隕鐵騎生寒羅幃乍冷奏逸響於鳴砧能流黃於織錦雜（龍本作聒）耳偏依翡翠簾驚心故傍芙蓉枕又若貧士失職羈人滯留秦裘已敝和璧空投（龍本作未收）悵蕪途而自阻處蓬室而誰儔方下帷而凝思奈四壁之啾啾及夫脂車在坰愁雲日暮客子遐征居人偃（龍本作掩）臥慘淡兮荒原逶迤兮歧路馬蕭蕭兮嘶風蟲切切兮呼露當斯時也莫不魂黯黯而潛銷淚淫淫而欲注夫情因感觸感以情

牽情分萬緒，感引千端，糾紛雜遝，不可名言。蟬聲（龍本作鳴）嘒嘒，鳥語關關，未若秋蟲，偏傷夜闌。夜將闌兮聲轉激，歲云暮兮愁欲劇。希高蹈兮鴻冥（龍本作嗟署兮雞羣散），慨流光兮駒隙。綬一尺兮仍黃，髮三千兮欲白。感彼無情，爲我心戚。豈特腸斷巴吟（龍本作嶺猿），魂驚蜀魄而已哉！亂曰：秋節至兮秋風生，秋風生兮秋蛍（龍本作蟲）鳴，秋蛍（龍本作蟲）鳴兮秋草積，秋草積兮秋思盈。秋復秋兮愁未歇，愁復愁兮恨難平。彼至人兮無累，何微物兮縈情。

傷逝賦

彼凡人之相親兮，小有別而必戀。況情深而永絕兮，渺（龍本作眇）千齡而不見。感蕭蕭之宵征兮，覩小星而興嘆。誰復抱此衾裯兮，撫空牀而結怨。日月飄而不留兮，嗟人生之短期。意憤恨而怫鬱兮，心惝怳而凄其（此二句龍本無）。悲遺掛之在壁（龍本作室）兮，痛稚子之號啼。顧繐帳之空陳兮，或玄靈魂（龍本作夢）其來斯。

東塢歌龍本作賦

山谾谾兮嵯峨水粼粼兮滑波鬱蓊薆兮林薄𦽏谽龍本作谺谺兮岩阿山有人兮考槃眘初服兮婆娑秉獨行兮寡和甘嘉遯兮蹉跎此句下龍本多少歌曰三字石磈硊兮幽阻樹芟氿兮雜莽二句龍本作密石兮深處槎江兮攸注朝振衣兮崇崗夕扶笻兮幽渚閱山中兮四時聊逍遙兮容與容與兮蕙㷊綿衍兮芝原匽江籬兮擥茝蘇石闌兮啓軒日偃仰兮搖悅聊淹留兮盤桓少歌曰以上七句龍本無碧草萋兮叢生丹葩豔兮朱明襲芳杜兮秋杪搴桂枝兮冬榮雲霏霏兮承宇風纚纚兮披楹汎流波兮漭沉倚岩阜兮崢嶸二句龍本作駕輕橈兮攬素波之漭沆踞盤石兮挹翠壁之崢嶸倡曰有美人兮山之陽歌招隱兮遙相望椒爲室兮桂爲棟蘅爲帶龍本作湛爲佩兮茄爲裳右粵嶠兮偃蹇左龍本作儵海兮蒼茫龍伏𧗱兮泉鏡豹隱霧兮文章委幽襟兮龍本作于竹素發浩唱兮龍本作于滄浪此下龍本多有令子兮通籍承嘉惠于帝卿冠㽕㽕兮切雲佩綝綝兮煇煌蚤分符兮華郡繼執戟兮明光君

抗節兮不仕獨遺世兮徜徉彼簪紱兮何有詎富貴兮足當十句亂曰僊人居兮崐崙東瑤之圃兮瓊之宮晞龍本作睎九陽兮吸六氣楨玉貌兮明雙瞳叩丹扉兮化紫極駕青虬兮驂白龍此下龍本多探芝英兮灼灼漱沆瀣兮溶溶二句要陵陽兮期羨門偶洪崖兮侶赤松恣遨遊兮八極延遐紀兮無窮

涉江引

鶬鶊鳴兮歲載陽涉江滋兮背舊鄉燕翩翩兮紛南翔吹參差兮悲年芳思公子兮心煩傷搴江蘺兮陳瑤漿造新歌兮臨羽觴乘舲舩兮泝沅湘舩容與兮楫齊揚水汩流兮川路長悵浮雲之蒼莽兮若余懷之未央

懷仙辭

稅余馬兮圜丘曠延佇兮中洲挂余轡兮鄧林把瑤草兮聊淹留偃蹇兮桂叢條肆兮櫳樅望合黎兮西靡仙之人兮珠爲宮御泠風兮乘日

車枕霓旌兮驂兩龍翩其來兮倏而辭隔雲際兮塵壓壓目渺渺兮悵忘歸步躑躅兮思徘徊山有梯兮水有梁天路阻兮阻且長隔玄圃兮凌瑤光歲既晏兮遙相望願言不獲兮余心傷何當輕舉兮共翱翔

清音閣集自敘

余先世業詩自大父中憲公以易起家余遂受易然時時龍本無下時字講業於諸伯仲間頗習聞三百篇之音渢渢乎若有所興起也因竊倣爲詩年十二龍本作歲窺孤曾擬作孤兒行云我獨孤煢兮不聞過庭云字起二句龍本無見者輒惻然傷之稍長籍博士壹意工舉子業間有所寄興吟咏無能隮其截爾踰弱冠登進士遂舍去舊業力探古作者之意務有所底幸十年之間再領閒秩在公多暇時輒謝造請楗關獨坐朝披夕諷上自離騷樂府漢魏六朝以及開元天寶諸家罔不探討涵詠即飲食裘葛以之他故若無所當者時或有所撰著又不敢恣已見猶時倘語必折

衷古人間爲渾厚爲沖淡爲流麗爲慷慨（龍本作慨慷）悲壯言雖屢遷務求合作者之軌而後已否則嘔心劌肝不惜也語曰不有所底安極於化噫化亦難矣年踰三十駸見二毛河清可俟歲不我與昔陳思恥事翰墨子雲薄此不爲豈覺後語哉丈夫不能乘時遘會樹尺寸之績顧以雕蟲小技自役其心信奚以爲也願謝去筆研篋中所藏諸稿將盡啓出棄之然而紀歲月之徂遷識山川之遊覽恆具於斯似又不能忘情者因删去十之七僅得若干篇藏之淸音閣中自命曰淸音閣集非敢云成一家言聊自識生平之微尚如此會龍大夫過我偶出此（龍本無此字）以訂之大夫以文章政事聲稱當時此劍首一吷何足以當大夫萬曆丁丑秋望尚書南吏部司勳郎中顧大典識

哭華起龍詩敘

毘陵華起龍余同年友也弱冠登朝綺齡結綬才同倚馬技擅雕龍宜

其坐致雲霄洊登卿貳而位不過執戟年不滿三旬天之報施何其寡歟此管輅所以興嗟而孝標爲之激憤也况與余職並郎曹情同昆季言芬芳於蘭茝志婉戀於塤篪效班尹之劇談陶陶永夕感范張之遺夢欸欸重泉又足悲矣遘茲凶問揮涕無從作詩二章冀通幽壤

跋李少卿帖子

閲此卷乃見一時友誼千古高風百谷與嘉則之言備是矣余生也晚不獲交於西村先生而獲交於先生之諸孫不獲見先生之詞翰而獲見先生所交之詞翰語曰不知其父視其子又曰不知其人視其友余於此卷蓋兩得之西村先生之孫爲參岳南湖先生南湖先生之孫爲孝廉士良士良籍籍有文譽克振其家聲史氏無慚卿慚長之誚矣萬曆乙酉春日提督福建學校按察司副使後學顧大典記

諧賞園記

余家在城之西北隅前臨渠後負郭左有琳宮別墅喬木叢林之勝遠
市而僻因劃其左之半以爲園園在世綸堂春暉樓之後樓垣高三尋
古藤翳之蔓引蒙密氤氲蔽虧承以高臺下爲雪竇朱欄翠幂曲有輿
趣臺之左築室三楹扁曰雲蘿館左楹爲寢室貯彝鼎樽罍琴劍之屬
右爲便坐貯經史內典法書名畫之屬中置一瓢一笠一杖一鋤一竿
主人素憚遠役茲以倦遊歸而多列遊具者聊效少文臥遊耳若鋤與
竿則爲郎時已繪鉏雲釣月二圖賦詩見志矣館後夾以修廊啓扉而
入爲清音閣閣在園之一隅登樓遠眺則粉堞雕甍逶迤映帶頫視則
園景可得十之八九竹樹交戛不風而鳴琮琮琤琤天籟自發因以名
吾閣蓋取左思招隱語也閣之後精室三楹以前後爲向背前爲玉華
仙館玉華者石也産於閩之將樂瑩潔如玉先大父爲令時攜歸者也
後爲松石山房松石者松化石也産於括之松陽膚理如松幹余爲司

理時攜歸者也後復綴一軒扁曰美焦美焦者美人焦也產於閩之會城而余廨中獨盛綠苗紅蕚簇若朱蓮余爲學使時攜歸友人王敬美復書此扁以見貽者也館旁設一門非窺園則不啓扃館以外爲載欣堂堂後爲靜寄軒皆大父致政時所署蓋取元亮歸來詞語也軒前多植桂樹堂前雜蒔衆卉隔以短垣垣之中闢爲門門枕方池修廣各百武踞以石橋中建水亭三楹窗扉不扃四面受景翠羽飛鳴金鱗濡沫心與景會魚鳥親人令人眞作濠濮間想橋面平臺曰舒嘯修廣與池埒可布長筵左右藩以柔荑環以榆柳槐棘枝葉交蔭如蓋如幄前列小山疏峯灌木離離相映蒼松翠柏蟠屈成屏今歲久不治栝棬盡釋虬枝挺秀且上干雲霄矣復循故道稍西更折而北二百武入淨因菴菴甫盈丈中奉大士像香燈淸淨儼若禪居出菴度平橋疊石爲山入山皆仄徑躡級數十而上山顚有峯屹然巧而麗曰錦雲下有洞曰棲

雲搴峯環峙有若騰者有若舞者有若人者有若獸者有嵌空者有窈窕者有突兀者不可指計出洞復度石梁陟翠微亭上緣石壁下俯澄潭中殘英敗葉積不能去蓋園中深坳處也折而南跨水爲橋橋通小溪曰武陵一曲以踞樓之琅玕繚繞碧水周遭窗牖玲瓏蒼潤可挹名曰環玉下藏一舟羃以青油可受數客春夏則移櫂柳陰載酒聽黃鸝秋冬則弄明月汎雪霽隔水曰枕流亭每池水瀉溢則激石爲湍會余內弟劉宋卿鑿池得二石刻皆開元古篆一曰清流激湍因樹之亭旁一曰茂林修竹舊樹竹間今移之雲蘿館後庭矣亭之陰誅茆爲屋園丁時釀酤酪以待客扁曰宜沽野店青帘宛有流水孤村之致旁植梅杏桃梨各數株花時與客傾壺而醉醉則相與枕籍落紅萬片滿人衣裾不減許謹花茵也循溪而南數十武畫橋碧砌有亭翼然扁曰烟霞泉石蓋取游巖語也亭後徧植薔薇荼蘼木香之屬駢織爲屏芬芳錯

雜爛然如錦不減季倫步障也亭之右修竹萬竿淸陰蔽日竹間置石几一石榻二深夏手一編枕簟隨之坐臥惟意以取涼適不減張廌竹林也林盡而徑見叢篠斜侵道旁且苔滑易躓非策杖不可行逕繞修垣垣皆緣以薜荔徑盡處爲山神祠余手拈唐人絕句百首爲籤籤多靈驗祠正面溪蜿蜒曲折窈窱陰黝不辨歸路蓋園至祠而園之勝窮矣大抵吾園臺榭池館無偉麗之觀彫繢之飾珍奇之玩而惟木石爲最古木之大者數圍小者合抱籠蔥蒨峭邃若林麓石之高者臯藤蘿庳者蝕苔蘚蒼然而澤不露疊痕皆百餘年物偉麗彫繢珍奇皆人力所可致而惟木石不易致故或者以爲吾園甲於吾邑所謂無佛處稱尊也園在城故取康樂在茲城而諧賞句以名吾園語適與境合也主人去家園二十年宦兩都歷四方足跡幾半天下嘗登泰山謁闕里入會稽探禹穴陟雁宕訪天台睇匡廬汎彭蠡窮武夷之幽勝弔鯉湖之

仙蹤江山之勝頗領其概意有不合退而耕於五湖得以佚吾老於兹園也入則扶侍板輿出則與昆弟友生觴咏爲樂江山昔遊斂之邱園之内而浮沈宦跡放之何有之鄉莊生所謂自適其適而非適人之適徐徐于于養其天倪以此言賞可謂和矣夫諧者和也庶幾無戾余命園之意歟姑記而述其所自修文所謂陳其始末無愧懷抱云爾非敢曰藉是以永其傳也

明故愍惠處士懷臯逭公墓志銘

吾邑蓋有懷臯逭處士者余執友學博養吾李先生時時過余嘖嘖稱道處士不休余故稔悉其行誼而亦樂爲之著述焉按狀處士姓逭諱霦字惠卿號大心既歿而李學博採諸輿論私謚之曰愍惠處士云逭氏之先故爲吳中望族有諱原霦者洪武中徵修元史授翰林院修譔除通政司右參議嘗爲方正學先生師及靖難之變以方黨族誅幼孤

匿乳母家永樂中蒙赦令因諱曰有所以志也宥生文華遂爲吳江之莘塔村人文華三傳而至東臯翁即處士父也翁元配生三女皆贅壻後繼室生二子三女長曰霓次即處士云處士天性孝友九歲喪母哀毀逾于成人其事東臯翁也曲意承順得其歡心翁殁而哭之慟幾不欲生于是時時思慕之不置乃自號懷臯子以見志而事伯兄唯謹事亡鉅細必秉命而行怡怡之恩恆勝于義嘗于堂楹間大書云天下無不是底父母人生最難得者弟兄蓋深有味乎其言之也處士有心計又能折節爲儉修先業而息之產日益廓凡置田廬必厚其値給如券而又益之故鄉人售產者多樂歸焉每歲晚出其餘貲以分給疏昆弟及宗親姻黨之貧乏者女兄與贅壻嘗有怨于處士而歲時饋遺不絶女弟嫁某氏家日落則予之田給其耕而不責其穫嘉隆間歲大祲當事者下勸貸之令人多難之處士獨奮然曰此義舉也遂輸粟若干斛

以爲閩左先計前後所輸凡二千有餘石會邑有版築之役董其役者費不貲有同事某力不能支處士幷以身任故部使者與郡邑吏咸式其廬而旌其門復移檄以勸之而檄中有好義忘勞之語處士之篤人倫而急公義槩可見也邑中有南渡船庵者佛象莊嚴卽處士大父耕樂翁所崇奉者也僧寮以役廢將鬻之處士捐米二百餘斛代償其値至今古刹巍然如靈光獨存者固處士自植人天之果亦可以觀不忘先志之孝矣且厚施薄報其急人也甚于已故閭里之間生者待而衣食死者待而殯殮緩急者待而解紛若寄之外藏而取之內錽也至若捐金錢以修學署建巨梁以濟行人制小舸以資游勾孜孜好行其德無人不稱頌之處士爲賦長時輸賦北上夢一老人出袖中銀鐺繫之明日渡黄河舟忽覆沿流而下者數里矣而浮湛間若有人維之而出得不死會晚泊遇羣盜方睥睨之而河畔有邵某者奮身而夾擊之盜

始逸去人皆以爲陰德之報處士雖起家力穡而好博覽親風雅如計然氾勝之書及卜筮醫藥地輿諸家無不涉其大較晚年尤好清淨多慈隱叉冥合二氏之旨云生平負儻直無他腸與人交則敦友義重然諾始終如一日好面折人過無不服人或指其過亦欣然受之無忤色至于居家則動遵古訓不違于禮家庭內外肅肅雍雍其御僮僕嚴而有恩井井如也訢訢如也蓋庶幾有叔怡御正之風者與諸子俱少敏處士謹擇師友日加程督恆以夏楚自隨不中程輒抶之顧謂諸子曰學猶農也不殖將落災穰相仍者天乎然穡事不可不力也不務穡而罪歲凶何爲哉其教猶子一如已子故伯子應中君不幸早逝而仲子應召君與猶子應龍君業日遒上文譽籍甚翩翩益振起家聲矣嗟乎阜財厚生詩書不廢而治生之道賢人勉焉智者采焉故無巖處奇士之行而長貧賤好語仁義亦足羞矣卽起而爲吏身無餘財至貧困無

以取給使子孫不免有負薪被褐之歎人生富厚安可少哉處士以布衣起田間始而饒中而落既而復振居積致富至埒素封豈不偉與顧富者每以豪侈相尚而處士隱約終身行誼表著其勤儉忠厚可爲世法漢嘗詔求孝弟力田所稱三老者處士非其人耶況又孳孳樹德其積貯與文史等蓋將啓詩書之澤以遺後人易農爲儒以後其始業有徵應積善之慶不于其身于其子孫其食報于天者豈有既哉處士生殁具狀中得年五十有三配陳公日新女子四長應中邑庠生先處士十三年卒娶李氏即余所稱學博養吾先生女也有貞操例宜旌次應召邑庠生娶陸氏太學生正懋公女以應聘上庠生娶沈氏太學生希聖君女次應年國學生娶吳氏太學生承照君女女一適徐士麟應徵君子孫男一重慶未聘孫女一未字應召卜以萬曆十八年十二月十六日葬于里中冠谿圩之新塋因系之銘銘曰

饒于而貲者業耶厚于而積者德耶延于而後人者澤耶冠谿之原鬱鬱新阡有典有則冠冕蟬聯勒銘玄宅於億斯年

毛圖南字宇化號達庵衢子隆慶二年戊辰進士未仕卒

楚府審理三江汝公象贊

出世以才律己以德學飽鷄窗官除鳳闕司教宫牆士林生色親藩以師是傚是則解組娱親色養無缺覩茲典型景仰何極

趙重道字公載號文南又號荆溪外史寬孫居同里隆慶二年戊辰歲貢生授江陰宜興縣訓導有三餘館詩文集十二卷今未見

吳憲副仰峯公降支羅巒傳

憲副吳公邦楨者蘇之吳江人也以忠孝世其家曾大父璋以尋母故稱全孝翁大父洪事孝武二朝歷官南京刑部尚書父山事世廟官至刑部尚書以執法見譴各有傳公行三幼穎敏博洽共目爲延陵季子

云自司寇公蕘公益折節誦讀鄉人或譙之謂尊先公以讀書至顯官竟銜憾殁奈何復效所爲獨不念尊人何公泣謝曰吾惟念先人深故讀益力讀益力庶資以進可報君恩白父寃爾寧能效兒女曹空仰屋向隅爲也遂登癸丑進士第授刑部郎公乃曰吾故法吏子孫稱無害不務微文深詆足矣其慮囚有不孝子則諭之使孝復其子父懽有商死于舟人不死於收兒之醫則讞兒以出醫而抵舟人以法有令以倭寇破城坐失律當斬則憐其重傷保藏庫而與之生路其諸可矜疑者不問前所奏讞者何人必爲分别其原多所平反部中咸稱平相推爲長者陞湖廣按察司副使轄荆南道轄下有土蠻黄中者據支羅山以叛山在施州境介楚蜀之交其內平壤可六七十里其俗土著耕田園稻麥樹竹木果蓏其它蠃蛤不待賈而足四面陡絶峭立高萬仞惟一小磴道可扳援上又一小水洞高廣不數尺僅可浮水入以故中得阻

阢陘爲姦傍復脅龍潭散毛諸峒棊置爲藩蔽聚衆萬餘人又勾引夜郎蠻爲助官軍討之累歲月弗克楚蜀兩徼騷然動矣而莫知爲計公甫下車承撫臺檄議分兵勦之公抗論勦賊有三難支羅巉峻士卒仰而攻之其傷必多難一賊且耕且守兵食足欲環而攻之曠日久不能下難二旱潦頻仍楚民凋瘵師興費廣賦役繁增慮肘腋生意外虞難三犯此三難兵未可猝用也因休士卒分屯要害徐徐宣示德威踰年賊稍知懷輒相戒曰吳分巡吾天也不可犯楚境上一寸草惟抄蜀境特甚蜀用兵久無功因詆楚不協力請於朝天子詔楚蜀合兵夾攻時谷公中虛撫楚劉公自強撫蜀二公得詔大集藩臬計事公獨守前議不可奪谷公是公議乃獨委公一面爲撫計諸道各率勁軍由陸進公獨挽輕舸隨弱卒數人泝荆流而上所過州縣進金帛爲軍需公命貯之迨中降給賞未晚先是有指揮馬圖童養廉潛與中通谷公欲逮捕

之公曰勿亟可用以間乃白谷公收養廉而縱圖令招中以贖罪令百戶柳亭柏等與偕往賊衆迎謂圖曰是來者爲吳分巡耶我心附吳分巡已久而今撫我令我輩得望見天日卽身膏斧鑕弗辭也先遣子洪達洪逵詣公輸欵道經蜀營哨者謀篡取之達等驚脫身走歸寨翼日改從草路覔赴楚營圖等導見監軍二酋悊曰本心降吳分巡胡見監軍爲欲自刎乃見公公乃慰遣之令偕中來降當是時蜀軍壁支羅下者兩月而見中降楚意忌亟進兵薄賊賊下壘石巨木鐵弩藥砲縱擊其先登者糜滅殆盡蜀折北不支又伏精甲於道期邀中中廉知其狀乞吳分巡稍前受降乃勒兵前壓支羅而陣中反接詣軍門降蜀不得中遂引兵圍賊餘黨諸餘黨復大噪公奮髯抵几曰楚蜀一闔也罪人歸蜀猶歸楚奈何爭尺寸之功不縛中與蜀哉議者懼蜀甘心於中且令反側不安不果與由是楚蜀遂有隙蜀因誣奏楚臣受賂縱賊不殺

狀踰年乃白先是公駐節荆州州城外沙市饒奇珍繒綺之湊他使者命取無算公一切禁之無强賈無匄奪荆襄大水堤壞公刷漁船划船四出分救活以萬計歲飢檄有司出所貯穀就縣鄉賑之無贅聚民用不擾沿江築堤自監利抵夷陵亘七百里公量工稽程堤成而公私無蹛財施州於屬邊僻宣慰覃宁恃險遠恣不軌掠子女財物罔戢公躬率兵徒一鼓擒之追所視篆一境安堵民爲立廟專祀焉會谷公內徵而代撫徐某欲置岳州一人於法公察其冤不爲故入又檄取杪板若干意在索賄然後功歸於公公憤然曰以黷貨而媚上官吾固不敢況復浚民之膏以爲功名會哉謝弗與爲是諸當道者互相齮齕以飛語傷公銓曹心知其枉量移甘肅行太僕寺卿實左遷也有不平者欲爲申論公力止之謂曰君須宛舌毋索言吾料支羅事特幸而中俾積逋之寇靖于不戰楚蜀福也明天子洪庇也於楨何有焉楨先君子亦世

宣力于朝矣上方倚畀之專而一旦以會讞權勛蒙擿觖至今名位未復此楨日夕拊膺而無從者也若茲遷轉宥其眚而賁其勞在楨實踰望焉乃怡然就道無何有訟平支羅功者下所司覆勘勘者重違前人指公功竟不白僅蒙白金綵幣之賜而已嗟乎公以一介守臣籌數十年逆命之土酋不煩一鏃不轉一饟而促之歸款卽間關草徑伏鑕輳門惟吳分巡是依不知有它督府率領也竊意功不世出賞必殊數乃竟擠于猜忌泯泯若斯然則功者易敗而難成哉

史氏曰吾嘗閱東南諸蠻羅山淥水之竄伏岑岡高沙下歷之出沒而知酋之難于撫也彼人頭畜鳴不威不伐不誠信不孚匪籌之素績鮮克成乃吳季子畫撫支羅蠻較若運掌卽懸崖密箐夷之坦途至今施之民尸而祝之謂公道不在民心哉諸它悠悠奚足云

夜月詩引

中秋月夕爲世令節而陰雨翳之事變摧之其洽幽賞者罕哉屬茲鏡宇澄清海波寧謐而游覽駢集踏歌如雲連袂成霧亦足占清平大致也爰次第其夕爲近體以寄勝云

卷三十二完

女兒緜祥校錄

卷三十三　邑後學　陳去病　纂輯

明　四人

吳　秀字越賢一字平山震澤人隆慶五年辛未進士烏程籍福建按察司副使所著林居文藁未見今據康莊石刻錄如干篇

浙直分署紀事本末後序

不佞秀請告家居太學生唐子鍾吉持郡貳羅公所集分署紀事凡六卷示余屬序於後先是太史屏麓范公序諸首而編次則憲副鹿門茅公碑記則宗伯潯陽董公僉憲臨川李公皆海內宗鉅其烏戌之要害設官之利宜與夫今日之成規石畫可爲後法守者亦既悉矣余拙劣又何言唐子曰鎮之分署剏自劉公而業未竟羅公繼之以卓異聞鄉父老子弟咸頌之不置君今日得安茵鼎豈忘其志乎言何辭余曰唯

唯烏戍雜隸六縣往時別駕常檄委無寧居以故鹽盜鮏桀此追彼遁日以滋蔓捕卒亦玩愒相與爲奸高檣巨艦莫敢誰何僅僅邀擊擔石以應條格免追責甚至借交報仇緣法爲亂又諸縣各私其人投牒往來率多牴牾豪右因之肆其虛誕有以睚眦而呈鉅寇者矣有以逋負而告刼掠者矣庭無兩造而柔懦之肉削矣故弄兵之赤子易知也腹民之貍虎難辨也今公承天子簡命自道州來二年間未明而衣日旰不退諸所興作悉捐歲俸濟之不以煩民嚴其號令肅其統紀未始銆購毛索糜爛窮治也未始炫飾才智繁其覽聽也未始收掩無所分別以次納桓東一快爲也猝遇寇至兵卒若赴湯火用能俘獲渠率二三而諸黨稍稍亡去卽曩時桀黠作奸之徒亦冰泮瓦解不復有矣由是言之羅公之功出于刺擊擒獲之外者葢多也今之紀事豈能殫述哉傳曰有治人無治法後之則效者按行是書而深究其源本其爲我桑

梓永久之利不淺鮮矣抑余聞之國家有艱大之釁天必生偉碩之人以濟之若靖遠威寧新建輩戡定敉寧厥功不磨烏戍雖僻一方實秉南重鎮當公署創建之始得才廉兼資文武備足如公者豈非天錫偉碩保釐烝民者乎他日功在社稷著名旂常則斯署也乃公脫穎始地又不特我桑梓蒙其利已也敬拭眥睇爲吳江吳秀撰烏青鎮志

張連卿先生傳

明張源字連卿鎮木香張氏口提舉口口公五世孫於鎮西馬賦家焉生而穎異嗜學無間晝夜於書靡不淹貫爲文雄偉不羣蘇郡知名士咸退舍諸右族爭延之師焉事繼母以孝聞撫孤姪贍貧族葬舊師能竭其力人受之却勿受嘉靖壬午舉于鄉壬辰授明州別駕不阿上官不畏豪黠復杜白二湖爲民永利賑荒舉廢曲盡權宜奉檄勦倭提兵直前倭以遁去邊海引爲長城而上官啣之奏調德安府平獄殲盜聲

稱愈赫改懷慶府值吉囊深入先生歷覽山川得石磐窖高嶺深塹可立城控扼監司遂命董役兩月城成兀然險固其他善政清節三郡如一秩滿給文赴部先生曰吾何戀一官爲彭澤公笑遂拂衣歸所居不蔽風雨妻子苦饑寒而興味自若且吟咏著述有浮泛集水利二卷玩古名畫時一運筆妙入上品隆慶改元聞肅皇帝上賓哀慟而卒時年八十有八嗚呼先生平日恂恂退讓如怯而遇事百折不回有萬夫莫當之勇寸埊粒米不忍屑越而却羨例之金揮掘地之錢以窮乏其身雖得市井嬉窶不爲有道重乎其攝生也飲食有節步履有方而負毋出烈焰中矯不畏死哭君徒跣罔顧僵凍之身其忠孝大節凜凜若此惜乎世鮮知人卒淪下位士皆逐功利無實學敦行者爲其徒以同昌明吾道秀爲先生從甥孩提時依母侍左右口靜語言以爲眞夫子柰何稍長糊其口於鄉塾迨中式期就業焉而先生口口欲仿彿其萬一

而不可得也乃爲之傳（據石刻）

重建震澤司碑記

震澤舊有市井而無官曹強淩弱衆暴寡勢不能免我太祖高皇帝以其地獨遠郡邑西連苕霅東接吳淞南鄰檇李北枕太湖無知之徒嘯聚出沒不有以鎮之孰從而警之於是設巡館置吏兵以保障兹土此震澤司之所由立也司地周七畝三分有奇曰鼓樓曰廳署曰衙房曰監舍綜理周密迄今二百三十年矣歲月屢更風雨摧敗椽朽棟折傾覆敝壞不可一日居前之官嘗請於縣矣然未有肯捐已資而以身任其事者也乙亥九月古杭夏君濂來任兹土首請其事於署縣二府周公願捐已資以搆之周公嘉其義助以俸銀而鎮之士夫耆老亦稍爲助之工始於往歲臘月落成於今年仲春不三月而煥然一新復其舊規即此可以卜君之行事矣君秉心忠直瘠已肥民搜姦剔弊不畏強

梗又捐歷俸以置巡船者二親爲防緝無不盡其職者是以鹽盜皆屏跡遠竄轄境之内賴以安堵新政之聲籍籍於行道之口不惟能新其堂而已也士夫耆老述君事走三千里乞余文刻石以誌不朽方君赴吾土時别余刑曹余聽其言辭明敏知其才幹過人以今徵之益信爲略紀其概如此其令德善政尚俟當道者最其績焉萬曆四年里人刑部主事吴秀譔震澤縣志

鎖江樓記

九江源自巴蜀道荆襄歷沅澧北注而下奔騰湍湃經城之右脈有石磯突兀湍激障狂瀾而柱之外殺千里之長流内固九江之風氣儼然一巨鎮也後稍爲射移者穿鑿殆盡有識之士業有扼腕而憂風氣之浸薄者余奉命守是邦初渡江來察所爲疾苦凋耗狀其備乃節浮費口口役憑口褁帷類封疆而歷覽焉頓車磯上維是荆棘之所叢豺狼

狐狸之所嘷闃無人焉歸閉閤思曰夫風氣之說儒者至諱不道顧郭弘農箸山海經談在人口而宋儒蔡西山固徽國門人也號稱純正亦津津于風氣之論詎盡不根哉卽欲禁侵鑿勢必築石磯築石磯勢必建堂構持籌而咨嗟慨然而歎曰此不可國賦辦也不可取國奈何可取諸民乃爲之捐俸創始口命日而黃髮之老青衿之士與夫組練持戟之夫頓首請曰此非江州之命脈乎唯是凋瘵貧寡職此之由父老垂涕久矣幸明公留意焉相與輸芻粟捐廪餼出丁壯經營期月樓報成余亦自以爲瘠已利民可幸無罪而獨有持讒間之說于上大夫者余卽不動心然以覲往矣會御史部境上蓋目擊焉論議多與余表裏余適覲歸圖踵成之竣事余登樓命犒工師與僚釆二三君四顧徘徊見九派俱收三湘遠映頫瞰百堵穹然如翼命其樓曰鎖江廣若干丈深若干丈其前曰龍王殿右爲塔以壯氣勢下築石磯鑄鐵牛三以當

湍悍軍吏父老果歡憙踴躍請爲之記余顧謂曰咨爾士爾民爾軍吏夫風氣之説毋論驗不驗第聞之古今云民之有口甚于讖緯吾姑以順民情也培風氣以固形勢是謂地利順人情以便興作是謂人和後之加意封疆者察于輿人之誦與不佞瘠已任謗之意以拓其所未備而輯其所未圮江州豈不稱永賴哉據石刻下同

天池寺碑文

匡廬亞五獄而尊天池寺實當大觀肇自國初奉皇祖璽書賜銅鐘象鼓故其名尤著云予少時覽圖誌藝文竊願一寓目焉不可得萬曆十二年冬守府江州坐廳事山視外屏以吏事羈弗果至居有韓愈滕閣之恨會檄入豫章並司理于公孔兼御以往層巘絶壁鳥道縈紆上有靈泉狀如方壺其它奇怪瓌瑋如往乘所指載不誣矣十年夢寐乃幸一假寵山靈却三彭驅四倒出須彌遊祇園證覺津喜稍歷覽周回其

法宇巍然其垣頹然其場圃濯濯然其僧喀然匍伏而前狀有菜色予愀然改容顧謂司理曰惜也未脫苦器安望息心令若等紹舍衛之遺演靈鷲之旨不亦難乎吾幸起家蒞郡其號于百姓者敵祖稱祖之視其孫若曾也其間慧者蠢者倜儻者戚施而籧篨者固人人殊呈饑飽勞逸終不以不肖故令失所日予倡舂築興水利教稼穡總之爲四民計長久僧徒雖別在一宗然寢處吾郡矣其獨可秦越眎哉召問疾苦輒紛紛訟言謂猿鼯蹂圃石田病耕析火竈各衣食十方以無死嗟嗟其然乎予讀山海水經廬山間有沃土奈何盡以猿鼯口溜辯口錫而薙草者非爾師耶爾披緇之流闢口口望玄津塊然一身傲倪乎深山阻澤之外幸徼福通人佈無緣之慈廣普枱之願猶然曰士以辱土靈卽不溢或當兵荒之交不待黃馘槁矣詰旦遊次黃龍潭僧徹空結菴其上予睹其法庭輯理及爲垣爲田爲陶爲屋狀憬然歎曰釋氏以解

脱爲宗要之理心性治生業無二術黄龍之僧僥天池之僧口有自來矣召僧詰責問故則以羣不逞之隸口闌爲多因榜其禁於外門庶幾安輯又與其徒衆約曰固爾垣誅爾茅闢爾土勤爾業合爾爨食爾力毋羨爾緣徒衆頓首請受命口乎江州故以匡山勝亦以山故擾初病其分民業既病其台外客加民徭傾又病其不能以山之利食山之人予滋戚焉計自今日以往爾僧徒或飽芋菽高者取蔭法雲最下者不墮苦海即淨土士所稱大悲毋亦是心哉口口伏讀皇祖御製稱述大士首告太平夫太平之時常令百家九流安心樂業思深哉皇祖之慮乎非專言佛矣秀守臣也宜宣上德意俾均蒙太平福以下答祖稱之望而無辱我皇祖鐘鼓之賜豈不稱愉快哉若夫遊意無生息心三昧則上乘之業謝不敏焉司理日善哉命勒之石萬曆乙酉秋七月吉旦

郡守吴秀識

大勝塔記

大勝塔在潯陽城之中粤自東晉薙草開林遡及熙寧飭基表刹左眺城邑百雉縈紆右望平皐千里超忽信江州之勝槩南楚之大觀也夫何沿歷既久修葺闕然遂使玄關傾圮幽鍵淩夷野蔓叢生豈是九衢之艸雜枝斜著詎云四照之華如服脫冠如臂失首固非安適迦維何以表儀江漢蓋當事者既避誚於奉佛尋脫嫌於斂民藉口廬居安心廢弛偕喟心於金沙之詮士歎息於青囊之旨謂列刹毀而睟容離文筆隳而形勢弱斯言之出良有以也余叨守江邦俯循城域嘗目擊其狀慨然嘆曰視聽之外若存若亡心行之表不生不滅玄津未泄與其有也何如無高軌在前幸其興也會其廢況熙朝並建京省俱置塔院故跡尚在殊非惑志業緣而瞻視攸關豈宜忘情葺理徐捐廩俸稍整其巔其他修築請俟諸後於某心某日鳩工命材庀徒揆日是日雪霽

交加燈燭露映異哉其兆之奇也於是緇衲之流青衿之子咸賞休徵
心稱神異文明之象既偉夜景之靈無歇民以悦來工由心競各倡無
緣之福大施不舍之檀俄而層軒延袤飛閣逶迤倚據長衢臨睨通市
溝池潯水堆阜匡廬此亦百姓之懽心而太平之氣象也昔王簡棲勒
銘頭陀黄庭堅記衍七佛彼皆情超六入故旨徹三關余誠有所未能
第以余守也封疆之内誰非太守之土興復之舉總皆爲政之綱矧費
不出自公帑財非由於聚歛使坐廳事而理四方者不睹棄井之形式
境上而觀形勢者毋同覆簣之慼固不願與堅林並稱或不至與同泰
俱誚爰勒之石以□將來

龍坂述

九江形勝澳區軍民輻輳相錯以江居麗衛籍者十之七而編戶黔首
僅居其三仰給撮爾五城當事者莫不扼腕稱困然未聞有議墾生穀

之土者故大江之滸橫亘凡幾百里而萑葦極目濁浪嗚號耕稼者業已土苴之而治郡者往往焦勞於文□簿書不遑圖也古云楚楚者茨言抽其棘則今膏腴之土固曩時荊棘之場乃知曠土未嘗不可闢而耕也自禹功旣施五湖之□東南其畝者多與巨浸隣雖時時患水而未嘗無穫予布衣躬耕地旱甚築岸濬溝罔惜胼胝迄今猶得以粥故予於龍開河負郭之西法楚茨開闢之義倣五湖田畮之制約三千畝有奇累土爲岸給牛種以耕更欲畫疆畝鑿洿池縱橫以溝洫畜泄以斗門則斷可播種扶犂矣如稻蟹不遺種雖良田薄收奚論汙邪如得徼福於田祖無恆暘恆雨之災則是三千畝未必不穰穰滿家也且□相慕效詎止三千有奇哉古云疑行無名疑事無成民不可與慮始而可與樂成予奮然不疑以期觀厥成奈何不天未卒業而以憂歸至今展卷頌二三大夫詩歌猶恍若身履兹土而恨志之未竟也倘後

之君子不以爲迂繆踵而行之則何患倉廩不實戶口不繁哉

新街述

自有郡縣來城郭遐邇惟其形勝居民稱之九江迺要害之郡自兵燹後生齒未蕃大都官廨衢鎮居城西北市井趨利者錯楹而處拱璧其土寧險厚償甚者寧露宿而不願居城之東南灌莽布野狐兔穴其中人跡如空谷之足音余剪荊棘披廣路街衢洞達建縣官四官吏胥徒時集其中建府館一訟牒刑獄日聽鞫焉則不呼而自蝟起蟻附移舍利寺使閭里之皈依於福田因果者僉得焚瓣香而祝若或致之列木坊十有五別以名凡願居者免徭稅貧民助以茅茨蘆竹由是負木者運瓦石者咸戴星而趨民居井然碁布詎止所稱三家之市哉曩者鄉曲豪強竊其不爭爲已資者願讓無隱余方欲償而獎之適以憂歸二守繼以病者復垂涎隱爲故業矣鳴雞吠狗猶未能相望於城之東南

也可勝歎哉

便商河記

長江固稱天險而當關者爲甚關有司榷之稅環關之東西而泊者皆商船也風濤無定期而商之單而入籌而出者則有定禁即有占候不爽之術蕩舟鼓枻之力卒有警無所用之故欲救商之困者必别穀支流以爲外戶商人即吾民豈眞秦越人之肥瘠哉潯陽當九派之衝鈔關在焉北通京輔南望巴湘上流則有官簰夾龍開河一夫停橈百夫爲之無害東則迢遙百里無可停泊余守是邦目擊覆溺深爲怵惕乃輿行視地得老鶴塘故道舊爲勢家掌握余憮然曰盍门此利商哉爰收於官斷之爲治畜以子鮮冬鬻魚利若干兩遂用疏鑿若干丈可容商船若干艘至是風濤陡作暮鴉歸西則放帆而繫維矣然江漲沙傷易於湮汨次歲仍以魚易穀鳩工濬之人不復曰老鶴塘而曰便商河

也大槪此舉利有四焉商人安宿洪濤無驚其利一也投單輸稅從容待命闗卒無阿其利二也帆檣雲集百貨漸臨民藉貿遷其利三也民集戶滋城守可嚴其利四也余惟隨首芍陂之役利不倍此迺古之人業有行之者至今爲美談將來君子倘不鄙余志歲以爲常則潯水無寃魄四方有頌聲矣幸亮焉

重修瓊花觀記

維楊城東隅有蕃釐觀自瓊花不黑墳而茂雪蘂瑤絲名嶙峋于木芝水碧芳葳蕤于九衢四照降玉女之鳳車停煬帝之鸞蹕擅奇千禩唐宋名公篇詠淋漓故遂稱瓊花觀云宮室閎麗決鬱中嶒然而臺雖移蒂芝田騷人墨客遊者未嘗闃無人余亦神遊久矣辛卯臘蒞任之朝郎以迎春抵其宮登其臺見其爲霖潦所嚙蠹蝝乘之丹雘頹陁剝蝕幾至蕩然不意瓊花名藉藉竟至此也然而未暇爲土木工朝夕拮据

民瘼凡五閲月若治絲稍得理矣卽愀然動復古之思太守治郡猶治家其黔而壯黄而稺者固卽先人所貽之子若孫其名蹟勝槪亦先業也係其子孫而秦越其先業可乎太守莅玆土而忍瓊花千百年名蹟一旦圮壞澌滅是遽廬其官舍不得愛其家也于是謀諸二三同志戶部伍君捐俸首倡運同口君繼之諸同寅各捐俸若干諸州守縣令僉以勝舉捐捧若干至四民輸貲者亦踵相接也卽鳩工庀材民以說來工以心競延袤逶迤四壁輝煌樹以玉蘭依希乎瓊蕤之扶踈髣髴乎天香之氤氳償余所題淸世界非邪昔宋歐陽永叔守揚州作無雙亭寧好奇僻意在表名蹟永永耳余雖不敢媲美于永叔固亦家視其郡之家也迺碑之以告來者吳秀識

新開廣儲門記

維揚城二俱連楹並礎轂擊肩摩鮮平衍曠朗之區哉僅新城北隅有

不盧之地若干畝舊有門曰行窩以甘泉行窩書院故名萬曆初毀書院門亦尋塞門塞而此區日爲灌莽狐兎之場矣時倭夷報警予日經營雉堞間議復之便有難之者曰後將勞於守予曰守者衛民可憚勞乎倘壹旦寇至則田畯紅女白首黄口疇不贏糧望城纍至室密人夥將何以置槖囊而乃左乃右也僅是區可以儲粟居貨而復塞之猶及也又云曷請諸予曰便宜利民古循良事邇者惟官是圖而民利往又贅旒之鑿乙門猶惴惴若築舍道傍然矧若漢汲都尉矯制發粟如此便宜哉假令請之氷炭焉益難圖矣遂奮然諏吉鑿之武江都獨與予偕時父老焚香祝者盈道俄而洞啓重門將又漪然而流儼然而市歸然而倉更顔故道曰康衢靡不嘖嘖稱便以義倉故民遂呼門爲廣儲云

廣陵會館記

廣陵巨郡也爲州者三爲縣者七咸受成於郡諸使節行部則輒有檄召故州縣長以月至焉或至焉或戴星至焉或單舫至焉或連轡至焉至則居無定所雜處編戶以及佛子黃冠之宮褻且費也適偕樂園傍有隙地不佞謀之諸君子曰是園不去府而遙業已有堂有樓有亭足以棲止還過爲懸榻黔突之區十其戶不乏也計歲居亭資又可以肯構惟諸君子圖之咸曰善於是卽冂倴庀材度地分礎欒欒者十各因其制顏之高郵置所曰登高泰州置館曰太平通州置室曰通幽江都之樓望江也儀眞之亭儀鳳也泰興之軒興文也以至化日堂之於興化寶鼎齋之於寶應如意墅之於如皋觀海臺之於海門匹地均堵異矩殊模宮室窈窕於園若增麗矣總顏之曰廣陵會館諸君子樹堅珉請予記之吳子曰夫會館詎獨芟諸君子行李哉有意存焉古不云乎我雖異事及爾同僚我言惟服勿以爲笑會者固所以敦同僚之義而

洽惟服之議也或一二君子至止或二三君子至止或諸君子俱至止民有稂莠會而商所以芟之民有田疇會而商所以易之民有子弟會而商所以教之民有訟牘會而商所以清之名節相箴政事相策促膝啜茗杯酒接席切切偲偲怡怡如也乃稱僚哉如閑房且語偶坐密謀剌剌諸口何以佞上何以漁下何以獵虛聲且有並坐而隔九閽樽俎而藏鋒劍談笑而寓鴆毒非僚也何以會諸豈惟諸君子之恥抑亦斯館之羞

義倉記

維揚昔稱富饒自畜洩失其膏肓畝高則萊畝卑則汚堤工舂鍤無寧歲民煢煢困也萬曆壬辰加以海島沸羹羽書不絕余夙夜不敢高枕臥惟積儲孔棘乃戒之民村處者曰爾倉爾箱無貲寇粮曷貯於城然富者可屈指數也又戒商之子母其錢而典者曷質稻粮然商之典者

不乏而民焉能家有貿也若販脂賣漿屠狗胃脯以市爲田及負擔喘汗之夫抃日而食者萬一寇躪於疆閉城罷市則釜甑塵矣丈夫捐七尺軀以報國縱粮茶紙飯雀鼠死則死耳事何濟也嘗思古人制多義起閭里亦每有慕義士於是闢義倉址於城北隅周以牆垣爲廩二勸慕義者入粟商人吳萬和汪義和等十五人輸穀若干倉猶然匱也時光祿吳君時脩被奏訐於庭予心知其誣謂之曰汝不聞富多怨乎汝父豈非以貲累耶訟者若而年豈非以汝口于貲吏避嫌耶余當爲汝白之無何事白脩稽首泣謝曰賴君侯獨斷使先人得瞑地下余曰此非私汝汝毋私德然汝貲雖傾半矣幸不遺恨汝父即壁立可也曷不捐貲佐郡口昭先人之令德且也積陰德於冥冥脩應聲曰惟君侯是命遂構倉六楹廳五楹軒三楹門三楹粟三萬石窮民之見者聞者如覩青梅在林禾黍在野忘其饑渴也郡士大夫亦僉慶兵荒攸賴高光

祿之義而多予創始之功余獨顰額曰倉在官則重法天下無不赦之法倉在民則稱義人心有無窮之義繼吳君而興起者未可量也且予不敢沽名以聞於當道而令吳君行其義者誠以大難卒發民命在撚指而守令而監司移檄動以月計及發倉而胥吏因緣爲姦貧民無粒米之惠其平日徒增盤權之擾耳故因吳君創之而令吳君制之獨懼里中黠民藉口於義倉也者而垂涎之義將安施請自今伊始出三物以矢于神樹之約約曰主計者吳君他毋侵越歲稔糴糶惟平且得權子母而貿以其餘利繼之使倉常不涸稍祲損價以糶大祲及兵則捐捐無濫施貿盡而懸罄其室者則給以市爲田者無所庸市則給負擔喘汗者無所力食則給給則計其家口如口則衆辱之甚則衆擊之再甚則諸大夫共聞於官置之法則倉無擁塞冒口之蠹而全活多矣庶不負吳君之義而揚民常有梅林禾黍之恃也其倡率維持俠義世世

不朽則余有口於後之同志者是爲記

借樂園記

自余承臺使者命濬河積土於甘泉書院故址也成丘而諸大夫勝之遂相聚青蚨庀徒揆日而謀園焉鄉人童一言童昉相繼董之不數月告成令道士傅清霈龎靜微守焉癸巳仲春之望諸大夫徵余登之踵門而進啜茗於堂徘徊於丘之亭登樓望遠舉酒相屬僉曰樂哉斯丘觀夫煙雲雜沓嵐靄飄颻重樓縈映芳沚冲融珍木中縟奇花周芘殆超超令人意遠矣余獨愀然曰覽峰岫而吾憂訟牘有太行蠶叢蔽吾目也棲雕榍而吾憂民之草處露宿也賞野芳佳木而黍稷稻粱是憂也覛觴交錯而吾憂湎於酒致厥事紛遝不治也奚樂之有諸大夫復觴余而曰公之憂乃其所以樂也惟公憂訟牘有大行蠶叢而後淸白自矢重門洞啓登眺可以豁吾襟惟公憂草處露宿而後四民安居得以棲

閣頹吾體惟公憂黍稷稻粱而後雨暘不災田不汚萊得以坐茂樹而賞春華惟公憂湎於酒以勤勞爲砭茹納爲餌庶事井井時獲舉觴焉昔潘謝歐蘇之政事風流於今再見此樂云隆河清胡侯請以長嘯易公攢眉余汗益沾沾滿背起謝諸大夫曰譬鉛刀以青萍美效顰以西子是諸大夫愛我甚並坐而忘其跛矣諸大夫不我鄙棄每以輿革手攜耳提之俾不致怨恫於郡百姓得以卮酒爲歡則諸大夫之賜也且不私其勝於莊墅別業而若以此丘爲輞川蘭亭也者而便亭共之則又諸大夫之賜也雖然樂者暫也憂者恆也詩不云乎良士瞿瞿若夫潘謝之栽花開徑歐蘇之醉翁喜雨余誠不能繼美惟憂民之憂樂民之樂則每不忘古人之心也且維揚固多名園予計偕時猶一一寓目今爲荒烟斷砌良可興慨幸諸大夫以茲園與予共若固以重鑰者如家之金谷然則郡之童叟徒跂足遙望而不獲一嬉遊四方之墨客騷

人過是境者僅津津稱說其勝而艱於登眺毋乃非諸大夫意乎諸大夫驟然曰一丘一壑公不欲自私眞將散肺腑之春於天下耶請以借樂名園予曰唯唯守者跪請曰借而罔禁將蹂躪摧殘守者是罪無及矣予曰與之借樂而飲遊嘯歌其中必愛護之奚忍毀諸若夫予與諸大夫之騶從僕隸忽烋其室而蠹是園者約束之爾無慮於是守者忻然稽首諸大夫以爲然洗盞更酌歸而燒燭以記之

借樂園後記

夫道傍有廢井十室有剝口借故也家有井相愛護必加人情大都然哉不穀與諸大夫權輿借樂園一丘一池借量度焉一亭一室借結搆焉一卉一木借樹藝焉然不穀喜其以借興而竊虞其以借廢不穀不傳舍其官而家其園家者乃所以成其借儻業以爲借而諸大夫不以家視之則所量度結搆樹藝不踰時徒貲蕪穢感慨耳請得更名爲家

而以家視之可乎家家以名勝屬已人人以登眺在室苟可豁吾襟何必家破滄浪以爲水苟可寓吾目何必家開碣石以爲山則丘池必日增而勝亭臺必日增而麗卉木必日增而妍不負偕矣且也諸大夫俱名流偉人長一邑則家一邑長一郡則家一郡佐天子以理四海則家四海今徜徉泉石獨不家里中所偕之園林乎不穀因望諸大夫爲偕樂園賢主人也宦遊踪跡猶雪鴻然不穀別諸大夫以索居康莊坐匡牀而把如意或當軒灑酒以想像其勝或淸夜高枕以神遊其間園林嫣然好凡幾倍則諸大夫之賜也不然寧不爲山靈所揶揄也邪萬曆癸巳孟冬吉日記

應天禪寺義田記

震澤南梵宇巍然高出者應天教寺也唐大□中里人沈揆捨地僧祖生開建宋祥符僧超爲重修之我朝弘戒間僧道濟祖禧智顒祖瑛等

力完葺慮後低曠無依傾貲築基建殿圖西方化境甚宏麗兩廡整潔協畝蹌釁序文學聚讀其中屢有名碩歲久圮穢不堪栖止僧智柔苦心修行捐□□類如故其鐘聲時且恢遠邇信悅助田若干畝以貲歲膳請記於余用圖永久余閱舊碑乃第一山記室廣源撰文書撰則邑人湖廣右參議梅倫郡人刑部主事馬愈兩進士也里中廬舍若浮漚起滅而寺歷千餘歲不磨生人若蜉蝣朝暮而沈揆諸人其名猶□□□□□見梅大夫之孫今無遺矣而僅有其名於石間可勝慨乎余何爲記復令後人之慨又幸與梅馬二大夫同垂名□□□□□惡用辭謂釋氏之可久者有五異姓爲徒不憂乏嗣一也既離襁褓無用姑息二也雖棄彝倫亦鮮女禍三也屋產公物□□□□□賈亦知懼四也莊嚴色相強粱敬畏可經累刦五也世人不鑒無善後計其亡忽焉無惑也士大夫誦法孔子科第起家所□□□異於齊民奈何有不永傳

無乃氣數適然房杜之孫不立門户汾陽之宅爲寺馬燧之地爲園自古惜之與嗚呼天定固能勝人人定亦能勝天善小勿爲惡小爲之亦足以致咎矧以盛年遭際嗜慾方深勢焰易行豈無傷害縱有同心衰莫而套習已成業不可解是故君子終身之憂日夜兢兢求不爲孽以貽子孫其永昌熾非所能必也滄濂鄭君秉厚處州人也來學於一泉水氏而年實長黑面多髯執弟子禮甚恭衆皆嗤之赴試第二余以同學辛未進士列官大參經行時報謝甚厚於寺宜不朽也智柔釋氏以能敬禮士君子儒者之徒也故以斯言告之若使佛法有無量福田佈施豈直區區已哉姓名畝數開列碑陰以俟續此者時在萬曆三十年歲次壬寅秋月（據震澤鎮志）

袁　衷字和卿號兩三　仁長子

記先考參坡遺事

參坡公諱仁字良貴生於成化十五年六月二十六日未時公方額長耳垂頜美髯尊瞻視不妄言動儀客偉然望之知其爲盛德長者養遂而神怡和粹之氣溢於面目雖三尺童子皆恂恂接納得其歡心嘗謂儒者之道不獨當發己自盡又當徇物無違血氣之屬皆我與也皆當徇之而不違我能愛重一切物類即是愛重一切人類吾能愛重一切人類即是愛重聖賢之類亦即愛重天地之類蓋天地聖賢之心本欲我民我物各得其所今我不傷民物之心即是不傷天地聖賢之心愼勿以其賤而忽之愚而侮之故生平一草一木未嘗輕折公以爲拯民命者莫如醫而藥之中和補益者莫如參因寓參坡之號武塘王先生諱孟璿端嚴有懿行其次女甚賢淑欲得佳壻見公奇之遂妻焉公甚少許可不妄交遊其多聞則友郁九章天民吟咏則友譚舜臣稷講學修行則友沈一之槩祈寒甚暑手不釋卷處家動遵古禮性至孝每祭

必哭雖白首率子孫入廟奠享未行輒潸然出涕以生不盡養也著書甚富惟一螺集沈一之校而梓之餘皆藏于家又以上醫醫心病下醫醫身病慨自傳註行而經旨隱世之學者咸尊傳而卑經凡所演繹多驅經以從傳忍於背孔孟而不敢背宋儒病在膏肓莫可救藥於是讀易作本義沈痾讀詩作素王素問讀禮作三禮穴法讀書作砭蔡編讀春秋作鍼胡編讀論語作疑症舉訛讀孟子作孟脉辨皆足以提醒人心而蘇舉世之痼疾會與譚舜臣戲作竹林鄉試錄以諷當世縉紳先生惑志於糠粃之學而使眞詮不顯眞才不庸其擬題命名皆有微意使柄國者聞之可以振文運而正士風蓋非徒作也適戴縣令以蜚語獲咎疑譚所爲將舉是錄罪之并及公諸編以爲毁先儒而宗異學公懼盡焚諸草幸朝夕趨庭熟聞講究當時著述之意儼然在耳交遊中亦有間存一二者頻年掇採僅克成編聊以志其拯世之跡耳非公完

書也王氏先卒生二子曰衷曰襄女一適錢主簿南士繼李氏生三子曰裳曰黃曰袞女二長適嘉興張南標早卒次適同邑錢曉嘉靖二十五年丙午夏公感微疾語家人云吾將行矣吾欲養靜數月以還太虛卽命灑掃半村居居之正寢設一榻閉門危坐倦卽偃臥至七月初四日呼筆書詩云附贅乾坤七十年飄然今喜謝塵緣須知靈運終成佛誰識王喬不是仙身外更無軒冕累世間漫有姓名傳雲山千古成長往那管兒孫俗與賢投筆而逝

史季立字可權號笠峯羊生子貢士

屠孺人墓志 附銘 屠叔方撰

嗚呼立忍志吾嬸母耶嬸母之賢無間於內外姻黨矣立忍不志吾嬸母耶嬸母姓屠氏有元諱曾一者始家浙之平湖傳亨一及湘及機以及刑部尚書贈太保謚康僖諱勳則嬸母之祖也始遷六里街之東嬸

母父官生止齋應圻于康僖公爲第三子母張氏雲南人父山西憲副以軍功封嘉興因家焉嬸母三歲母卒憲副夫人迫脅止齋公公避居南京遂以嬸母繼叔宫諭漸山公項宜人字之如己出宫諭公愼擇配得吾叔蕪川公諱鵬生吾史氏世家吳江之黄溪饒于貲而富於經術高王父西郇公以文行著海内宫諭夙心折遂許之屠之本生父無子而張之太夫人強而毅檢括其内外財以己之財蓋張亦無子其襲蔭則繼者也而宫諭公復厚贈故嬸母奩資踰萬稱一時之盛嬸母生長富貴于歸纔十有五耳孝于姑舅和于妯娌平易以馭下我王父萬湖公悉意舉業付生產于不問公私耗蠹有年外人彌縫匿隱値家難作一時首發而負徵外二千有奇忙迫束手而嬸母出奩具如其數償之時兄石屋公以御史巡視下江嬸母通使邀爲援家人得以無罪而爲難者惕息此固公家事嬸母獨任之無吝色亦無驕容家人不啻感而

嬸母若無是事自後日用日費時倭夷肆掠公役百出且多舉子女私冗繁雜所有且傾遂至食貧終其身無怨言亦絕不以公家事累至此蘋蘩之薦甘旨之供誠與信並成叔父以善事親名師友是擇課督是勤愛與勞並成叔父以善啓後名言貌端重外若不慧臨時變關典禮片語指畫出人意表所親吳及儲之類急則周難則解爲之室廬爲之婚娶以至閭里間有求輒應獨師尼齋供山水遨遊斷絕不爲雖兩姓家法亦天性然也嬸母生嘉靖壬午六月十六卒以萬曆壬辰十二月十四享年七十有一先是十一月葬我王父于溪南日侍嬸母喜其神氣充腴是秋立與經弟會藝于莘之陽幸其竿頭更進孫更穎達每奏藝輒賞其超勝方謂嬸母當享遐福不謂別僅浹旬忽接訃音嗚呼嬸母竟至是耶嬸母舉子女各九存者子一中經邑庠生娶海鹽許氏女六一適嘉興賀道南一適邑孟官少寡守節一適秀水庠生陶九卿一

適貢生王所任一適嘉興項國裕一適邑太學生沈天彝孫五册翰簡
表序挪聘秀水沈氏娶嫁皆士族立四齡與嬸母析居而懿行所不泯
于人之心者敢抆淚志述時讀書署園之仍臺適御史大夫瞻山先生
見過先生爲嬸母弟質之志而懇之以銘
銘曰嗟嗟吾姊秉婉嫕之性勤古行之覽其慧也擬諸大家鞶坤承之
制遠晏私之容其敬也擬諸德耀愉嗃厲之風謹扶將之節周牀笫之
役其孝也擬諸龐姬至其急公家之難敦遠姻之誼紓窶子之匃又其
振戹之仁散積之道也備于德者宜備于福嗇于身者宜豐于子孫嗟
嗟吾姊庶乎生順而没寧
史中經字道夫號星橋鵬生子諸生有易經口義四書口義俱未見
史氏吳中泒族譜敘
世俗之修譜有三資而經無一焉一曰貴介鄉書閏遠仕版名香得廁

序齒之末以爲榮況家牒乎人將譜我譜又焉徃是宜修譜者一一曰好事搜剔古今窮幽極遐訪舊社于物換之秋認同室于千里之外言念隔世恍如夢中是宜修譜者二一曰宗長綜嫡庶齒昭穆派異流而或湮本同源而自在遡往徵來責在宗子是宜修譜者三史固望族始于周盛于漢閥晉唐宋元至今不衰非盛德之後誰能若是夫溧陽顯矣終南于溧陽爲嫡亦蔚有聞人嘉禾一派自五季迄元若學士公逮侍御公後先居要又凡七百年然而史家村支屬自兩經籍沒後各渙處他方我先君隱焉曰及今吳江裔尚可數也而無譜易世後將復渙而無徵奈何且西村徵君志也予耄矣無能爲役是在我後之人時兒子册尚幼與聞若說踴躍自任既長頗能盡庭闈事得宗族心閑居私計必備世俗之資而後修譜將遂湮沒無紀乎乃授以先世遺帙俾終厥志册於是咨宗老校舊聞集爲八卷踐土食毛皆帝力也況有錫命

敢不藉此寵光用敷貽後人休述綸音世賁譜維忠與孝久而彌芳舊志功名所以承前而啓後也述衣冠譜自漢以還有詳有略然水源木本歷歷可敍也述子姓世系譜分派源流譜保世亢宗則在佩服祖訓述世傳宗法譜尊祖敬宗則有宗盟饗祀述廟祭瞻塋譜記有外戚焉家國一道故嫁娶爵里更爲外傳使後人尋盟且修好也述女德譜外姓譜世有懿德貽厥孫謀言與德功並稱不朽誠足以詔後世而垂無窮述弈世如椽譜一言一行亦有可傳而子孫忍令傳而不記述古遺雜說譜錄竣敬藉手以告成事於先君且令後世子孫睹已成事毋隤家聲以貽我先人羞耳若其補闕略多文詞遠近鱗次如指諸掌請以竢三資之既備者萬曆巳酉二月

徐孺人貞孝傳

吾祖萬湖公石田沈先生甥也女甥適吳已而長洲徐亦先生之甥故

史與徐之兄弟姊妹若一家然吳亦因是與徐世婚焉吳仲子以吾祖爲媒娶於徐氏女爲妻而卽所推爲貞孝者也是時徐氏衰甚矣故裝貲涼薄然貞孝質朴寡言笑因是大不得于舅姑閱月歸寧舅姑與夫卽傳語不欲其復來貞孝以死自誓曰願歸吳死作吳鬼耳舅姑乃幽之一室而夫婦自此終隔矣誠天倫之異變則貞孝惟順從而無難色也其姑爲子買妾買妾又必其年長于嫡蓋欲傾嫡耳則貞孝亦順從而無怨尤也已而姑病不起床家無婢嫗召出侍病而貞孝務求當意不遺餘力扶抱之勞便溺之穢卽婢輩所不能甘者無分晝夜毫無勉強而問疾者見之無不大駭謂見陵之若彼而侍奉之若此非大賢大孝曷克有是哉而吳之外之陵之者猶故也及姑死哀毀如禮則吳氏又造匪語以使之不可當而貞孝以謝孝至吾家臨别有相泣而若爲永訣者吾祖得其造語狀則深悔夫執柯而禍若女也又心重貞孝之

爲人而堪式則焉遂延爲諸女孫師匪專習於女紅者俾各有所矜式耳夫貞孝果端莊和易即一笑語一舉止毫無所苟蓋不但大節足重而細行復爾可取吾伯祖少參公有季女亦慕而延之其家之尊卑上下固多且衆則貞孝善調和其間有不能者教不平者白更不要功不附勢不狗利不面諛不以退後而言故人人愛敬悅服凡史之若婦若女若甥有以母事者有以師事者每視其來以爲幸至親喪大禮無不延議而貞孝亦任之不辭比老而益重於諸名族後吳氏則又大困矣播遷蘇城死者不能殮葬生者不能飲食貞孝則以所受之聘贄嘗儉積而給之舅死而棺殮之二十餘年不能葬每見諸子姪輩而未嘗不言及於此言及未嘗不憂之見於色而卒爲以葬之不寧惟是妾舉二子二女子則爲娶而女則爲嫁矣子不能養則爲養矣妾死不能葬則爲葬矣子不能食則買恒產以食矣孫則爲聘爲教而女孫又爲之嫁

矣噫姑而舅姑之陵之也而卒賴以生事死葬焉始而其夫之外之也而卒賴以終身衣食焉始而買妾之傾之也而卒賴以生畜死殮焉所生子女爲之成全焉吁嗟乎則貞孝若此之苦心竭力也而卒有疑其蓄餘貲於父族者有疑其字之不均者蓋貞孝終不得於吳也哉君子曰非此則無以見其貞孝也

卷三十三 完

同邑 柳棄疾 鄭珙 校錄

卷三十四　　邑後學　陳去病　纂輯

明 三人

王叔承名光胤以字行更字承父晚字子幻自號崑崙山人嚴慕人有吳越遊編七卷後吳越遊編廿一卷芙蓉閣遺藁三卷荔子編二卷瀟湘編二卷壯遊編二卷嶽色編二卷蟭螟寄尺牘十卷蟭螟寄雜錄八卷蟭螟寄別錄一卷今未見

宮詞百首引

昔王仲初作宮詞百首乃其後王禹玉擬之蓋仲初實與宦官相善而禹玉司北門直故二子寫唐宋宮中情景縹緲如畫然風格娟娟降矣夫詞家不以多寡爲盛衰王少伯古宮詞不數首而穠雅俊逸眞遺響千春予自華陽禮茅君還月夜入蘭陵桃花園適桃花萬樹盛開氤氳

花月醉傾流霞宛然漢宮春色也余故客遊長安念禁庭事非山谿所宜則聊掇故宮流澤殘芳竟點染落成此卷命吳姬倚酒歌之囘首吾諸王其𡾊東家之施者耶吳郡王叔承書

董節婦詩引

董節婦姓袁氏江西吉安之永豐人也年二十而夫死以姑在不從死許身以節事其姑良孝正德中閩寇寇永豐婦及姑被執婦固萬死不及辱矣又持其姑哀泣請死求賊生之夫之兄董鳳求賊生其母亦哀泣請死賊義之皆得生去同執者金生親見之云予友人胡涍爲縣永豐胡則胡節婦子也故誦節婦事甚詳節婦有遺腹子已殤殤子子名行仁節婦孫矣婦今年八十有六行仁走千里來吳會乞贈言爲大母壽吾知壽非大母心也賦董節婦然胡永豐又曰有劉某妻羅氏者罵賊投井而死蓋同時矣

金陵遊記

雞鳴山在都城內隅帝王功臣等十廟渾儀臺麗焉廟貌儀器數十皆瑰瑋奇觀已山半有憑虛閣受遠近山禁城宮殿官署民居如雲苑囿樹出沒目眦可羅置掌可列而萬屛障森開也出太平門而北曰太平堤長可三四里闊丈有咫高倍之修木陰陰夾道門左城麓瞰湖城堞右被山脊山卽紫金山孝陵所奠一曰蔣山諸葛氏所謂鍾山龍蟠者是也鍾山順堤而拱東北林樾蓊鬱中抱蓮池禾田田舍湖曰玄武西擁堤岸中有小城廨宇係國家藏圖籍所湖際多遠山環合其一面蓮花百頃時紅碧傾墮嫣然作秋態如漢宮晚妝爲遊觀音巖首途一勝云觀音巖在觀音門外門嵌入山闕自山闕左折由石徑抵寺徑有小山中闕如門昔達磨祖折蘆渡江時梁武遣使策騾追之至此兩峯忽合而騾夾騾不得前命曰夾騾峯而下緣山根水涯爲徑由徑登石臺

臺之西最高者曰觀音閣朱閣懸空而搆大柱插入江際面江背崖崖石斷斷銜閣閣中石牛侵佛背江帆亂走閣下隔江遥山横翠千里一杯在手覺憑欄之非我矣自崖道舊徑踰橋而西數百步至燕子磯孤岑突立江上崖之脈分勝也鐵鎖貫足江水抱其三面一二亭表之巔之亭最可憩望去亭百步有飛崖俯江俯身崖上攀木垂首而覗風濤舟桴隱隱其下也磯崖之下多漁人設罾或依沙洲石瀨爲舍或浮舍水上或隱其身山罅或就崖樹下懸居或將魚蟹向客賣換青錢或就壚換酒竟去悠悠天地此何人哉紫金之陽瞻孝陵而南得靈谷寺其徑萬松林交蔭可五里所寺背峭壁迴抱如城有琵琶街即梁昭明讀書處蓋街下多壘甓人鼓掌則聲應如彈絲因名有胡僧入功德水有誌公禪師塔塔爲國初時所徙事詳别傳有吳偉畫壁有鹿千百成羣戲遊草莽或穿入僧舍與遊客相狎逐其懸銅牌者蓋高皇帝時所畜

矣南出聚寶門可四十里抵牛首山雙峯矗天遙見亭榭綴嵌石壁從平徑逶迤而上峯首寺曰弘覺門內石級數丈峻立命曰白雲梯左右交覆古松奇樹蒼翠欲滴盡梯左折登七級浮圖又上登觀音閣則見浮圖之巔矣歷峻級再至兜率崖倚空崒嵂如疊如鑿穿佛殿後脫屐攀危石而上曰舍身臺圍可五尺小石塔立焉塔旁小樹衣帶垂滿枝葉蓋遊女子所繫以代舍身山之險此其最者出文殊洞踰嶺至西峯辟支洞洞有隙通明大於文殊其前則辟支舍利子塔也禪堂右室閉其門返照映浮圖影從門隙倒掛佛案帷上作金色早時日從東來又空影而墨也石臺有銀杏可三人圍中枯如石傍幹蜿蜒如龍垂其陰覆臺下石井井曰虎跑泉清洌並東峯白雲泉井而白雲以大巖石垂覆焉牛首南度三西嶺可五里危蹬至獻花崖穿石洞緣藤蘿而登其頂曰芙蓉閣夫容掛崖際崖益詭秀如巨靈驅萬石至此欲墜未墜者

相傳僧懶融講經于此有百鳥獻花之異而識者又謂牛首爲天闕不誣耳報恩寺浮圖九級文石雕瓦千奇萬麗金碧燭霄世所希並雨花臺即童然高丘而寥廓受景爭勝雞鳴此亦牛首首途之勝也客曰觀音崖以江爲勝其金焦下北固上邪朱閣奇絶則過金之江天西湖縹緲當伯仲玄武而牛首之勝亦吳越間宜有矣余謂京師内城珠宫玉殿星列碧柳千樹鳴鶯好鳥萬個山泉海島芙渠萬頃日暮水霞氤氲鳬鷖鷗鷺羣飛窈窕絳衣仙佩隱見其間寶山玲瓏橋如帶玉此則南都未覩若夫廣衢修巷石甃如瀞江潮通城艅艎便利市廛萬貨輻湊至無遊塵亦南中之絶也然燕人好任俠無賴悲歌擊筑刺劍慷慨趨死地無厭即妓好婦女胡妝嗜猛酒不自修檢金陵多遊閑子弟事浮靡不力本業女性纖媚嬌聲好容奔逐貴富青樓女郎淺妝墮髻以雅澹爲韶麗琵琴歌舞婉孌近人習知文字伎能稱絶少年輩傾其裝至

死不惜豈其遺風邪然余嘗北登太行望居庸薊嶺逼天天都拱衛南浮龍江關而下石頭山因絕壁爲城旁帶長江萬里兩都雄勝略相當矣嗟乎班孟堅其誰哉是行也蓋隆慶改元八月爲祖道江滸壯余行色者曰周原李胡原荆同遊者曰范仲昭陸伯玉或余兄伯熙吳聘甫或施沈二生或范伯楨伯楨嘗爲酒主病不果從遊者曰陳濟之吳化甫山不及遊而留之後者曰鳳皇臺曰栖霞寺往返計二十六日日飲名酒二尊賦詩計二十四首首篇則句曲道中月下懷茅君也（據名山記下同）

武林富春游記

郭子曰天目之山龍飛鳳舞而至于錢塘不亦信哉其來西湖之盛也西湖圍可三十里羣山繞其三面其東一方則城也爲錢塘清波湧金三門泉澗谿壑千百道渟滀爲湖湖水澄碧見底山影盡可照入以隄閘時其畜洩蘇公隄十里徑其西中湖分表裏隄之橋有六裏湖亦成

六橋斜向之曰楊隄六橋湖之南列玉岑靈石諸山而南屏爲最秀湖北諸山之秀者寶石爲最而崖穴幽異萬石骨立則靈鷲峯其西山之最秀也南山屬之東城城帶山脊其内吳山特聳左江右湖登昊天閣可挹錢塘海門太虚樓俯瞰湖陰湖山懸嵌檻外障畫排空山之石多秀巧如太湖怪石使造物者置之大江濯以海潮沙土空盡宜有奇麗妙觀然而瑞石山玲瓏瑰潔百狀崒奇洞崖窕窈孤峯峭削猶巧石疊甃固有如江潮之所嚙蝕者矣北自錢塘門過石函橋寶石坡徑斷橋隄而西至孤山梅花百樹一樹蟠生怪石中謁宋處士墓祠憩放鶴亭孤山横絶湖西湖水環帶面湖南諸山背引西泠橋右接蘇隄左即斷橋之隄也山多他樓臺別墅往往佳麗而孤山故林和靖隱處也湖濱多酒家樹末青旗酒罏或浮樹水次其下爲魚棚或舟屋當是之時余及吳化父聘父兄弟者游又自斷橋泛舟穿第六橋抵金沙灘步自九

里松參天竺寺觀音兩山旁夾修徑徑多鳴泉古松紆回平進隨行隨折折則四山圍合身常行合中還飲孤山酒家陳媪謂西湖宜雪又宜中秋月時因約八月中看潮錢塘當夜醉媪家矣大抵湖之山林麓繁膴層巒複嶂攢綴佛宮塔宇極望蓋所謂南朝四百八十寺者湖隄間樹桃柳沿水芙蓉湖中盡植紅蓮異時若春夏晚秋則錦雲萬頃湖船游遨畫艦或舴艋輕橈如葉士女好遊多爲青樓冶妝遊無休時綺繒與花柳相豔也又峯之南北雙標曰北高南高以桃花松樹盛好而名者曰棲霞嶺曰萬松嶺洞之寬敞如堂者曰石屋聲如玉應者曰水樂碧雲秀結者曰煙霞崖中隙如月與秋月相輝映者曰月崖泉有嘉魚游泳者曰玉泉曰吳山第一泉井有一潭五竅像之奇者爲淨慈五百尊者爲大佛頭佛頭故秦皇帝纜船石云其依城向湖開勝者爲錢王廟爲玉蓮亭爲柳州別館諸他不可勝紀要之雜拱于湖而武穆墓在

其北肅愍墓在其南和靖墓在其中壯風波之感者倏忽動煙霞之想矣是爲三月九日其後一月與范生仲昭遊七里瀧也七里瀧取道西湖天雨潘公子餞別湖船趾草屩手青油蓋經山徑踰嶺出浙江驛宿江滸錢氏樓開窗對隔江羣峯六和塔燈火微茫月光明滅雨外憑欄嘯飲錢氏謂此樓實宜觀潮每秋潮大來初如絲機天際頃至江門兩山相激雪浪轟雷如千軍萬騎酣戰天崩地摧人神黯慘而弄潮兒浮枕其上閑如也余因慨然期之觀潮云其明日渡江行凡三折故曰浙江是夕宿富春江之西又明日未至桐廬二十里而宿又明日由桐江抵七里瀧俗稱七里龍宋南渡山水多稱曰龍取帝者象又以堪輿家所謂龍脈也龍之長七十里諺云有風七里無風七十里言山泉迅疾遡流者以風利帆駛而速也龍口兩峯並峙入其中左右峯嶺相逼互天拔起不絕重襲處參差掩映舟行移動恍相互馳水浸山足旁無沙

沚或高壁峭立或崖石陡垂欲墮或瀑布垂白壁樹多藤蘿野花蔂挂披拂行舟或窪壑曲藏水村或山村隱隱巔崖鷄犬聲如聞天上舟人從嶺半牽舟或二里而折或四里三五里而折折則四山圍合如天竺陸徑舟行合中如迷不可進退者其前三江道中山亦環舟而行者二百里許然山勢曼衍水空闊或如湖匯或包城郭村聚肥饒或桑田麥隴日暮牛羊鵝鳧散亂山坡草澤野雉羣飛兎麞隱見盡早暮忘逆行之澀而山中之奇愈益結束矣進山數里爲嚴陵釣臺其嶺即富春山一曰綿繡嶺東西二臺故雙峯也如崩石亂築而整臺下即嚴子陵祠客星亭祠有嚴氏祀孫家焉古柏楓香樹交蔭隔流而與臺相向者白雲原有方千故居謝翶墓方千者唐詩人倜儻不羈慕嚴而隱此翶故慷慨節俠卑流俗舉一世莫當其意嗜佳山水喜三閭大夫爲人嘗遠游自號晞髮子文丞相死宋挾酒登子陵臺招魂作楚歌呼天醉倚竹

如意擊石歌竟竹石盡裂死葬臺南又生憤友道彫喪作許劍錄墓有許劍亭云先二日連雨是夜月大明沽酒醉臥子陵臺下明日東游不盡山二里所而返夫嚴光先生衣一羊裘爲山川釣徒宜無所短長聊不屈漢光伸足帝腹乃客星流輝千古子孫廟食不絕至以姓名其州後世又多豪賢長者從之生死祠墓錢塘白錢繆氏作爲王業而白蘇風流長吏又後先華豔之至宋家南徙魚鹽綺繡之饒大成都會與閶閭之國齊稱名山大川豈所鮮少第嬉遨歌舞之具畢湊采勝者便爲天下號之曰吴越山水然以忠臣逸士而增秀邇時猶有關西孫一元者杖劍千里來南屏而居於乎武林富春之勝其所從來遠大矣昆侖子曰是歲且游天台雁宕會遲所客陳貞父不果去乃去而入越弔三墳之忠魂高梅花之操浮三江跡桐君廬歷嚴瀨撍客星之輝光讀方謝舊碑吾聞戴進故稱名畫則圖西湖未能善余友陳濟之亦近代佳

手嘗歸自七里灘三閱歲而畫圖之不得茲游固丹青家所難也不旣偉奇矣哉

游金山記

丙寅五月同陳貞甫范伯楨仲昭兄弟爲金山游自京口渡江而西數里及山由修廊左折入寺廊壁嵌古今碑題數十百處敞臨江寺中觀中泠泉亭而井之水經品爲天下第一云又左右三四折數百步至吞海亭又上則留雲亭亭立絕頂所謂妙高峯也東顧海門南絕吳越上游北襟淮揚長江自岷嶓湘蠡洊天西來分下山足兩岸商舟萬計檣立如林江山奇勝飄然神爽下峯而南至江天閣懸空俯江大可遐望輒倚欄觴咏可二時許見月出江上輒徙酌寺門面石簰山地飲山郎郭璞墓釃酒弔之則暮潮與明月作白如大雪垂天江寒逼人不知爲夏又漁舟明滅波際如畫工寫意家素縑飛灑水墨也忽憶異時同商

任叔陸伯玉游此今商生客死陸生病不果來死生離别覺江水悠悠者山有日照崖頭陀崖朝陽洞龍池會暮夜不及游水有善財石亦曰鶻山分狀證之蓋兩肖也月下捫張清河詩碑指識其字議者謂張後無詩或又誦杜少陵吴楚東南坼乾坤日夜浮之句云

游焦山記

游金之明日游焦焦山去金山下流十五里是日風大逆舟人揚帆就風横折而下倍直道六七乃抵山其半有關侯祠飯焉去祠左折上登佳處亭榴花甚吐童子折一枝佐飲見山下江船亂流僧曰漁鰣魚者斤可十八錢買而及釜猶鱍鱍生動也右折而上至吸江亭則亭對金山而高倍留雲山亦大於金金山峻絶當津渡要衝游者易焦有田可稻麥山根多巨奇石如亂獸臥草中草樹四垂如衣女蘿衣者固幽僻藏勝夫金焦伯仲山也乃坐焦而酹金云頃之客有買鰣魚來者果鮮

活色青鰓微開合遂烹魚酌水晶菴石庭菴瞰江又面隔江石壁不減金之長廊耳會日暮雲垂垂且雨乃濯足江渚而去按東漢焦光隱此三詔不起山以名今嘉靖中楊繼盛又大書椒山二字於壁及其名氏月日椒山楊所自號也蓋焦椒同音或其自負楊後竟以劾奸論死忠臣處士名節略等陳子曰焦山亦云椒山矣

禮茅君記

戊辰二月九日爲茅山游先是約錫山同志者凡幾輩乃陳生以酲胡生以女病疹周生李生以學御史課其明經浦生以改屋廬過生以內人病皆不果如約同游非夙約者得浦士煒士美士禮三兄弟云十一日次雲陽道有雪鄰有樓船寬甚會其主他出從榜人借而謙賞亦雪舟一勝也十二日霽有風晨自雲陽乘筍輿可百里及暮抵山舍張道士樓道士主華陽洞者是夕月大皎趺飲遇仙橋上臨橋有亭軒空四

朗懸據絶壑澗水泠泠其下壑上楓香萬樹月影參差紛積酒樂忽雲
水道人來擊漁鼓度莊生歎骷髏諸曲良非南華經旨然謂壽如彭祖
富貴如帝王皆骷髏用事或莊生者意矣十三日風和日益霽登茅峯
絶頂禮三茅君時桃李方花舞蝶翩飛惹袂幽禽百囀樹杪松鼠流躍
矯如飛鳥野色寥廓金陵京口諸山與長江明滅遠近爲茅峯設景也
山童然燭導游玉柱洞洞底石柱縈如崑玉既又入華陽洞華陽故大
茅君煉丹所梁陶貞白亦由此仙去稱華陽隱居也濯足清澗欹坐古
屈樹莓苔頃許折曲徑觀喜客泉圓鑑清徹投之錢泡珠爨而起說者
謂水解顏耳是夜月益開朗復飲橋亭成醉隱隱見片白玲瓏發耀醉
中誤謂積雪童子報曰月在梨花間也峯頭燈火際天如銀漢星列蓋
日中所游朱宮紺樓千疊閒矣相與扶醉登華陽洞頂攀枝履危石輕
捷如猱不知身之上下夜半則茅君入夢作月夜宿華陽洞夢茅家兄

弟詩有萬樹桃花醉玉杯之句夢中了了受茅氏眞訣千言既寤覺一言之爲多矣十四日出山寒風陰雲欲雨十五日夜次毘陵桃花園桃花數十畝映月如朝霞忽忽身在華陽夢中也張道士自稱半仙喜豪酒善爲道家曲不解爲人醮祝言其師生平自圍棋鼓琴外無他好師之師則惟解曉魏家參同契爾乃余觀張之弟子則早夜辛苦起家如世俗爲其妻孥營營竭狗馬力者然其輩尙睦也又其後弟子則切切向爭矣余嘗慨惜世中人隋落塵網未來山中耳況茅君地又號稱羽士流者顧復乃爾嗚呼茅君不可奈之何矣十六日錫山舟中作禮茅君記却寄茅君亦以諷諸後約者

與范大理

足下素分淸白吏甚表表者一旦以汚名被放謂世道何哉古人重得罪知己耳他何計焉他人且咄咄書怪矣而足下能怡怡然當之此賢

者所難吾所爲勉足下速于之官者非區區榮祿是望蓋畏途淪落正丈夫慷慨激奪時何得遽開綠野堂治陶家三徑足下豈欲默然竟此身與草木爭朽腐哉無論董江都賈長沙即西伯孔仲尼輩猶然遭之苟或自白謂天下之大千古之人盡無目耶昔之賢豪家有一言投契至按劍許死信知己之難也足下稠人中一篇文字何所短長大行皇帝自泥塗中首致君青雲之上其知己於生平友行何啻十百而甘心忘之也足下即自棄何以報舊君何以對新天子何以安慈幃白頭何以慰先人於地下僕山中人久不作人間語爲足下妄發足上其早戒裝僕且來觴歌一壯行色也明賢翰藻

與王敬美

得足下報書謂我孤雲野鶴不能忘之酒外是足下思我以神矣足下又自謂一官如長卿慢世東方浮沈僕前言故相戲耳固知足下能吏

隱也然隱者貴其眞也信不自有灑然脫而化之心徂跡寄非偏滯其所卽含垢於人間何病卽使岩穴之士人藏而鬼游驕勢利而招聲名矯僞滋起隱之賊耳故在在可隱則人人能逃無論高士傳所列次卽堯舜民飄飄然與人以天下周西伯則天下迫之而不取得無隱於帝王者耶其後孔子當周之衰道不行寂寥無所歸而歸隱乎六經此其徒猶庶幾囿世而遯者也至如佛氏隱於空老氏隱於玄莊列磨能及諸他神仙禪觀之流各以其道隱而出於世巢父許由輩稍沾沾自賞矣隱之衰乎乃夷齊以餓死爭隱嚴子陵披裘懸釣致動天象驚帝寢隱益多態焉而范蠡出入於貴富勳名之間乍有忽無眇如幻物亦古之遺隱也晉之人多奇怪豪爽或得或失而往往隱于酒最善者陶生託言折腰斗米老歸三徑作歌詩以自輓在隱家其達人哉吾嘗謂羲農以前何上何下何顯何微舉斯世而隱於太朴道之未散抑何盛矣

此陶生所以所爲義皇上人也惟足下誦法孔子遭唐虞之際而顧欲大隱朝市此眞僕所快聞非當世齪齪名退處者比故略布其私一二然子虛上林相如以辭賦諷而東方生之滑稽談言終引君于道今之時足下能無意乎既隱于官或當隱于諫矣僕也汨沒于無生之學幕天席地枕無絃之琴長呼五柳先生盃酒自適聊應人之牛馬此則王生之癡隱云爾倘期一醉滄海之東與足下論隱 同上

與范伯楨

夏秋間與原荆避暑洞虛道觀之烟露樓樓故義之觀鵝洗研處瞰池背麓松梧四遶涼雨時作烟靄際浮露朱宮殿宇友人陳濟之善丹青理時來指論然可人意飄飄身在輞川圖畫也足下開府臨湖當金陵佳麗入與細君軟語溫欵出與仲弟評詩命酒長沙還客時有佳句彼此所遭都爲勝絕要須不負此景耳勉之各努力也 同上

報王元美

足下書來謂烏程之酒濁如涇水墨如油也而僕誤稱之夫烏程一二酒家得以名縣便可想見古人風色此其酒必佳而不佳者今烏程矣僕思烏程使君而不得因思其酒耳非誤也試與足下入鄒魯而問禮樂過燕趙而求俠烈其雍容慷慨之風於往昔然乎否耶或者低徊闕里悲歌易水庶幾聊用自暢云爾故不覺爲二酒人解嘲也足下所稱齋除嘉釀其華蕩酒乎昨舍姪王進士攜過虎丘僕有詩西比之月中子頗甘心醉死焉倘因足下再得一見當載之扁舟五湖矣王稺登名公尺牘

元日醉起答客

元日大醉醉鄉佳兆茲歲其無醒時耶足下非笑僕少飲輒醉何可語酒德也飲之樂在醉醉則冥然忘宇宙身世譬有生之樂在死死歸無何有之鄉脫一切有覺累酩酊時其庶幾云哉或數杯而醉或百觚而

醉或盡石而醉醉等耳速醉者爲頓悟耶竟日夜徘徊而濡脣貪生者流甚者嘔噦狼藉囈語作病墮入鬼道矣起伯倫於地下當謂我知言

周　祝一名祉字季華號旋淳用孫華亭籍諸生授太常典簿私謚孝康先生有石齋集廣禪喜集俱未見

跋本音兄書申長公傳

先本音兄書法妙天下絕不喜書他人文其遺墨流傳甚廣非錄巳作一作文郎屬古人名篇一日申一孺手其尊人傳文見示則劉子威所撰而字畫乃出本音中年手筆因思蔡君謨書極自珍惜獨肯書歐陽永叔文若相州晝錦堂記特稱精絕彼以榮生此以哀死殆有異世同揆者在乎因綴數語而歸之萬曆丁巳除夕周祝題

盛應訓字口口邑諸生

故宦葉紳吳巖沈啓建祠崇祀結

江南蘇州府吳江縣學廩增附生員盛應訓等今於與執結爲懇恩崇德報功以彰國典事除遵依外結得已故尙寶司少卿葉紳筮仕諫官位終卿貳先任禮科時值弘治七年吳中大水民多漂溺本官請粟賑饑乞官治水開濬長橋吳淞白茆以及斜堰七浦而萬姓免釜魚之嗟已故鄉宦吳巖初授行人歷叅藩政先任二科時值正德五年東南水溢田地皆渰本官疏修水利通濬長橋而庶民遂粒食之利嘉靖四十年洪水横流漂廬沒舍炊烟無靑民不堪命已故副使沈啓目擊時艱心存拯溺博訪沿江之源委纂成治水之圖經是皆出斯民於鯨波之中而措諸衽席之上大有功於三吳之民者矣邇因震澤泛溢三江久淤特奉綸音專委憲臺督濬曾未半年河工底績是以闔邑士民感今懷昔思功圖報隨據耆民沈術等具呈本縣專乞湖心隙地建祠崇祀

查行申請間復據監生周大韶耆民陸經等呈乞憲臺批府行縣牒學轉詳已經通學生員陳伏生王孝等結得實申蒙憲臺復批兵備道按察司按察使徐覆查議報蒙此遵奉兵備道憲牌仰府行縣覆查三宦生前治水功業行屢應否崇祀等因再三查勘前宦功業行履如葉尚寶之奉詔讞獄而廣省稱平擇官輔導而青宫毓德裁蔭敍之監正祭葬之典吳大參之止遊幸而遣邊兵斥義子而廢中市直逖夷之情遠人修貢罷征逋之吏吳郡沾恩沈副使之居郎署而省皇陵龍船之費二誌作於南都官郡臬而立均糧禁船之法議略著於牧越辨黑苗之僞兵不再舉活俘獲之衆人樂更生是三宦者皆有禦災捍患之功衛國救民之績考曩日之奏疏而百姓至今陰受其福觀近年之著述而後世可據以興其利跡其功業固昭然丕著於明時要其行履皆籍然盛稱於輿論所謂鄉先生沒而可祭於社者此其人也按諸祭法在所

當祀而採諸公評尤爲允協如蒙聿新廟貌得以妥往哲之靈則深慰
民情庶以彰尙賢之典不惟報之於既往抑可勸之於將來矣中間不
致扶揑爲此連名具結須至結者

葉譜萬曆七年欽差督理水利兼管巡江巡按直隸監察御史林應訓疏建愛遺亭祀名宦葉紳吳巖沈啓三人設像於浮玉洲萬曆十八年水利許公議去洲而改建于二十年乃創園於垂虹北隅移原像而奉祀焉有碑記即今俗呼阿姨亭也去病案阿姨亭當長橋之下流原名遏淤墩蓋昔時開江堆積淤泥處也好事者嫌其名之不雅馴乃改稱鴨滃亭謬謂陸魯望養鴨於此亦既穿鑿附會矣而流俗更訛稱阿姨猶之杜拾遺之訛爲杜十姨耳

卷三十四 完

女兒縣祥楔錄

卷三十五　邑後學　陳去病　纂輯

明八人

卜夢熊字仲登號景川盛澤人萬曆元年癸酉武舉人連中三科授鎭撫司有晚香亭集十卷盛湖志武經髓諸子說防倭防虜志尺書備覽古今陣變兵變等書俱未見

盛川題景記

盛川去邑治六十里西枕太湖北環巨浸南帶橫溪東通西浙四水際也禹貢謂厥田下下厥土塗泥是也蛟龍水患間作而郵地幽僻遠城邑官道兵燹不加淫靡不入爭訟未起宋元以來夙言安堵我朝九有甸奄民俗淳龐市弗貳肆獄無典犯男耕女織用享二簋屠日不能畢一豚標枝野鹿熙如矣成化初具區吳先生聿起文運吳南建幟嗣有

踵接碩儒名輔周恭肅公史明古輩風采朝野增秀川岳濟濟洋洋又如此矣迨嘉隆間日繁民齒聲聞過昔黌宫蜚聲騷壘遊詠七賢祠以鎮東土三元橋以拱西湖五橋以鎖奔流峙碧霞而旋目瀾走洞庭而飛白鳥引苕霅之水以入兩湖屬兩湖之水以歸大海清流急湍奇樹晴沙出沒黿鼉起伏蛟蜃洵盛湖大觀哉前人有竹堂淩巷漁灣野渡搖船曉鐘夕照晴市八景分著世異風殊廢舉靡一今不敢弦轍存爲羊餘若夫民俗淳龐浸浸變矣層治盈市博訟繁興下人衣紈袴遊子挾倡飲雲水俳優重爲民蠹兼以賦稅之繁盈官鹽門攤之增益民亦苦于不支詩曰涓涓不塞流成江湖兩葉不去將用斧柯還淳去害所望于今之賢侯後之君子萬曆甲申六月望前二日卜夢熊撰

沈璟字伯英號寧庵又號晌和學者稱詞隱先生漢曾孫萬曆二年甲戌進士官光祿寺寺丞天啓初贈光祿寺少卿有增訂南九

宮十三調詞譜二十一卷今存古今詞譜二十卷古今南北詞林辨體北詞韻選南詞韻選十九卷遵制正吳編（一名正吳音編）一卷論詞六則唱曲當知曲海青冰情癡寱語屬玉堂詩文稿四卷詞隱新詞二卷俱未見

吳江縣重建儒學記

吳江故有學弗葺殆將圮焉雍邱徐侯元治邑之五年敷教既洽惟弗葺是懼請於視學柱史吳興房公寰程材鳩工卜日經始屬博士蒞之遇泰之漸曰是謂鴻漸于陸其羽可用爲儀文教其日昌乎不惟其一其在國家非此一時迨其來哲進漸而得位爲用者也艮山也巽風也乾天也風爲天於山上有山之材而通之以天德於是乎居山之上故曰鴻漸于陸其羽可用爲儀猶有漸焉故曰非此時然也其且待來哲乎泰之漸亦漸之泰具天地之美焉拔茅彙征君子道長故曰其在國

家乎徐侯曰善哉吾幸而觀厥成乙酉春二月實始戒事徐侯遂往觀焉𡾰及於堂皇蓋及於橋門車及於頖水之外於是宮內外由殿及廡及諸門諸綽楔解內外由堂皇及講堂及諸室宇悉若更始又斥餘貲創祠祠文昌及后土神成不踰時工不告勞民不知役君子謂是舉也斯百世之業乎博士太末鄭君子俊檇李唐君儒閩黃君汝模以徐侯語徵言於沈璟璟曰諾哉緩之其可也秋八月上丁修厥事於先聖之廟禮成諸弟子歷階而升曰士也不力其何羽之能儀上下交而成泰惟侯在矣諸父老進曰野人不善口自吾有知未聞有崇儒若茲者功君侯哉黃君曰蕞爾閩竊比鄒魯自徐侯爲士觀也者鄒魯且避席焉閩於何有唐君曰吳則潤矣願以檇李士當侯之波鄭君曰洙泗之本支若其祭器皆在太末矣吳士微侯昌之安得祧太末而躋洙泗之間哉徐侯曰此柱史之令也三博士若諸弟子父老之伐也不敏其與幾

何抑吾聞之士之學也譬如農夫是穮是蓘雖有饑饉必有豐年語待時也今天子信嚮儒術厲學官造士莫廣於是既以啓泰矣士非由庠序雖材弗錄夫庠序者亦士之所由漸也以漸養士士以淩節用其儀僭矣以保泰用士不以君子之道交於上詩矣士也無罪僭詩其罪多士勉之矣以時則無待而行以養則羽成而奮以用則彙征而吉若得志而拔茅漸之爲儀之鴻也在上而美化也以保泰也其不得志而鴻冥漸之居賢德善俗也善俗亦以保泰也保泰一也夫太上爲洙泗道德歸焉耳其次爲鄒魯猶有孔氏文學之遺焉又其次爲閩越斯朱氏之徒哉人其謂爾多士學得其菁華者也天子庸之柱史藉之令與博士實慫之使人謂爾飾羔雁希泰茅繫國家亦何用焉於是三博士請享徐侯遂賦頖水侯曰吾不堪也諸弟子賦菁菁者莪侯曰請以聞於上諸父老賦南有嘉魚侯曰願相與共之侯乃賦棫樸曰吾儕之在此

也非天子之德不及此皆拜而退沈璟聞之遂識之實萬曆乙酉之歲八月哉生魄

馬　貫字道卿萬曆二年甲戌進士仕至興化府知府有四書宗旨十五卷古今類義二十四卷俱未見

重修懷德井記

吾邑懷德井乃嘉靖壬辰吳少保訒庵翁所鑿也邑城中民居稠密煙火萬家地無隙區惟翁宅西有官亭址焉翁既不忍自取以廣宅也復捐資以鑿一井廣方丈環以石闌渟泓澄澈凡往來井井者靡不德之時邑侯張君明道我國朝以來第一人也聞其事而善之即構亭其上名曰懷德井作文以表其義謂翁之德流於後者無窮而後之人飲翁之德而懷之者亦無窮也自是迄今五十年矣向所甃砌日益剝落亭宇日就傾圮泉以壅淤歲積而甘冽之味稍異於前父老汲者不無追

昔之慨涵者翁之孫承恩慮先澤之湮也乃重爲修葺浚甃補缺去腐易堅不惜工費務令壯固於是亭之規模仍還舊觀泉之渟泓復澄故澈矣此非善繼翁之志者歟余昔曾館於其家玆請余記其歲月余思孟軻氏君子之澤流於五世此直就其身計耳脫奕葉層芳繩繩不替卽百世可冀也吳孝子爲松陵鼎族兩尙書以名德培源諸昆胤以簪纓紹武無論樹勳淸朝霖雨寰內垂之史筆後先映美卽此一井之澤創述相繼流潤無涯其福廕於桑梓也何緜且遠哉後之子若孫聞風者不慨然興起歟余旣擊節於斯舉而尤有惓惓厚望之意云

陳光贊字季襄十七都人萬曆七年已卯舉人嘉興籍有川流集今未見

平望彌陀殿香火記

古師云善惡報應兩途非吾佛諄諄曉諭大事幾乎掃地矣千載下法

衆何所皈依易曰積善餘慶積不善餘殃可見儒釋無非使後世仁人君子明其道寡其過烏可以善爲不足積而甘自沒於苦海哉本鎮善士潘賫王琣日夕兢兢累絲毫之善消山岳之釁共出已貲捐募善友建一彌陀寶殿修舉淨業期場猶慮事難久遠復鳩衆信置稼字圩朠田如干爲主持香燈之費使後世有皈依三寶者入室悟因不致墜前人創立之始如登九折坂難也時數興衰不可測而昭示將來亦不可不早爲告戒至於廊廡基地輪廣之數且列碑陰永垂不朽於戲諸善士之心可謂至良且苦矣倘有他變神明其鑒護焉

鄒雲鵬字翼卿萬曆八年庚辰進士官南京禮部郎中

吳氏宗譜跋

吳郡之名家唯吳氏爲冠咸祖泰伯但興替無常非藉譜牒奚以明徵震澤里平山吳公舉上世所傳之譜像傳讚跋記等篇悉勒諸石以示

子孫余讀之喜文獻之足徵且知公之所遇無異於二王而刻石之心質之存仁公爲有光也忠臣孝子兩無負矣萬曆戊戌立冬日通家眷生鄒雲鵬跋（據康莊石刻）

史　謨字爾陳號省韋鑑五世孫萬曆十年壬午舉人（秀水籍）南雄府推官祀名宦祠有省韋集今未見

祭從叔父蕪川文

嗚呼慶以德樹胤以仁昌稽我世澤寶善斯彰粤惟叔父隱宅醢衷人倫之準家政之宗質秉强毅譽隆孝友穆穆落落罕見其偶古貌正色擇地擇吉坦襟曠度守雌守玄亦復耿介爲世模楷亦復慷慨□襟瀟灑中流砥柱月旦表村爲陳太丘爲龐鹿門惟是善積發祥於後培我宗脈兢啓夕秀予忝小阮媿我步兵佇喜雁行實大我族以需旦暮青雲攬轡曷不少延而遽仙逝嗚呼哀哉謨分叨猶子情深骨肉忽焉聞

訃徒爾悲咽匍匐生芻且慰且哭

陳良模字範卿萬曆十年壬午舉人官慶王府長史

省韋史公傳

公諱謨字爾陳別號省韋其先自周太史佚以官爲姓起家京兆稱著姓焉粵稽世系有以外戚侯於西漢者有以翼佐中興封溧陽侯者有以高尚不仕隱於終南者有以同官翰院遷於繡州者若恭若崇若惟肖以及惟則懷則諸公作述相仍後先繼美皆可遠而宗也再考晉唐迄於宋代乂英賢輩出濟濟多人其掇巍科官禁近者並以文章德業顯揚於世遐邇稱爲史家邨洪武初由繡州隸籍於松陵則自南齋公與子居仁公始以居仁公入贅於黃溪黃氏故也再傳爲清遠公仲彬當高皇帝時應詔奏事稱旨命官戶部不就賜賚寵諭甚渥命馳傳歸建文初舉明經授翰林院侍書兼徐王府賓輔適丁革除之際周旋艱

險委身弗辭萬里從亡至死不悔忠節凛然散見吳文定公墓表仲彬生溪隱公晟晟生友桂公珩讀書尙友以賑饑進階宣義郎珩生西郇公鑑以文兩膺徵聘不樂仕進終以布衣多所著述學者仰如山斗鑑生南園公永錫國子生以長子臣登嘉靖癸未進士歷官參獄贈工部主事次子爲溪陽公相國子生而洋郇公天佑娶盛氏實相之第三子也洋郇公以儉約承家耕讀爲業一鄉稱爲善士生丈夫子四人公居長豐頤秀質聰慧殊常年十三通尙書能屬文從籍補嘉興府博士弟子員配尤氏夫人不數載而析居田產肥瘠不較豐嗇弗問惟以重天倫敦克讓爲主一門雍穆無間言則公之孝友有足多焉公學務經術志切用世坎苦茹荼寒暑不輟然家計蕭疎至薪水不給尤夫人勤紡織以佐之公扃戶伊吾足不踰限始獲畢力於制舉而壬午科奏捷矣但艱辛積勞數患怔忡之疾三上公車未博一第壬辰歲補江右玉山

學署雖驥足暫淹壯志千里歲時與諸生立社課藝志益銳文日益有名乙未科再赴春官僅中乙榜始信數奇弗偶終難與造物爭衡於是歲詮選授廣東南雄府司李先是玉山久乏科第公謂文運之厄特未有作興之者因擇地爲建文星樓作浮玉堤而甲午應舉者有聯魁焉則公之留心學校能興起斯文如此爲司李時自念執法稱平惟明克允而一訟一獄民命攸關詳審出入倍極焦勞卽夙疾陡發幾殆不遑自恤適減刑使者至承委強起尤謹重獄務在爲囚求生道寃抑者既多平反其可矜疑者亦多從末減政聲錯起諸司藩臬首推重公於時稅事煩興貂璫四出羣小參隨與地方無藉輩煽搆狐假張威横行郡縣莫敢誰何公惟談笑而揮措置咸當所轄太平廠兩廣諸島商賈駢集諸貨爰酌定額微略以利而陰激萬姓喧騰能使褫其魄而弭其奸隨至隨遣勿令久駐居民不擾商賈獲安嶺南人尚氣睚眦必報多以

所産毒草名曼至死累年案積強半出此公至爲民除害嚴令口口口
里盡數樵采輸官仍立限較比以多寡行賞罰有訟毒死連坐民都美
懷既去毒草並刈其根居雄四載不復聞有毒死訟者歲值大旱米價
騰踴民間擔粟計二千餘錢官價僅五分之一公悉照時平買無所低
昂仍委曲設處以助賑多方運糴以濟饑雄民賴以全活者無算太平
廠稅除歲額外有羨餘有常例當事者口口私囊公却之而一錢不染
羨餘編入歲課常例還之商人惠利溥于一方成規垂之後世此公治
雄之大口也他如物産定價以省民財郡誌修明以口賦役民有歌而
口有碑類難殫述獨其口口口宣義不背死而口張抑惡奮不顧身其
行口口口口裁足憚因復紀其二事閩中謝別駕口口口子無依當
盛暑口口口口公極痛悼悉於我殯撫其子扶櫬口口賻口口全而
歸之語云一死一生乃見交情若公者惠期當厄恩施不知公猶古義

俠之風乎又富豪梁智事多不法□□□邑吏胥夤緣爲奸公廉得其實白之郡守將公會梁欺繼母事覺坐誣諸受寃者羣起伸其惡於郡守而守下之司李列其罪狀罄竹莫書公立刻師聽而梁輸服明啓刑書擬以大辟闔郡稱快梁百計求釋不得而投暮夜之金益觸公怒立刻詳申諸司而莫挽也比公左遷烏蒙府通判報至明知梁以神錢用事公義命自安毫無慍色梁獄既成諸司允詳加責或有勸公斃之杖下者公竟不從若公者法在必行情惟欽恤非所稱折獄惟良者乎公自初任以迄宦成大都政兼寬猛治著恩威德澤入人最深名譽感孚四遠公論不明當道稱屈以故議補議調議及帥府參謀俱有大用公之意公歸志已决終不可留直指顧公動色泣下公亦不顧而長往矣雄之士民攀臥哭聲振動天地公泣而慰之猶弗解散甚則有度庾嶺遥望舟行繫戀而不能捨者又按公昔以艱嗣爲憂凡所舉動一從仁

慈累行既久利濟實多一夕夢神人將一庖肉肥而巨者納公口曰此大烹之養也時同寓金臺曾向余言余謂佳兆也得肉其得子乎已而公歸聘迎陳氏二夫人果連舉二子伯名兆麟仲名兆鳳人以爲大烹之應公得神人之助不知二夫人有淑行長夫人有容德和至生祥皆公積德所感也公每嘆曰有子萬事足吾復何求獨對盟心淸介自矢宦轍所至有政聲如歸田之日囊橐蕭瑟居處服食猶夫諸生時以菽水奉親熊丸課子承歡之暇讀頌之聲遶膝煦煦然樂也性嗜詩會心處有觸而發期於直抒性靈而止更編次五世祖西郵公所遺集以昭先德足不履公門目不接軒冕悠悠林泉殆兩期焉一日閱邸報知郡守蔣公亦爲梁囚所陷撫髀長嘆抑鬱久之每以推恩曠典中格讒人未及榮封父母爲憾憂憤成疾而逝實萬曆辛丑四月十二日也享年五十有一逝之日言不及私視父母不忍割潸然淚下囑二孤事親敬

長毋墜家聲而已繼自今伯氏遊膠庠仲氏入成均恪奉尤氏夫人訓誨克自振奮而諸孫庭立聯翩玉樹知史氏之興蓋未艾也

論曰東洋史氏家世多出碩儒名宦其文章德業炳然當世者代不乏人至國朝有死義如淸遠公尤以節烈垂耀竹帛則德門之培積深而流慶遠豈偶然哉公故史氏人傑也文章德業靡不相似而潔身志决輕棄其官未究厥施則又何也直道不容遭讒自廢斯亦遠人之曠襟也迺其官守清白介然不撓而急人之難拯人之困耿耿有節烈之遺風焉眞可謂匹休前哲而垂裕後昆者矣死且不朽公又何憾余與公爲同年屬有葭莩之戚交之久知之深無如余者公今溘焉先逝十九年於玆公之葬二孤乞冏卿因之吳公文勒諸石銘諸幽至所爲闡揚公之德操播頌公之惠政每追念之而慨然于心豈當遂致泯沒故述爲小傳以授二孤使傳焉萬曆已未孟冬日

沈有光字斅愚震澤人萬曆十二年甲申以人才薦授廣東潮州通判

復古桃源記

復古桃源者予不敢自名其園也予家於茲土者幾十餘世居之後先大夫之坏土在焉循濠而西則古桃源舊址宋侍郎楊公紹雲所營家園也侍郎之先爲中書舍人名邦弼與教授陳公名長方者俱爲著作郎王公蘋授經弟子今所祀三賢是已三公皆閩人以南渡兵火遂僑居笠澤而楊公實卜室于此楊氏衰陳氏踵而葺之有加特置尊經閣蓋不忍道學之裔一再傳而斬也及陳氏衰而園遂蕪廢夷爲隙地矣而予之先人爲陳氏壻遂仍其居而歷傳以至於茲則先賢之遺澤迄今不泯也余少習博士業弱冠弗就即棄去然終不能以四方之志坐銷刀錐銖兩間乃北遊於燕得入貲以儒例佐藩中州時猶丁年也已

而佐藩蜀中復佐郡粵之東粵之西間關勞苦三十餘年南北東西數千餘里及賦遠來已皤然白髮叟矣浮生若夢人壽幾何每憶峨嵋揷天瞿塘瀑布嶺表山川之奇絕歷歷在眼惜也風塵俗吏鞅掌簿書酬對山靈了无顏色蓋不能无遺恨云兹者紅塵倦遊青山可問日欲二三結契輕舠小艭選勝尋幽然足力疲憊不堪登涉因思一邱一壑聊以自娛適志怡情不妨廛隱剏桃源遺址其陳石覆積沙土間而泉源時隱於地脈物迹尙著寧使先賢之澤湮沒而不傳乃爲營度其地因櫐石爲山鑿坎爲池地不甚廣堂軒臺榭僅參差數十間而已所額草堂卽尊經閣故基也引臂而東則先人之祠宇託焉與坏土相向者也山无奇石高不過數武取其谷可蔭巔可望而已然登而四眺西則□唐舊刹蒼虬之所據也東則慈雲接霄孫仲謀之所繕而築也北則洞庭蜿蜒若屛而拱也隔濠而俯則陸子之幽居跡無可尋而其人固可

弔也予之園不足爭勝一方而一方之勝盡入阿堵中其足點綴予園勝予園之自爲點綴矣噫園之沒幾三百年今依然趾其趾觀其觀乃知物之廢也雖有賢哲弗能使之留及其興而廢廢而復興輾轉相尋必有訪其遺蹤舊址而登弔之者則非賢哲之所留孰使留之爲余子若孫者以予之娛老者娛此園乃朝不謀夕之計以三賢之立德立言託此園則不必園之傳而固有足傳者矣後寧无有復復古者而復古邪落至之日並書而誌之萬曆戊申季冬望日

文昌武安宫記

蓋神之顯化不擇代鍾靈不擇地顧其德誼不足亘古今則代而興或化而泯抑英爽不足徧區宇則各以其精之所攝統尊而食報焉故山川岳瀆有分符而都會郡邑無錯祀剏諸不列祀典者乎若文昌武安則不然文昌左右帝座爲文章司命而又兼職人間弧矢之祥其靈昭

昭不可磨滅武安手扶炎祚壓曹瞞而褫之魄威震華夷忠貫日月自漢來一人而已兩神之聰明正直轟注人心無古今遠近故自通都大邑以逮窮荒絕域武安之祠莫不在而至於斯文不墜冠帶所屬之倫其以文昌爲司衡者如一轍也夫以兩神之靈徧天下而吾鄉獨不得廟貌而肅瞻之毋乃自外於兩神之威德與昭靈侯祠之北故有大士菴予之輸稅於邑者二十年於茲矣會予薄遊四方遠復饑饉頻仍致大士之閣日就頹廢近得葺飾之有加因坊之曰感應而閣之陽尙餘地數武度可建二祠乃於己酉冬鳩工集材勉力以就文昌鎭其東武安鎭其西中雖殿閣殊制而外則高下无有參差其巷引右臂而入樹石而旌之額曰文武坊亦庶幾一鄉之雄峙而人心之瞻仰端在斯與噫文章節義非出兩途高山景行祗憑一念吾鄉固邑之望鎭枕洞庭帶笠澤谿山胎孕抑豈無英奇歷落之士挺生其間者或以節義冠於

當年或以文章標於千古下爲邑里重而上爲國家光則兩神之默佑吾黨者不啻日月之映川而吾黨之心儀兩神者不啻方圓之就範斯予建祠之意乎若以一身一家之私庇爲聰明正直之神干則吾豈敢

萬曆辛亥二月

卷三十五 完

同邑 柳棄疾 鄭一瑛 校錄

卷三十六　　邑後學　陳去病　纂輯

明一人

俞安期字羨長初名策字公臨分湖人有唐類函二百卷啓雋類函一百五卷詩雋類函一百五十卷翏翏閣全集四十卷今存

反招 有序

范叔子雲間人也少有彊志博覽善辭治公車業師心獨造海內學士翕然宗之咸得進用而叔子獨無顯效因著書以譏當世世亦嫉之至老窮絀無聊若六合之內九州之上無以容其眇然之軀而嬲其牢騷之志者遂營度生壙築居其旁示與當世訣絕意足悲矣昔屈原被讒見放其徒宋玉慮其魂魄放佚乃賦招魂招之其稱楚國之美區區堂奧之盛也臺池之美也陳設之備也脩膳之珍也女謁之妖麗也被服

之文纖也歌舞之雜沓也飲宴之湛荒也用以諷諫懷王而冀其覺悟
以收原辭固偉哉竊恐懷王昏憒原未必收適開其侈誕之心皇甫謐
譏其淫文放發誇競失體風雅之則于是乎乖諒哉其言也余不自量
迺賦反招爰正宋玉之夸用廣叔子之意俾其悠悠順化遊䰟玄憺竆
本原之大同齊死生爲一致苟居寂寞之身外馳紛華之志塊處五尺
之地結想四方之遊徒絕快意之談蔑忘憤懣之氣得無有張縠之疾
以攻厥生而離厥貞者耶遂作其辭曰
肇有厥體䰟附麗些絪緼時夜亹不離些君何伝伝善遠遊些九州之
土行不休些異方鬼物羇䰟是讎些䰟兮歸來毋奄其銷些䰟兮歸來
齊魯不可以愒些巖巖泰山其獄墝墝些逮此遊䰟深以繫些厲飈爲
宗摧城撤室些人其䦨之揭而永殪些歸來歸來毋適此轗軻些䰟兮
歸來雍秦不可以招搖些自癸及戊女魃驕些如惔如熛塵歊歊些蘊

隆陸海濯濯無毛些髑髏晝行語呶呶些偵人肉血食飲饕些青天飛犬聲號號些此其災象尚不知所遭些歸來歸來毋與禍交些䰟兮歸來蜀道不可以遊般些羊腸鼇叢備險艱些上造參井下重泉些一瞬不戒嚋完厥身些歸來婦來毋阽危以爲安些䰟兮歸來交廣不可以少延些火山赤坂置膚則潰爛些蛇鬼虎倀嘯人以爲膳些飛蟲狂游中人以爲昇些菌露瀼瀼厲煙熇些歸來歸來毋入以瞑眩些䰟兮歸來閩越不可以周旋些耽耽海民獷愎而齧些人身蛇文水中是潛些捫人以戲載浮載湛些䰟兮歸來不可與親些䰟兮歸來江漢不可以休息些赤壤千里鮮黍稷些炊彼遺粒如金如玉些若敖大鬼顑頷而不得食些汨羅寃臣遭之心顛些䰟兮歸來毋貪其殮些䰟兮歸來幽幷之土不可以躋些巖風利射膚坼指墮些高冰崇雪人馬咸埋些寒門幽黑往必迷䰟些歸來歸來不可由些䰟兮歸來中原不可以暫適

些泉我吳越災殄不絕些旱潦四臻民生夭札些儵陵而襄儵川而熯

裂些疫癘淫行道殣如綴些復有孑遺煙不黔突些魂兮歸來俾善息

些魂兮歸來帝不可以相常些權貴炎炎勳戚陽陽些貂璫社鼠恣披

猖些朱甍紫觀焜煌煌些瓊甃金華絢雕堂些蘭宮蕙室網明璫些變

童名倡進成行些華轂約軝巧趨蹌些文筵爲藉瑤席張些鷫髀鵠膺

鳳膏烹些雲飛水潛截其肪些厭棄芻豢珍異競些甘酸適調椒桂芳

些鬱金吳醥汎都梁些夸毗磬折上壽先些諛言盡甘摯跽連連些援

登層霄抑沈淵些規規良士望難前些虞爾狐管紀其譽些爰造新令

遊客是攣些歸來歸來毋久淹些魂兮歸來諸侯不可以客些習尚不

同行止異適些臺池聲色畋獵是溺些益高爲山鑿深爲壑些寫象溟

渤儀衡霍些曲池承流迴歎薄些被岡澄陝施繡幕些吳姬楚豔顏沃

若些曼聲緩氣志靡弱些鄭音楚節遞絡繹些歡樂煩怠思騁躍些彌

山概藪忽震爚些乘黃飛燕縱若射些如黃靑骹噭遠若擢些殫情蕩思歸銜爵些左右侍御語諾諾些東西是以亶不逆些陳說禮法誰根挌些嬌嬌遺直適惟其虐册歸來歸來毋往索些黿兮歸來冠蓋不可以游些名位爲寶道德贅疣些顯榮幽仄判不儔些粵有陽慕式相招些鱴鐘飾鼓引箜篌些瑤魷瓊髓旅獻酬些白日爲矢稱好逑些聲氣好合期千秋些片辭抵忤成戈矛些含沙射影潛相謀些歸來歸來毋相逐以蹈其訧些黿兮歸來邊塞不可以彷徨些蠻夷戎狄事攻殺以樂康些蹂躪中國攘奪無所懲些啾啾夜啼此咸國殤些碧血漚草白骨成岡些敵入不迎去不從些材官邏卒刈人如薑稂些稜嶒怪相囊之而上首功些黿兮歸來毋丁此既兕些黿兮歸來適新居些後倚旄丘前清渠些左築場圃右平疇些蕙房蘅戶結中區些木蘭爲橑松爲楄些蒙以葛櫐繚芙蕖些周旋栝柏列栟櫚些隰有女桑叢有茹藘些

珍木異卉鬱敷華些懸綴皜雪疊緋霞些上集孔翠鳴鶤鷄些淹留長離振朱鷺些鰷鰅鱓鰋千石魚些驅鷄役犬伍鸒鷽些魂兮歸來惟君是愉些魂兮歸來入中堂些曲几四陳列圓方些蒲葅瓠脯藉蘭芳些蓴絲秋綠擘爲羹些蓳屑蕨苗枯而爲粻些畦瓜五色頒朱瓤些蘂纍林實充篚筐些陶樽既滌含醴漿些松牀桂架陳縹緗些蟲魚鳥篆列成行些芒芒紀載煥文章些日含月咀擥華精些尚論五帝揖三皇些誕則玄聖友素王些大庭華胥恍托身些雲官鳥氏旦暮逢些魂兮歸來樂何窮些魂兮歸來留密室些從容墐戶守太默些遊心無始體道質些絕棄鬱㠥居沕穆些囘矚昭曠靜以絜些恬愉沖漠抱純白些達情遂命齊萬物些緜緜若存保厥一些古哲是儕歷千祀些亂曰媒媒晦晦兮乘鴻濛齊得喪兮淪玄風世莫吾知兮循大變以始終羌憂患之不處兮視紛紜之玄同適天行乎人間兮化則憺遵乎壽宮

愍宗 并序

愍宗哭弇州王公也公昭敏質達識最鴻廣博極古今洞澈道本其著述弇山前後別集者凡四百餘卷言幾二百萬毋論往昔編千畝之竹弗能盡載其文即今剞劂而帙仄理亦非一檏所能致皇乎盛哉其皇古之幽隱與夫經術國紀竺典道言百氏九流稗官野記辭林之著里巷之譚罔不入其鑪鍾化厥臭腐總攬一綱排蕩千古非斯文之標主爲後進之極則猶氏族之大宗而昆系之所世世尸祝者耶公之歿也凡知搦管之士咸若喪彼考妣爭赴躃踊顧安期方適楚入粵嚮鄖郊逵宛洛抵關隴以逮乎朔野洮湟轉而渡河循趙經燕浮齊觀魯以歸年且歷九始得走婁上拜公墓蓋周覽九州無可宗者可宗者公痛不復見矣悲乎傷哉墓草已宿欲哭則不可爰賦愍宗代之其辭曰

余溯覽夫書契兮歷結繩而逮茲賑豐博以統萬禩兮孰夫人而當之

爰偃喬之靈胄兮東居際乎潮汐之池始歲游兆之閹茂兮佩禎符而降之命之以嘉名兮卜世而獲厥正光神慧之內備兮目遝者咸若夫宿成發二儀之覆藏兮挈夫八方之紘抉空虛以成象兮昭沕漠之品㷻亂事變之紛叢兮畢萬有而罔遺情腹鴻鑪以方煽兮物融液而僉躍匠羣形惟肖兮侔造化之奇作儵若陰而若陽兮迅鬼神之運刱悉衆妙以爲門兮隸四部之成編煜大言之炎炎兮亦卮言之詹詹道何逝而弗寄兮義何微而不宣樹栝柏之貞榦兮擘芙蓉以爲采羅生兮瓊瑤㲖縩之兮紫蘭之與蕙茝集萬卉之菶芳兮揭衆華之英蘂擘龜龍之味爽兮姬誕煥其離明既懿軌之後垂兮夫孰不麗乎末光彼楚之博史相兮左稱臣乎素王子羽善辭命兮遷固秩夫朝章馬揚之組賦兮李與蘇之昭詩頵之譚炙轂兮匡之說以解頤洎李趙之迄勝國兮總十二朝之微辭前者若列夫導騎兮殿者克集夫厥成又九韶之

九奏兮八佾之繁會乎八音紛林林以瞻望兮頎若系乎大宗並羣嶽之尊夫泰岱兮萬流崇河伯之宮忽長邁之謝時人兮歲庚寅吾適遠行曳桂樹之勁檝兮浮木蘭以西征遵下雉以淹泊兮亦稅駕乎雲杜之角陵巡洞庭以亂沅湘兮儷祝融而從赤靈望九疑之紛綸兮遂經八桂之林返吾車以過郢兮儵又覩夫鄖襄躋嵾峯以謁帝兮道鄧宛以之嵩陽貫崤函以陟二華兮訊漢唐之所都薄中南杜鄠以周咨兮求文武之故墟直豳郊以北兮茫然臻乎朔之野重發軔而西之兮湟與洮曰縶吾馬越雍岐而漸東兮出關截盟津之流步邯鄲而躑躅兮薊流覽乎帝州冠岌岌兮車轔轔欲結言兮無可與陳拂余衣兮薜荔袚余塵兮清洛並齊趨魯復乎吾土兮歲汩汩以九新豈盡無懷鉛握槧之人兮曾非予心之所宗汎婁江兮登君堂天柱摧頹偃壓兮翳黃壤竊悔夫遠遊之害之兮一臨訣之未嘗蒼黃驫顧以四馳兮闃無依

胡天之使獨兮兀終窮以我貽亂曰隱愍慘怛誠多方兮長離永別亦多傷兮胡獨荃萎痛難將兮晨以窮晷夕逮明兮疢心疾首行彷徨兮謂地可淪而天西傾兮曷忍使夫斯文之終喪兮

愍知 并序

愍知哭太函汪公也管夷吾以知我等于生我譚者謂疎戚異屬而推戴義均是不勝其懷感遇之殷故發矜奇之語有若此耳以余觀之殆有甚焉夫芒芒九有凡負陰抱陽而有七尺者總總林林不可計數自空桑裂石之外孰不由二人之氣血所成然自皇古以逮于今幸而遭遇知我者曾復幾何是則人人具有生我庸詎能人人具有知我哉虞仲翔云天下有一知己死可不恨甚言知我之難也故論其感則生我與知我義均舉其難則知我於生我爲尤重矣余之遇太函公也豈易易哉自丁丑納交余始識搦管耳藝林之業方勺一蠡公則知余進未

可拭發醯雞之覆示解牛之全命以十年業成相證甫五年余先以近業寄公則已鼓掌大快徧贊交知稱爲速化是時弇州王公與公論文慨我明斯道上不在臺閣下不在山林公首不全肯則謂山林之下有俞生在斯言未然謝少連聞而報之余益思迅力期以不負又五年丙戌執所業復詣公門公晨披夕展加以丹鉛冠玄晏之序加子期之賞文乎在斯千秋是定余恐衆譁易起而撫實難勝又益迅力之楚之秦歷覽塞垣以及燕趙齊魯收五方之瓌觀擘萬有之羣變輯之柔翰庶幾以報公知又八年而歸公捐懸車之舍已七更星紀矣空抱纘成之業牽難鑒識之人當絕絃輟響之時曷勝西州返哭之痛耶嗚呼余之遇公豈直知我實以成我而鮑之知管不過三事之諒而公之成我其在千秋之事事有小大感有淺深則余之感公也豈區區之夷吾等于生我哉叩公之厝聞其無聲知已之慼胡能已于揮涕之言遂幷焚其

續成之副以冀九京之覽其辭曰

緊知己之適遘兮蓋自古而難之于異䐼而求心兮豈夫人之易窺士之苟得其人兮隕七尺而易辭而詘申之繫兮亦然否之在斯夷吾方之生我兮義均之乎二慈仲翔得一而遝之兮願沒世而亡憾而豈二賢之謾世兮亦非憤激之詭辭歷黃虞以下覽兮荃落落其無幾若晨星之上離兮維一二之可指知不可以倖得兮亦不可以驟抵苟曠世而遭之兮寧不畢誠而感只歲強圉之赤奮若兮余西征而至乎豐干欣融座之與登兮幸膺門之奐攀噓扶搖而驅之兮傅上征之羽翰文心剖而擘視兮空斯世而屢歎謂驥騄其未有底兮攘藝林可獨立總鴻纖窾突而並探兮脩其綆而深汲何芬芳之不擷兮奚精英之弗集邁鬻辻之維殷兮期十祀而相及逮中道而呈技兮遽張皇以震驚抗弇州之巍論兮若山林之有人羌獨知之爲契兮寧恤衆囂之狺狺期

既盈乎十襈叩公室兮舊里抱所業而相質兮定不朽之在是冠陸離之鬱言兮賞音聲於正始余自視其未慊兮恐狺狺之未已再迅奮以周諮兮歷塞垣之與楚秦燕幽魏宋之迴翔兮汎余舟乎齊魯之津去耳目之恆觀兮參大塊之新異託墨卿以告成兮庶酬公之弘寄負充笈之副草兮蘄鑒識而何從乃燔之靈几之前兮冀九京之可通或含欣而覽之兮庶慰心于無窮亂曰魁父之丘尙嶙峋兮太函之室几筵陳兮思公語笑儼若聞兮陶埴汚墁良無仁兮錮公儀容中冥冥兮忮余形影立無憑兮知己之愍憯曷勝兮

愍志 有序

愍志爲朱承之作也承之遭家中落發憤振之至于有室絕衽席之爲樂惟鉛槧之是勤僅僅成一博士弟子青年以殞初疾作從兄令囘朝夕調護者累三餘旬而竟不起聚族而痛洽巷而哀識與不識莫不過

廬而歎此咸聞其抱志不成而愍之也余過鹽官鹽官人士稱述有如一口又聞承之之生夢大士授之燭光之中普門應現何使之有慧而無年是不可解矣爲之作愍志以附九辨之後

嗟志士之不辰兮遻鉅宗之中墜肆奮迅于素業兮歷寒暑而弗替罔淪精于燕私兮奚救于神氣之盡敝丁玄戮之困敦兮當美人之綺歲胡二豎之肆毒兮慟彌留而就斃疇厥躬之長逝兮抃涅之以邁往之閎志豈畀族之痛悼兮行道聞而隕涕謂神靈之應禱兮又禪之以淵慧盡人理而不回兮蔑僭尤之正戾抑穹蒼之弗鑒兮何異徵之弗既慟從昆之絕愛兮委屬望之深意誕疾作而左右之兮夜十起而廛視迨三旬之辛楚兮徒皇皇而罔濟余未識荃之刑范兮察羣情而心瘁愍所賚之安之兮亦茫茫乎其終昧

愍貞 有序

愍貞爲劉子福貞母項碩人出秀水襄毅公裔而歸於鹽官劉方伯仲子崧陽公二十一而寡築重樓抱孤雛稱未亡人者幾五十年其間守節酸楚載在銘表者至不忍聞逮後子福成立暨厥配陳並力行孝行而諸孫英英諸孫婦日環侍食息至朝廷建坊顯揚琁題銀牓照耀里閭謂食貞一之德收苦楚之報可數十年坐饗平安之樂矣顧堇堇六年歲在戊午孟冬月朔病百療竟不起悲乎傷哉夫皇天報施毫髮靡爽以酸辛苦楚不使人知者五十餘年享名享福方經六載況孝子未盡之孝且暨施之無窮而今胡可得已悲乎傷哉在碩人皈心西方而三聖迎歸安養誠何足愍而離裏之子身體髮膚伊誰授之而形容色笑相習既久酸辛苦楚目擊且多一夕幽冥遽隔聖善無形能不仰天椎心泣而繼血也悲乎傷哉余搆離憂之辭命曰愍貞以續九愍之後實爲孝子痛悼無主昕夕罔終若曰愍孝誰不謂然卒迺推明淨土安

養之樂庶可釋孝子終天之憾云其辭曰
愍貞節之令媛兮厥皇考謚曰襄毅歸方伯之子舍兮爲仲子之元配結褵燕婉越六禩兮痛厥天之崩墜豈難於追從九京兮念呱呱者甫乳朞歲欲身殉而不卽殉兮亦俯念劉仲之續嗣勉收涕以存軀兮迺截髮以自誓築層樓以高居兮若以謝夫人間世侶孤月與煢精兮零露偕隕夫涕淚嚴霜凜雪之結於中天兮實荃肅烈之正氣疾風迅雨之入夫欄檻兮又協荃茹荼之苦志抱孤雛以相弔兮日居月諸胡可計也匪寒暑之相易兮安知歲事之遞代也逮孤雛以成立兮下重樓爰督夫家事紛總總以畫一兮咸井井而位置婦道母儀之克全兮亦罕覯乎晚季粤酸辛苦楚閱五十載兮若否終而始泰若已歷夫長夜兮天濛濛以破昧若望舒之攉晦兮而陰魄之乍朏懿孤雛之孝行兮羌又通夫覆載又孝婦之淑順兮日悄悄而婉至諸孫濟濟以繞膝兮

諸婦侍昕夕以匪懈又采風者亦陳厥節孝兮帝亦都而驚異曰建坊
而表閭兮爰千秋而昭示石柱金題之巀嶪兮何煌煌耀夫闤闠里人
經途以褰裳兮孰不嗟歎以仰視彼負擔之往來兮亦廻旋而特跂爰
食茹荼之苦節兮若云皇天之報施胡僅星紀之六更兮望淨邦而西
逝雖三聖之迎歸極樂兮何忍覩孝子之哀悴昔不難刲股以療疾兮
今又何惜沒命以追企居處色笑以想像兮每廻環而無次冀慈陰之
覆之兮尙色養而永侍胡一夕之棄兒兮欲申志而無地奚五十年之
提攜顧復兮一撒手而長棄目睇夫千艱與萬苦兮猶歷歷而可記何
天之報之之不平兮及逮此而輒替存七尺亦何爲兮曷若相從於九
地愍孝思之憯怛兮循來今以罔既聞淨邦之景光兮殊異乎五濁之
內結胎於蓮華之中兮池臺七寶以爲界四履金銀與瑠瓈兮居樓閣
之嚴飾亦誕厥類稱極樂之國土兮饗安養而靡退上善人以爲伴兮

侍三聖於寶位何子姓之回念兮兒亦請釋乎哀思亂曰彼曰淨邦蒙安養兮愔愔其中壽無量兮列有九品居上上兮及是逍遙樂不可況兮嗟爾孝子徒憯愴兮

愍逝 有序

愍逝爲鄭孝標母趙孺人作也孺人爲開國勳武靖伯之女孫武靖家偶旁落十五而以箕帚事鄭端簡公仲子比部平泉公十九而產孝標孝標墮地孺人竟爾長逝嗚呼哀哉誠足愍矣夫婦而生子豈獨顯揚已哉卽在襁褓髫髦有可以愉悅親心者不一而足卽老萊氏行年七十詐跌仆地爲嬰兒啼尚可娛親況於無識無知有啼有笑凡爲母者顧不怡然樂乎稍長就外傅奉內訓朝而問寢午而視膳又不怡然樂乎娶而得媳媳且生孫口含飴而掌捧珠不知樂更怡然又何若也今孺人以孝標離裏者十月坼副而受苦痛者不知幾何子既墮地聞男

也二字僅啓齒微笑遂瞑而長逝嗚呼哀哉亡論上下家人輩近遠聞
者莫不羣然慤也余聞之亦欲操筆作誄以壘孺人之德顧事比部公
堇堇十有七月潛闥且扃坤儀未曜無可以張顯之迺爲慤逝以附九
慤之後人或想其哀慤其逝撰爲文辭以分孝標之痛其辭曰
荃皇考曰武靖兮實開國之勳臣逮屢傳於厥後兮家旁落而不振學
有女而淑婉兮執箕帚而來嬪得端簡之仲子兮方主器之乏人歲商
横之執徐兮十有八而方娠越明年暮春之哉生魄兮得天上之麒麟
兒墮地以呱呱兮備諸艱而眩昏偶少甦而報以男兮亦微哂而喜生
又少焉以再眩兮竟長逝而不旋夫人婦而得兒兮其樂匪一端之可
論計悅心而娛兮豈直揚名以顯厥親始無識而無知兮有笑啼之可
欣就外傳而閑內訓兮繞掌膝之相因凡膳寢而數視之兮又涼暑之
溫凊既娶而得媳兮日奉姑之虔勤媳生子而得掌珠兮口含飴而抱

孫以斯樂而相娛兮亦何樂之可倫痛荃有離裏之苦兮又擗副之艱辛僅聞男也之一啓齒兮竟長逝而目瞑莽茫茫以走泉臺兮輙長夜而不醒遺巾帨以挂壁兮闇匣鏡之生塵亂曰生子日娛世盡然兮子存母逝幽明分兮何時有旦昏漫漫兮之子之痛胡可憚兮顯揚惟帝黃可焚兮斯文不朽萬禩傳兮

愍烈

哀烈婦之不辰兮遭家之不造謂貞淑之爲愿兮謂執義之爲狡哰王雎之不羣兮爵善淫以爲好以厥壻之爲天兮天行遠不覆幬也以厥姑之依恃兮姑之醜不可道也彼㹸豬之求定兮匪一艾豭之易饜鴿鳥之喜合兮每乘雄以自墊賓鳩之守禮兮不隨逐以爲亂寧戮辱之橫加兮蒙慘毒其奚怨懼姑醜之孔昭兮又何忍明己之貞固壻溺毋而逐荃兮曾莫知其故荃留壻無行遠兮謂嚯宴私而莫悟遽逐利而

行遠兮竟弗爲之內顧詎禍變之更端兮躋九死其罔訴厝火於臥下兮火爲不發脅之投井兮水焉不沒乃至囊沙壓而刃飲目兮始黯慘以告殉備痛楚之紛綸兮全荃軀以罔闕列祀典以食報兮瘞香骨於麻姑之傍三滄海之揚塵兮名不泯以永臧

河賦 有序

往余嘗浮淮歷黃河之委茲既經盟津觀砥柱率流金城渡河關積石數與河遇則心怦怦若有感焉夫九有之水莫長於河故列之四瀆特號爲宗然江有郭弘農賦亦既彬彬侈言之由漢以來未有沿委討源總攬萬殊收歷代之遺文畢體物之能事以及於河者有之自應成亦寥寂未備焉然河在中國所至利害彼此夐殊越在上游特稱有利而無害秦地以下或利多於害或利害相參方今泗沛間漂民廬驚陵寢其爲害特甚則亦曩策之未完善抑豈河之罪哉不量寡率遂含毫賦

之極其源委以頌河之德且折衷近者議治之異同焉其辭曰

維河流之靈稱肇億禩而不忒經流别之爲宗萬水崇之爲伯逮禹功之所加既經矚而可悉粤重源之載導復冒流於積石開隴西之上游徑金城而東出翼賀蘭以包朔方並陰山而望高闕左拂雲中雷首右薄太華二崤循平陰而北轉乎鮪渚遵洛汭而東抵乎成皋由是捐故瀆而不返指宛邱以捷馳擅淮濟之所道並委輸於朝夕之池昔之播九以同於碣石爲逆而瀉於東齊者已中枯而成陸或分歧而背趨矣其來同者有洮兼大夏湟引閤門高平芒于奢延湳汾渭涇洛伊汝潁汴濉又附之而俱達者概不可以殫稽蓋四瀆之流總其三九州之水領其七咸千里而一折乃九折於中國其水則渾渾淈淈溾涹漫減濊湢汱以凝瀯汩黃濁而潝潗不藉飈而騰波詎湼櫱而成色及其下桃花之新漲溢竹箭之疾流浩滉瀁而高出瀐軋沕而橫浮隄齧之而善

崩山懷之而欲廋奚兩涯之可測尙復致辨乎馬牛至若越呂梁潰龍門觸砥柱下集津阨嶮巇束嶙峋莫不洶湧滂湃灂瀑潝濞滈渚濊濈奔溜下垂若瀑布之高曳駴波上躍若雪巖之雄峙飛沫類澍雨之四垂振聲又疾雷之薦至搖撼山嶽動盪天地聞之者改聽覩之者魄悸佽飛犯之傷其勇樗里遭之失其智漆園所稱善遊之夫夫亦寓言而若是其鱗族則有鮒鯆鱒鯷鮐鱐鱯魾玄鮦白鰷青鱁文鮸兩魪朋遊王鮪穴棲或蒼文而赤喙或鳥首而龍題或曝顒而未化或具翼而善飛喜挾濤而出舞每泝流而升危鬐數揚而不定鱗欲安而無時其介族則有素蛟丹蚪黃鯈黑螟朱鼈玄鼉赤螭黃貝蜃蠙蠣蠡浮蛇賁龜八足之蛫三足之能潛者逗泥而泛沫出者緣崖而曝暉故隨地而孳育亦隨波以遷移其羽族也鷖鷥鶚鵨鵁鶄鸕鷀王雎白鷺鸂鶒鵱鷜朱目之鳽赤尾之鳧舂鉏彯纓涸澤垂胡當扈以髯而奮體白鶂以視

而爭雛陽鳥往還而旅處鷫鷞沈浮而托居鸂鶒互舉喧聒相呼要羣而集引子而哺巧曆不能以乘計司虞不能以目書其下又有青璣白珠藻璆吉玉曾青茈石櫨丹碧綠浮磬羽碮文綸玄礵或流自他山或產於深澳覩水折之方圓察精氣之隱燭知寶藏之所與驗珍錯之所伏其天子之祕寶咸載之於河圖金膏燭銀玉果璿珠是河宗氏之司衛非庸人所得而闚闞其神則河精巨靈陽侯馮夷黑公之從趙見五老來告堯期或興兩蛟而挾舟或駕兩龍而負轅或化星而入昴或授圖而還淵或玉牘遺於滑次或掌跡寄於山顛稽歷代之禮祀其備物之或殊或刑正牲而沈白馬或射玄貉而獵白狐多榮玉之圭璧及紺蓋之輿車若夫王澤寖銷君人失德徵廢則徙移表亡則竭絕澤枯則山石崩壅陰盛則陵阜漂沒戰國壅防以互分商都五圮而淪入鄰國上灌而爲壑人民下恨而波赤至於帝王聿興聖人將出則榮光以之

錯起休氣以之四塞潤至於九里淸變而五色川后爲之貢珍水祇爲
之效職有若庖犧之卦畫軒后之綠圖放勳受圖而作記重華剖檢而
得符負之以神馬挺之以龍魚折溜而至甍水而去金繩者泥紫蘭朵
者文朱寧斬乎靈府之閟既孰不及期而來輸又若周有白魚之入舟
赤烏之流火玉龜之呈讖晉年黃龍之見於光武告世運之將興著祥
瑞之契應而臚列典章者亦不勝侈其休慶蓋藏往以察來亦知微而
知彰通神明之懿美目德水其克當獨昉稱乎嬴氏雖允臧而弗揚喟
時代之沿革嘅昔人之遺跡誓功者表其如帶階圖者載其分域晉君
赴哭而遂流武帝興歌而遂鑿弘農化而猛虎渡漢宣濟而神鱗出尙
父之號蒼兕太尉之殪青蚪葛玄使魚而吐書秦伯濟師而焚舟趙決
之爲却魏之筴嬴引之爲滅魏之謀申徒負石以自沈方叔抱樂而赴
溺古冶救驂而斃黿子羽斬蛟而棄璧金人捧劍於水心女娟揚聲於

河激濟嘉君子之名渡賜賓門之謌宋女詠一葦之杭孟津嗟捧土之塞伯鯀堙之而竊息壤女媧止之而畫蘆灰延世使隄東郡而豐資延平奏決胡中而太奇王尊刻水神而患息江使遲余且而禍羅緯蕭子探珠於驪頷商邱開得珠於涇隈復有金狄之所沈木罌之所渡宣尼臨之而不濟魏侯浮之而稱固亡人投假璧而結誓篡夫沈周寶而邀祜諸雖美刺而有閒咸傳牒牘而昭著其墺有甌脫之地斥鹵之墟分以萬洫激以千渠溉糞兼資黍稷載敷變墝埆之瘠壤爲晦鐘之上腴雲雨以之蕩出垢濁藉之滌除泛千艫以遠達通萬國之貢輸限戎翟於荒外若夷夏之分區輿衆利而不匱設重險而有孚宜先王之典禮復比秩於諸侯於是集周穆之征紀夏后之荒經漢儒之載乘酈氏之所稱法顯之所歷騫英之所尋且攷濫觴之所在咸云自崑崙之靈墟本神泉之顥質發東北之一隅下夫中極之淵逮於河北之都劃淩門

穿陽紆絕罽賓之國略皮山之居穿葱嶺以再發分于闐以並趨包且末蘭牢之所聚噏龜茲疏勒之所儲盤迴於荒服者三十由旬乃會三源而來瀦至於泑澤海曰蒲昌又潛行千有餘里始及乎中國之西疆後使者薛氏之所訪云得之悶磨之岡而勝國之佩金虎符者復云自星宿之中央謂越遐而遺邇譏前記之荒唐竊意夫河源之遙集二重源以伏流悉前哲之所諦咸條疏而同途而後來之異軌是狃於積石之受誣彼覩夫顯行者之即是而於伏者之爲虛若然者其經見萬里而匯於眇焉之泑澤者豈自有沃焦而爲歸墟況稱有電轉隱淪之跡茲非冒出之驗歟夫天一之潤下惟四瀆之爲經歷桐柏而淮出及王屋而濟興江溯之以爲永亦僅止乎蜀岷探茲源以及委貫方輿之兩端首西極而尾乎東極上應雲漢之竟天周祭雖並列乎瀆秦郡亦參稱乎川爰揭衆流以絜校夫孰與之而配焉歷覩往昔利害之所由深

慨夫今時之所治不察夫常變之宜以極會通之致夫彼一石之濁流兼六斗之泥滓緩行則爲之分滯急疾乃爲之並駛放乎海澨而成壞又梗夫尾閭之所委其控清以引濁亦非曩者之失謀獨兼三瀆於枝淮曾弗災異之爲憂豈容使一衣帶之廣克任夫七州之洚流不經本而障末難乎圖遠之渴猷獨不見夫乘四載者之疏導鑿上流而行乎高地度迅悍之怒湍非弱土之能載恐一川之不勝濬九道以分殺虞暴溢之爲菑委曠土以儲徐自玄圭之告成閲千春而罔害後乃淤故道而不修并屯氏而皆廢卽炎祚置重使而隄防捐億萬之歲費竭薪石而徒勞亦屢塞而屢敗此已然之效曷不纘神聖之上計併賈讓之首策猶可備采於近世顧泥古者拘拘舊跡守經者安於小利司農惜少府之藏司土重膏沃之棄其孰肯建非常之宏業而以天下爲吾事遂終無不拔之訏謨是豈河焉之爲祟耶亂曰出自夷服利中邦兮任

坎之勞澤無方兮與能災祥德神明兮祭先江海王禮臧兮人謀允穀世罔殃兮君德之修慶無央兮

衡嶽賦

在昔黃帝辨位正疆咸取崇山表其五方湘江之陰荊漢之陽乃有衡山位是離宮上直機衡之度殷朱鳥之精曰維南嶽以奠火鄉灊霍爲副其後匡廬佐理其旁爾其山也遠而望之嵲嵡峵嶒崖隮崝嶸嵢嵾峻嶇峩岇隱嶙亘坤絡掩天經嘘雲咉霆直干乎太微之廷既而入也峽崥峛崺巉嵯崴嵬鬱岪嶔岤萬谷千岐峯岑疎密以離立岡嶺相屬而邐迤同邱共壑一雨一暘連崖接岫或陰或陽雷電冬出淩雪夏藏衆態之變譎怪靡常理不可會語不及彰於是跋碨礨蹀峭岓出嶄巖入嶮巇翔燕頡頏之道蟠蛇迴復之蹊驟瞻已絕壓覵若迷既前征而後折亦步隆而降卑畢歷夫碃碬之磯磴始逮乎厜㕒而上躋斯乃赤

帝之所幸祝融之所棲彼躡羣有而特上孰下載者而並之羌獨立以頫仰恍履地首而巾穹窿肆焉負以遐矚信目至而地窮川九向以九背嶺五伏而五崇九嶷負百粤而禮極江漢領九派而朝宗介巫黔而辨巴徼越南訛而延暑門夜日覩乎海溢極星指乎地中其邇察茲山之全形度脈絡之終始零陵挈其首洞庭濯其趾右掖夫夷之流左鞠瀟蒸之委周環計之何啻八九百里其峯則岣嶁別起紫蓋爭高石廩一闔天柱雙標芙蓉轢乎靈藥軫宿之壓瑰霄雲密與雲夢旅列靈禽與翠鷲同翮耆闍狀類乎竺國安期名託乎仙曹金簡映慧日而相耀屏障倚雲居而周旋蓮花冠青岑之上華蓋導白石之前惠車所棲之煉玉劉根晚遯之僊巖以逮白馬迴鴈吐霧煙霞毛女巾紫碧岫日華雖羣形之殊肖孰不奮倜儻而矜瑰異其鴻鉅以列名者總七十有二巖有黃帝之特室神禹之齋房朱公九子夕陽夜光壇有青玉白璧洞

有朱陵抱黃又多仙靈之奇託化人之經行類傳會以建號者致不可
乎具詳其水則演潤沺涟浩漻汐汎淲淲洪洪沏沏汸汸始滜沸以濊
漎既潨瀤以急疾滲漉則潛潤乎弱土歕薄則觸身於危石或下墜若
絡絲或上縣若飄帛或瀺灂分流或滃潩相激百潭瀦而淵渟千谿劃
而溲減池不墨而成黟泉不黲而爲碧靈淵不雨而澍溉雷泚不流而
潫湱其石則硱磳磥硊磣砱磊砢淩兢破硪傾若待扶聚若鳩族謠者
鬼裁巧者神琢中有五金之璞維繳之碏礐硜雲母青臒絳砂玄瑿碧
砮青磷赤磏硬碱礇硄其木則杉梓娑羅杜梨楮櫸檜楓栗樓椿檜櫧
樓鬼桃女貞桂根榧漆郁郁芬質維檀及檻往往而是匪松伊柏堙塹
蓋顛黝黝鬱鬱噫氣類槖籥之懷風夾道若旃幢之障日挾響則萬壑
同鳴吐蕚則千邱互色草夫產於深谷植自平原葉糾結而檳椽棒直
上而森棽短猶數仞脩或十尋至於疎立岧岑托根阬石本澀縮而不

長枝倍之以橫出蜒蜷擁腫椅椸曲屈紛綸不一其有萬年之松枯使活之千年之竹截甑可炊小而短者中杖可擕青黃之精珊瑚之芝木石之耳芋蕷之魁餌之澤悴兼可調饑又有紫茜可染龍鬚可編萆綴厓石莽編莎碤神農所嘗之藥羽釋所藉之粻諸莫不亘深而冒迥苟至者咸得而可將逑夫瑤夷金卉琳腴玉漿赤瓊之髓五石之英太上所秘山祇是護非棲心杳冥之輩窮跡靈奧之區者夫孰得而可遻獸則黃斑之狼白銀之麞玄猿青兕兔鹿麂麢鳥則白鷳蒼鵲鷗鴛鷓諸鶬鴿鷚鸕鷩鵜鷓鴞羽不齐飛蹄不齐趨各逍遙於幽窔隨所赴而寧居其諸幽怪弛張夔罔跳嘯執書之老翁鳥颮之年少類齊諧之所編然犀之所照實譚之而匪經將述之而寡要其宮室則赤帝之居顓為豐傑儀紫宮以繚垣法象魏而表闕飛樓岑疊乎四隅輦路矢行乎八達入南端歷左掖步丹墀納文石金神提鋭而旅陳玉女奉匜而分侍

恭禮垂旒洋洋在位目一其瞻心雪其穢容不肅而自莊精不顯而自萃既而覽穹殿之鴻麗又目駴而心驚肇規制之區畫儷峯數而作程崇以七十二尺列以七十二楹文梁霓起以夭蟜華榱蝟集而縱橫綺錢周網層寀相承鏤以四荒之獸倒以玉井之英朱塗電散彩飾霞蒸曠爣閬以嵺崔赫燁爛而晶熒乃其長廊九十六翼首自端闈旁抵寢室紺碧其材繡繪其壁凡遊閒燕樂優俳戲劇屐䟦披圖擊鞠博奕農作女紅樵採漁弋揚杵擣衣轆轤井汲加以奩香篝衣嬪御上直罔弗曲摹其形態殫協榘乎洞清之筆其前環以百家之市其中貫以三條之術右弼釋氏之寮左輔黃冠之宅二教並居同門異閫粤自軒遊之駕虞巡之蹕以至舉柴而望及乎遣使宣牘加帝王之尊稱比公衮之上秩皮縣牲牷埋瘞圭璧禮以赤璋藉用茅席盛典於是乎臻百神於是乎集靈臺侈於玄文寶洞宣於玉笈古今告饗之辭猶載穹碑之勒

故屢易受命而不忒考昔盛時唵彼圖經萬壽靈虛安寶玉淸光天銓德九眞黃庭若此者稱宮逮九爲觀十八浮屠之居五十四刹及樓閣亭榭書室講堂靈樞神屋竹院松房謂鴻紛而屹峙鬱被谷而彌岡錯金碧於蒼翠侔乎甘泉與林光慨今昔之夐殊返太始之鴻荒問新基而古號亦稱存而若亡廬庳偃壓十九付於無何有之鄉乃若方廣昉於天監上封改於隋煬嶽麓蔭於星沙雁峯起乎衡陽楚安垂明月之下寶勝列香爐之傍白鹿鋸武陽之里白鶴棲祟嶽之鄉龍橫覺海雞鳴上方雙峯淨居七寶大明道林崇果高臺淸涼爰及西明南臺福昌福嚴衡居會善天臺祝先法輪多寶雲封湘南化成花藥攝受白蓮豈中墜而末舉抑大圮而小延寧無肇建於後亦有盛踰乎前計十存其七八而鐘磬之聲猶相聞焉其若開山海印衍宗石頭或有賜號隋主服役金牛嬾殘思大林公十八僧之儔又若白膠辟穀於雲隱雙子擲

秀於靈芝太微太案並依金母之殿景童丹霍分卜石室之棲帝女感
玄皇而飛遯華存慕至道而宅茲禮正飯靈草而顏駐道全駕仙驥而
軀飛赤精授經壇上郁之諷誦靈臺二薛前後以息駕鳳仙幽獨而杜
機彌明靈期寥師三清之儕以棄俗爲教居山爲藪師清淨而友太和
家彼岸而戶淨土神皋靈窟固其所也穹厓邃壑亦其主也然自夏載
探玉字之册發蒼水之司剜鳥跡之碣紀治水之辭及周之讓王采藥
臻斯其後懷奇抉異之偉士逃虛傲世之仙才司馬浮湘而至向禽結
侶而來昌黎覯決雲之會洞叟遂采霞之懷鄴侯英國劉氏三之若其
類也皆躪趾鰲顏杭險梯艱里土或萬挾精彌年或僻居茹苦或冥索
羅顛豈非冀倬詭之儻遇而神祕之或宣豢大塊之羣變易眸目之恆
覯也哉乃有菰蘆之鄉縫掖之士幼沈六義之淵壯結五嶽之志嗤婚
嫁之待畢乘筋力之未瘁至自天門之月焉逢敦牂之歲始歷其一未

覩其四意者較夫嵩華之與泰恆亮非隸其左次綴往哲之闕章并作頌而告之大庭氏之帝曰天作有宗望禮既隆百神既同維南之宗誕裒厥靈靈亦駿發蕃育萬物物亦昌達煌乎帝靈火德是興降昭厥禎以畀我文明異顯帝德有炳有蔚華子之國黃離元吉

歌賦 有序

嘗誦傅毅舞賦遺辭洵美寫態畢妍其後平子梁王之儔抽毫並作咸不逮茲世每以歌舞並稱而謝德僾所造歌賦寂寥短章敷陳未備余在南都遘齊王孫席上迺衍爲一篇或庶幾補藝林之闕文云其辭曰東吳王孫遷自齊國嚮意文詞敷讌賓客啓雕堂敷瑤席合簪履騰觚爵鼓簧縣鳴箏瑟樂工屢終膳夫未畢王孫起而謂客曰昔我先封之在齊也高唐緜駒處其右魯國虞公居其隣復有東門扣角漆園引聲高商揖封彈鋏先生辭流乎往牒音習乎來今其來遊者則有韓娥瓠

梁薛談秦青林木留響而屋梁遺聲夫寧足齒乎淮南宋蔡與夫遼西之與文成俗稱善歌餘風未熄不德不忘乎故疆顧好而自忘其忒爰集名娼願以娛客客曰葛天八闋實闓厥先九招興咸黑渡漳作伶倫大唐卿雲擊壤箕山君臣賡詠苓落朱干二陽初慮歸來緩緩下逮五子九德始乃濫其觴而揚其瀾塗山遺候人而南音出九成飛燕往而北調彰蓍山破斧東聲爰起餘靡封翟西氣發揚審音察故亦由此而辨乎四方詩稱式歌書敍詠言衛地以之號邑東陽以之名山歌之時義大矣哉君何以憂其忒焉於是王孫愕然而喜曰敬聞客命亶悉其原願茲之娛異客所陳依於古則變以新聲幸聆音而發旨其有無關係乎性情遂迺屏樂部遵別館撤藻筵卽清讌止瓊華之室藉紫羅之薦御珠綴之帷馮雕文之案命齊秦之女召荊鄭之妃集吳越之豔徵燕趙之姬成列進侍爛其盈而玉光互映采飾如暈清臚善盼輕質懼

飛衆曲萬變惟所命之其始命也修蛾徐動黛色揚輝脣朱欲剖中顯瓠犀顏遲回以俟會態抑按而含思喉輕欬以斂氣首俛仰以整儀其既發也蘭馥馥以輕歕聲嫋嫋而相隨乍冉弱以優渥兮既繚眺而徐靡或激越以矯縱兮或舒肆而騰娭或縹緲以輕邁兮或蕭蕭而淸淒或絡繹以條昶兮或紆餘而欝伊或翩縣以憀亮兮或都雅而透迤或將斷而忽颺兮或將迅而忽微或將轉而輕送兮或將疾而少稽或邀險而若誤兮或儉機而若乖既投隙而趣汎兮遂搆會而入奇何若陰而若陽亦若安而若危翩如其往突如其來細不幽散大不昌披疾不浮厲徐不淩遲揚不據止抑不遽頹油兮若愛黯兮若哀儵兮若怨欸兮若怡折頓赴矩旋轉就規圓如運道沈若研幾況迺衆口並發異囀繁詞南北之音互出東西之調兼施千迴萬逝舉無參差不期而會不絜而齊高低修短不爽毫釐繁聲一響若有物絃若墨而界若斤而裁

若顰珠纍纍而貫獨縷兮若亂繭在繅而抽一絲豈能陶之於型範有若和之以天倪於斯時也璇霄遏雲雕梁飛塵蠕蟲徘徊以支喙兮飛走傾注而欣欣鱗物自聆之而不駭兮介族甫聽之而無震惟夫靈妃帝女上元法嬰紫微白鵠雙連辟方昭靈婉來四珠雙成合茲衆妙揚彼曼聲輕風流水曉霧秋霜玄靈步虛駕歘排空音容庶幾乎比方至於吴都子夜石城莫愁越人擁檝女娟中流名謳碧玉善伎綠珠渡口桃葉陌上羅敷曾莫能與之匹儔也其曲則魚麗朝日激楚流風白雲白露陽阿陽陵白水延露采菱涉江于遮歸邪去雁離鴻蘋生朱華落葉吹蓬焦泉商飈沈靈流陰北里靡靡皇荂折楊陽春白雪刻羽引商八變九曲淥水南江烏生玉鳧鷄鳴東光同聲定情豔歌何嘗鵾鷄十五東門平陵長干吳趨招商采桑五調六引西曲上聲滿妍安緩高放短長雅清孅浩酣怨勞傷咸宜今而宜古咀五音而具五行若夫郊廟

房中之奏里巷道路之謡鐃鼓之所習弦吹之所調亦別有其類固與
茲而殊操已及夫過殷墟而麥秀居首山以采薇周王東轡以哀慕兮
王子南望而思歸吳人離別而相去兮夏人淫樂而相持寡女黄鵠棄
妻扊扅越妻去國竇婦將離包胥向秦庭而哭龍兮優孟入楚宫以滑
稽孔子曳杖於戶外兮皇娥讌戲於水湄鉏商樵而獲麟兮楚狂過而
鳳衰易水寒兮壯士去烏孫遠兮公主悲子胥河上漁父蘆漪青陵烏
鵲緜上龍蛇幽囚趙主放逐湘纍孺子滄浪之濯梁伯北芒之噫隴頭
水之戍客上留田之孤兒以至漢帝興而過沛楚軍困而在垓天馬遠
至鴻鵠高飛沈璧瓠子汎舟淋池戚姬抱杵於永巷兮翁子負薪於路
逵楊侯烏烏而拊缶兮商老嘩嘩而采芝班女團扇之怨田横蒿里之
哀協律北方之佳人益守萑都之遠夷林林總總不可殫稽亦莫不因
感而響洩觸事而音來然皆偏聲而促調或短節之與夫璅辭豈若茲

之下變乎衆庶上亂乎靈祇聽之者舉一其心而斂其意專其志而凝其神酒澄不及亂殺乾不漫進暴者爲之惠柔兮躁者爲之泰寧怒者爲之改慮兮妒者爲之息爭憂者氣爲之宣寫兮喜者色爲之不形懦弱爲之奮迅兮亢厲爲之逡巡矧含五德之妙理夫人亦在乎善聽性情殫爲之滌蕩孰不去故而就新豈必樹諼於堂背始可以忘憂而引年亂曰音聲微妙惟絲竹兮瑟琴箏笛管笙簫兮聆其清韻匪不淑兮惠察其文殊邈邈兮往哲有言茲可復兮絲不如竹竹不如肉兮王孫避席而起率諸歌伶再拜錄之用傳千齡

江妃賦 有序

鄭交甫客遊於楚星紀載期邈焉索處忽焉以嬉遘彼江妃於漢之涯微辭相感謠乎見紿懷珮既失靈跡莫追五色無主累日欷歔楚王聞而召見命抽緒而賦之乃湛思其授受髣髴其風儀爰濡毫而引牘遂

掞藻而敷辭其辭曰
粤青祇之發春兮草木菀而華生倉庚燿其振羽兮翟鷺鷺而飛鳴羌
余有烟熅之思兮若昧旦欲辨而未明聊紆徐以遊步兮寫羈懷之怦
怦遂乃遵修術履神區江之皋城之隅或蕩心以遐矚或寄目而踟躕
休乎漢南之喬木覩彼東門之如荼帷裳成塞鉛黛成林笑言譇謔亦
各有心班坐雜遝匪我所欣復有二姝末至遵彼微行遺視成采揚顏
施光姱容特顯態無定方劃兮若排積晦而燭龍吐耀恍乎若擁卿雲
而文鳳鶱翔其輕弱也絳氣游采叢宵中其淸暎也朗月流景方諸宮
其狀則曲翠隨眉層波溢背頳脣欲合瓠犀微翳膚肉似豐骨法且細
屈鬋如玦鬌尾如螢蟠鬟聿修不屑施髹髻暈瓊藻氣吐玉蘂噭非凝
粉澤豈塗脂步珠塵而不動倚條楊而不攲仰若寄傲俯若銜思衆姘
屢變若合若離其飾則寶葉扶鬢鏐蕊承足繩璣絡臂裁碧耀目鞶帶

飛飛香纓馥馥馨以黃支之犀曳以苕華之玉纖紈致乎東齊明錦纚乎西蜀金縷芸黃離羅微綠腰約綺裳項圍繡褋袂舉揚綃襟垂掩縠表裏交映參差相屬其珮則北荒之明月木難之夜光英英粲粲焜焜煌煌鑒容益媚當暑昭涼爾乃躧行則芳躅並進少頃則褏衫交聯雙顏合美異體同姸迴飆欲舉皓腕相牽既振迅以辭避復矜顧而迴旋若將迎而欲卻類含意而待宣余斯時也目轉注而不定魂搖曳而翾翻欲迫之而恐逝懼招之而不前冀承閒而送款復投會以告虔歌曰

遭子於漢之皋兮我心勞兮願有要兮子之佩爛昭昭兮於是麗姝安軌正儀情會體近步整若遲履輕若敏解彼明珠爰赴所請口鮮違辭色無微愠舉而授受其光清炯握之分明懷之諦審既而意警神超氣愉願適行纔十步時僅頃刻再探懷中佩已旋失劍云善亡珠豈生翼回瞻麗姝亦不可覿卽蹇修無由以通辭象罔不可以求索矣羲輪既

頹望舒將御竚立慨悄俏希神遇居人問之余告之故彼曰噫嘻此江妃也出而遨遊不可迷也人祇異軌毋爾思也始乃循來陌曳歸策顏蘊勃趾踟躇疑結夢之乍還逮銜憾而未釋楚王曰子懷悖悖亦既勞止楚國雖隘幅員千里豈無其人惟肖彼美試求得之願以賜子

遊中隱山賦 有序

余歷覽寓内巖洞率多幽奧杳冥入必需燎其不需燎者復促局亡奇未有如中隱之洞博敞寥朗瓌譎幻化複閣增樓上下相直雲精藥石瓊乳琅華畢態矜奇並陳在矚者矣夫桂稱七星棲霞爲冠詎不邃深瑋麗豔目驚魂顧其罙阻既艱涉歷易困一濡遊足罔胥後期至若陟降威夷廣衢坦道雕堂華館砥室旋房坐匪張燈行無秉燭若逍遙天表出入潭居累禩經年蔑有怠厭者則余于茲有不容畢讚焉因汝成退之二王孫之遼遊也迺爲賦以紀之其辭曰

擥余轡以遊敖兮經桂林之西牧越層岡以招余覽兮曠嫵嫵之平陸睇孤岑之嵲屼兮石嶒峵以上矗億峯巒遥環衛兮不曾坡連而坂屬王孫申申其謂余兮茲寶鏤鋟乎亭毒眇一拳之耿介兮函石室之二六參欣欣其載馳兮聿迺戾乎南麓望巖扃上下以相沓兮若增樓之穹窿覆捷獵而重注兮基複疊以卑崇豈縣居之承乎雲墉兮殆井榦之起乎漢宮相峻壁之直削兮慮奚途之可通循下成以東行兮載縣厓之玲瓏轉石關之顯敞兮恍蒼龍之巍闕路脩夷其若砥兮孰揆之以水臬進百步而始折兮欻北戶之高豁欣先後之通朗兮悟來往之相達信勁風之借道兮何鬱雲之可泄琅葩舒以騈垂兮瓊液凝而連綴紛瓌怪之多端兮畢旅陳而昈列拾瑤階而乘飈兮出脩門以上征步雲埒之高衢兮吾將復乎西行呀玄扉之陰翳兮入裵徊以周經度重壁之西偏兮臻嵒達之南榮怪須臾之廛力兮胡騄及乎仙庭眩雕

宮之爣閬兮儼帝所之高營奧旋室之翼翼兮煥陽榭之昌明寫虹蜃之環宇兮擬閶闔之夐門玉柱扶以隆崛兮橫梲承而縱檼文獸負嵎而欲屈兮彩虬遶桷而若鶩雲霞繪以駮錯兮翠塗宇而晶熒繇廣野以延睞兮宛太渟之靈丘亘迴谿以下繞兮縮青瑤之津流峯戟攢而刀立兮邈羽衛之四周眷卉木之葱蒨兮移瑤林琪苑于神洲始怳怳于目遇兮復迴惑于心謀允神明之來憑兮度輕舉之所遊諦視察其迺悟兮即始望之增樓亂曰帝之下都疇或宅兮羽軒風駟迺可息兮繄余何人獲登陟兮肇作斯頌播無數兮

卷三十六 完

同邑 柳秉疾 鄭琰 校錄

卷三十七　　邑後學　陳去病　纂輯

明一八

兪安期 續前

崑崙積石二山辨

按范曄後漢書郡國志云臨羌有崐崙山班固漢書地理志金城郡臨羌縣下疏云西北有西王母石室仙海鹽池西有弱水崐崙山祠至唐而吐蕃自云崐崙山在其國中長慶中劉元鼎使吐蕃稱三山中高四下曰紫山古所謂崐崙亦曰悶摩黎山潘昂霄黃河志云吐蕃朶甘思東北鄙有雪山即崐崙明洪武三年西平侯沐英九年征西將軍鄧愈追羌人至此山咸云崐崙是昉于涼張駿時馬岌附會之言也馬岌爲涼酒泉太守上言酒泉南山即崐崙周穆王見西王母謂此山宜立西

王母祠以裨朝廷無疆之福駿從之西王母既祠厥後范曄遂以崐崙載之臨羌而疏班固地理志者亦約曄書張大之酒泉之南山非臨洮之西北乎然禹本紀云河出崐崙崐崙甚高三千五百餘里日月相避隱爲光明也其上有醴泉華池去嵩高五萬里地之中也龍魚河圖云崐崙山天中柱也水經云崐崙墟在西北去嵩高五萬里河水出其東北陬淮南子云高萬一千里有奇上有木禾珠樹沙棠琅玕在其東絳樹在其南碧樹在其北佛圖澄西域志云阿耨達大山上有大淵水郎崐崙山康泰扶南傳云天竺恆水之源乃極西北出崐崙山穆天子傳云天子自崐崙山入于宗周里西土之數自宗周瀍水以西至于崐崙側瑤池上萬有一千一百里酈道元注水經按是數說參以山海經謂里至互殊難以詳究蓋攷之山海經而不悟崐崙有海內大荒之別也山海經之海內西經云海內崐崙之墟在西北帝之下都方八百里高

萬仞百神之所在河水出其東北隅入禹所導積石山郭璞註云言海外復有崐崘山又山海經之大荒西經云西海之南流沙之濱赤水之後黑水之前有大山名曰崐崘之丘其下有弱水之淵環之有外有炎火之山有人戴勝虎齒有豹尾穴處名曰西王母是有二崐崘焉蓋穆天子所登山海經所謂海內之崐崘班固西域傳所載南北有大山中央有河東西六千餘里南北千里東則接漢阸以玉門陽關西則限以葱嶺計其里至度其所在是介葱嶺于闐之間矣葱嶺以西爲天竺國又西有大崐崘是爲天柱是爲地中山海經所謂大荒中之崐崘西域志所謂阿耨大達山禹本紀水經所謂去嵩高五萬里河水出其東北陬屈從其東南流又于闐是其重源也張騫尋河源至于闐葱嶺以爲河源而司馬遷遂有烏覩崐崘之論不信夫禹本紀山海經之載又言九州山川尙書近之獨不覩尙書亦有織皮崐崘析支渠搜之紀乎又

水經載河水由葱嶺迳西域十三國而注泑澤班固西域傳云河有葱嶺于闐兩源合而東注蒲昌海一名鹽澤卽泑澤也去玉門陽關三百餘里廣袤三百里其水冬夏不增減潛行地南出積石山爲中國河范曄云西域内屬諸國自玉門陽關西至葱嶺六千餘里其紀河源同夫漢自燉煌西至鹽澤列起亭障戊已校尉屯於車師都護之府置於烏壘介西域之中督察動靜是葱嶺于闐之流入于蒲昌漢之官卒目所經見班固記之諒非綿邈計度之辭水經所載十三國酈道元亦引固書入證往往脗合是非誕妄至云鹽澤之水洄湍電轉爲隱淪之脈當其環流飛禽上經無不墜之是卽河水所潛出于積石亦豈臆造由漢以來彰彰較著嗣後唐咸亨元年薛仁貴征吐蕃敗績大非川二年乃以河關靜邊鎭置積石軍久之遂訛河關兩山峽峙河出其中者爲禹貢所導之積石矧又輔以馬岌西王母之祠范曄臨羌之紀崐崙旣在

河關之上益爲積石明證矣水經云河水南至積石山下有石門河水冒以西南流酈道元謂之重原東方朔十洲記云崐崘南接崐崘圃實崐崘之支輔與水經南至積石山之文合山海經云積石之山其下有石門河水冒以西南流萬物無不有郭璞註云山在金城河關縣西南羌中後漢書云段熲爲護羌校尉追燒當羌北𨷖且行割肉餐雪四十餘日遂至河首積石山出塞二千餘里隋置河源郡積石鎭命劉權鎭之統遠化赤水二縣在古赤水城又在曼頭城西宇文述追破吐谷渾處所謂得地東西四千里南北二千里置郡縣鎭戍徙天下輕罪居之者也注云有積石山河水所出又有烏海貞觀中詔李靖侯君集等西征吐谷渾軍次鄯州始議所向後戰于曼都山窮追出塞登漢哭山復戰于烏海破天注部于赤海君集建宗行空荒之地二千里迺次星宿川達柏海上望積石山觀河源自是以上曷嘗言積石在河關也唐置

軍而更名積石借其嘉稱猶之征吐谷渾近在青海而以君集等爲積石道鄯善道赤水道且末道鹽驛道也豈實隸其地耶置河源軍于鄯城縣又非河源郡之故地蓋可證也逮至開元中張守節作史記正義公河洲有小積石山河源出大崐崘入鹽澤東南潛行入吐谷渾界大積石山又東北流至小積石山指河源所出者爲大崐崘似以臨羌山爲小崐崘矣又以河源闕以小積石吐谷渾界者爲大積石其名迹未盡溷也蕭代之季吐蕃據有河湟中外隔越既易五朝歷數百年邈無經載長慶中劉元鼎使吐蕃胡怪乎以闕爲積石紫山爲崐崘以積石冒出之流星宿川爲河源也而杜佑之通典歐陽元之潢記馬端臨之通考以致鄧展都實潘昂霄輩不悟置軍名所由起寢假相延遂堅執元鼎之説極詆山海水經以及班固郭璞酈道元之儔嗚呼曲士拘儒經見不廣及於知識未逮者輒爲荒唐誠諺所謂少所見多所怪妄鼓

筆扎而令前人之與古蹟受誣千載直如長夜至於昂霄之志一行奉爲指南而明朝按河關者建立禹廟祀在有司積石之訛益莫可辨崐崙之墟終古不移深可慨惜矣客有難余者曰尙書崐崙析枝差次析之在所相去似不應遙范曄稱金城之西南濱於析支則臨羌之有崐崙獨不可以理推之而乃信不可知之載牒以置辨乎余曰不然水經云河自朔方東轉逕渠搜北蓋渠搜在今榆林北析支渠搜亦差次敍之相去大遠又析支卽河曲羌所居蓋都實所稱九渡水是已又稱由九渡至崐崙行二十六日程河始行崐崙南經敍崐崙在析支之上又豈應山在析支下哉蒲昌之水潛出積石既有經證於漢而崐崙流入葱嶺獨無是理乎矧尙書亦稱道沇水東流爲濟溢爲滎東出于陶丘北沇水亦既潛源而復見尙書亦詭誕矣余賦黃河悉陳羣籍究其源委會通其故乃備列之以發千百年之覆云據關書集成○棗疾案此文參參集未載

擬鼓吹鐃歌辭自序

上闕何承天私製倣漢舊名自運新意齊梁而下間有追擬若詠其舊題之名是皆非用本旨而有所調擬也逮自我朝作者奮起思復古昔欲登炎漢之堂競相擬倣慮其降格命意指事聯字調辭亦步亦趨必稟其舊甚者韻取不協字用難訓是猶嬰兒之塵飯塗羹可戲而不可食也何關于性靈合于風雅以備太師之采耶又以當世采詩之典廢謂是爲虛器而姑備其體以見其兼長其如無情之顰笑何弇州歷下一時卓識猶所不免歷下之自序曰擬議以成其變化英雄欺人哉擬議以成其變化擬議非變化也以筌求魚以蹄求兔筌蹄即魚兔乎又云胡寬之營新豐至雞犬亦識其家以爲善擬余讀其辭又謂不然胡寬之擬一其形製非徙其舊材而成之徙其舊材而成之善故不足侈也斯二言也歷下其未也弇州則幾矣弇州之擬本旨與已懷間出師其

意不泥其迹矣獨樂府變諸作敍事陳辭並得樂府之旨而變又何以稱卽必待優孟之抵掌爲非變耶優孟之言貌衣冠皆叔敖矣不可謂卽叔敖也彼負薪于道槃暂不同肥瘠亦異而言辭被服不盡叔敖者乃叔敖之源流也是故文辭之士不傍經史直舉胸臆務創造而可經者爲上遡其源暢其流化腐爲神奇者次之法其源而拘拘得其聲調者下也或曰擬何所昉乎昉于陸氏江氏之擬古也謝氏之鄴中也曰擬者非乎夫擬者學也人鮮通材甘辛異嗜學之使通其材而窺其衆變以俟其化也擬求其至也擬非至其至也余遊南都迺高皇帝創基之地考之傳誦有可紀述而關于建威揚德風敵勸士者稍敷布其辭得二十二章以代漢鼓吹鐃歌諸篇務成以下四章其辭已亡按建初伎錄以爲騎吹之曲倂補而足之旨則取乎今調則法乎古曰擬議曰變化余弗能知也其諸相和五調舞曲雜曲之類因其觸事興懷或借

舊題或創新名隨所感而成之余何敢希袚于音聲第不欲妄爲無情鼙笑以從一時結習觀者倘不謂是爲優孟也其抑謂是爲叔敖之聞孫也余亦弗能知也

擬高皇后房中樂歌自序

按周有房中之樂歌后妃之德其大雅思齊之類乎後稱婦人禱祠于房中似非歌后妃之德矣漢唐山夫人所作亦多禱祠之辭而後人又少其無有二南風化之言豈禱祠之辭而繫風化者爲合作邪我高皇后生有聖智以母天地其懿善鴻德成已登歌宗廟載在典樂至其道合關雎仁同樛木卒有螽斯麟趾之應恐亦未備乃擬爲房中樂以明萬一云

古意新聲詩自序

世爲七言近體者效法于唐取材㮚字上者神龍下迺規規大曆至于

漢魏古辭若弁髦之矣余讀古樂府愛其語直而眞情婉而切時發豔詞終無雕繪其猶存列國之風乎竊取其語意漫爲時體名曰古意新聲荀云善用孰謂古今異宜哉存之于集是亦不廢鄭衛之意歟

登黃鶴樓詩自序

司勳之詩供奉推服蓋緣調合不覺心傾後來耳食遂廢題詠余登茲樓懷仙弔古則俛仰千年馮負矚遐則迴環諸郡亦稱鉅麗之觀及諷白雲黃鶴芳草晴川之句成聲則優取景微近蓋俊逸有餘而沈雄不足者也竊排衆議爰賦八言自謂頗極才情兼抒實際非敢掩美前人聊免閣筆今日爾

贈別陳玉甫詩自序

予遷居陽羨絕志四方園灌隴耘永期食力屬罹艱運洊至異災廿口倉皇一身委頓會玉父陳公令我寓邑省荒田野憐我餓夫飾以草衣

摯之賓列四時賑恤盡室生全且蒙過廬必式之容兼有買田永贍之舉誤頒盛典横集鄙人方之于古卽宣孟之飼翳桑齊相之遇越石眇不足齒矣兹者玉父晉佐冢司言邁帝闕高穹移覆睠褐何依莫喻長懷聊呈短句竊取古人贈言之義猥申小子感泣之辭云

雜興詩自序

余在丙子始至留京丁戊以後十年之中亦屢經越通都大國聞見獨多感觸爰臨輒興諸詠第登寸翰併付一函事匪同時成有先後逮自丙戌羅而輯之總得四十二首題之曰雜興昔阮嗣宗身居亂朝而詠懷之作往往意諱臨文後之覽者至莫測所謂矣今何時也似無用于明哲之規迺敢剖析心素以通厥旨世有諒者或取其譎諫之義云

孫光祿山居雜詠詩自序

光祿治竹樹爲宮室以幹爲棟柱條枚爲榱桷花葉爲垣蓋入門有慈

竹巷磬折可深三百餘跬又折得小逕踰檋垣有杏亭亭之西構三楹爲葡萄軒又西有桂坊越坊而得榴榭榭之側有梅房一梅數幹枝葉四出詰屈外覆若曲房焉又西爲松閣架松而庋又折而南有椒室室前轉籓葡屛得柏洞深亦五十餘尺而菱沼在其尾光祿邀余與諸君子遊之所至咸布座設具飲復酣暢遂各題二十字以效輞川之集

劉仙巖十詠詩自序詩爲張質卿賦

劉仙巖仙人劉仲遠所居抵山之半入戶旋返而上登者爲升仙洞仲遠鍊眞猘舉咸在茲焉左下有坪質卿因故址搆閣曰通明爲上帝行在又左考室曰栩栩半嵌巖中中設几榻以供燕寢又左由別道上曰穿雲巖又左爲仙迹巖足跡宛然跬輪可辨傳謂仲遠所示出巖稍左有石方平徑五筋餘可設奕具曰奕石下臨絕壑斲石闌之又上而左有石高出下削上寬曰凌風臺又左行鳥道數十百跬三峯特上峙如

鼎足中有土坪搆閣曰山鼎北有一闕下矚南谿延眺城郭比出羣山篸戟並列復折而右履巑岏閒數十百趾有石突出亭冠其巔曰縣居復右行數十百趾左右折而上最高得石坪類若九成入二十餘笏橫亘數十笏背負絶巘下臨升眞南出諸峯舉伏趾下度可搆樓十二楹賀卿欣然將有事焉豫名曰中天樓巽日待安期羨門之屬同爲遊處之所命余各賦短篇紀之總得十首

桂林巖洞雜詠詩自序

昔人謂桂林山水甲天下非以巖洞勝乎歲甲午余度嶺日與桂人士遊宴江山其峭壁削成銳鋒攢列固云奇矣然有山俱石有石俱空一山之間至函數洞或闢山巔或次水際或突竅幽迴或高昌朗徹瑤璨葩石竪立倒縣罔不駭目悚神恍惚若幻凡此數十計咸又棊列郭以內外不數里間蓋桂若巖洞之藪信宇內不復更有也竊以遊宴有詠

僅舉其槩而巖洞詭異豈邉備陳乃取諸洞夙被名稱者各注小引綴以短章至有被名稱而足跡未至足跡既至而蔑有名稱與夫被名稱而非嫻雅及别有專詠者咸不及已

憲使劉公修爵辭自序

安邑劉公奉詔治兵隍中會東虜移牧青海荐食屬羌軼我疆圉乙未季秋瓦酋悉衆内向公指揮將士陳者前迎伏者邀擊後先夾攻獲首虜六百四十有奇殘虜乘虛困獸猶鋌走薄西陲公豫調將領當之適中我伏獲首虜三十有奇再月而瓦酋復合永滿諸衆圍降羌族直窺我郊大舉長驅巨憤是逞公命火攻繼以弓弩自巳至申相向奮擊釜魚焦麋藉草無算羌族乘之中潰應我合殲遺孽復八百有奇夫三旬之間三殲狂寇巍然京觀祈連益崇此二百年希覯之烈也又明年六月東吳舊部民俞安期周諮寨事冀纂成書伏詣臺門之下屬公初度

之期迺輯諸部曲之謠撰鐃歌以先酌者俾奏之軍中且以風敵勸士云

南山精舍詩自序

黄門應興黄公于萧南鳳皇山靈巖寺之普門菴傍因隟地而搆精舍門徑詰屈陰以松竹中有樂志堂周植荔枝橘柚右跨谿底羣木爲橋曰木末次谿埂駕臺爲軒曰聽泉其西爲館讀書其中曰擷華又精舍左搆閣供普門大士曰水月先是黄門公始祖侍御公在唐季肄業于普門菴乾寧中登進士捐田供菴僧爲長住産菴僧世傳祀之以迄于今已數百年如故而黄門公搆精舍以輔公祠匪直爲誦讀遊覽之地實以彰厥祖德云余聞而侈之迺總其事成二十韻寄題其上雖曰託之夢遊自謂略盡其梗槩矣

焦弱侯太史誕辰詩自序

萬曆己酉十一月廿六爲弱侯太史揆覽之辰適當長至之日是日也陽氣乍迴融風聿至三節正乎玄武五緯集于牽牛聯璧編珠乾象成文南極諧音調律天人有事圜丘登臺以書雲樹表而測日羲皇推初陽始動而乃配乾之初黃帝譔已酉臨朔以爲得天之紀令節有履長之賀禮擬元正太史稱上慶之觴事同亞歲陰剝已窮既祓不祥之祲陽生曰始可卜無疆之年蒞此適然咸稱希覯九如天保賦頌騰乎藝林四達人文賓客溢乎門巷余既辱登座之末能無上修爵之辭大白釂于三浮小技成乎八韻

短歌贈甘子開自序

往執政者不歸喪其親太史海虞趙公毘陵吴公法曹檇李沈公巴陵艾公進士吉州鄒公一時上疏指斥之天威震怒俱付廷杖時甘侍御子開秦中翰汝立唐法曹惟良蔡法曹伯華各以曹好閭閻之義觸冒

時忌槖饘而維護之遂得不斃執政偵得其跡中翰遽以察廢二洑曹左遷鹽官侍御有天幸僅出僉外臺輒復引歸既而執政以權敗吳趙諸公相繼詔起顯用而子開猶堅臥不出余過吉州作短歌以贈之

棲霞篇自序

棲霞篇爲棲霞洞作洞在七星山半七峯參錯離列洞亦迂曲盤旋蓋穿亘七星而行其腹中約七八里邃遠奥㝠瑋怪萬象啓堂皇支櫨柱中有佛老二像羽則鴻鵠介則龜龍毛屬則麟鱗屬則鯉屏帳旍幢璆石鼓鐘花卉珍異咸是膏乳所成爲桂諸巖洞之冠張羽王志桂勝嘗首譽之以乏班張左陸盛藻發其靈秘僅有宋季諸作爲憾余以退之汝成二王孫導遊摭其實際加飾鄙辭組爲斯篇殆得十二雖不類漢晉諸公弘製頗拾唐初四子之遺羽王其稍能釋憾否耶

平虜行自序

勃氏異謀遽懷竊土內外臺臣咸及于難諸城守帥匪降或逋壘纍營堡具爲賊有時蕭大將軍以參戎守在平虜孤城岌岌殆若纍丸相持十旬悉出私槖以佐軍需內君亦脫簪珥徧行犒賚士卒歡呼矢死保衛又裂帛大書赤心報國揭之旌竿以示虜衆虜衆且屢中設伏旋已遁還塞外天兵西下賴有置營地以獻廟捷云余至朔方聞其事于諸部曲遂作長句紀之

金陵元夕篇自序

萬曆壬子上元之夕何公露參藩修舉社事同社客各賦金陵元夕篇聲調步趨一稟駱丞之帝京篇盧簿之長安古意余授簡以思謂近代歲時新典與漢唐殊異六朝以來篇什多未經見苟采入則世以爲杜撰棄而不采則語屬虛稱甚至湊砌舊詞數人家寶蓋亦難乎結搆矣始余屬草非不擬體唐初以從社約既而縱筆任情第以摹寫象境爲

主豈能盡合唐初之聲調襲二公之步趨哉往鄧遠遊賦燈市篇悉取目前之所經見傳以唐初之音自首逮終無一語不類復無一字經唐初人所道者此眞點鐵手也余于此篇之出不能無慚色云

三山詩自序

金焦北固世號三山鉅麗固讓乎東溟湫隘寧同于太液根蟠水府勢列江門亦稱殊詭之觀矣癸丑夏五新野馬仲良過之廣陵結爲三山遊渡江首抵于金山登岸徧窺乎石刻循聲而論雖云四壁皆詩卽境以談寧有一言合作卽締觀李獻吉之三章似未覩張承吉之二語也余與仲良跋扈一心卽于酒間牽綴六韻固稍遜樹影鐘聲之句自謂多循眞際實之辭次及焦山阻于風伯卽仲良未至乃鄙人舊遊遂按物象于圖經復詢故實于地主輒搦管而思搆不移時以成章出覽既同用韻亦六互加讙賞爭謂神來何期二作並懸似與前哲無媿矣及

登北固古殿修廊冠乎嶺首松寮竹院櫛比山椒南瞰千山北臨江水金焦峙其左右鐵甕列乎南偏昔王灣泊舟之境僅分其半而我輩登臨之作務舉其全豈可較量風正潮平江春海日之詠耶亦摘六韻克配二山是爲三山詩嗟乎蘊靈未剖豈山祗有待乎人蓄意將申遘仲良同抉其秘音調翕爾篇韻一如我兩人竊幸夫操管之同時寧自計古今不相及哉地主者陳汝修汝季二生也

沅江雜述詩自序

龍君揚分守辰沅往平五開之亂將余西征會戎事孔亟君揚先取陸道抵沅余護其行篋從武陵進于時冬盡水落舟行石間備歷諸阻紀里僅七百餘而舟行幾浹月矣獨處岑寂乃執所奪聞質以近事山川風土之故峯巒巖石之奇與夫灘瀧谿峒之險諮詢略備經見亦繁援賦短篇總十四首非敢好異聊以述征

三祝辭自序

常伯讀父書一經不售中歲工篇詩習繪事彈琴自娛爲種種引年樂事歲癸丑初周甲子而髭髮未蒼神明益王八月下旬之七日其誕辰也孩如沈君誼切舅甥恩同離裏顧復勤斯感喞何已乞余韻語爲侑觴之辭余遂披節而爲之歌以貽孩如先之以將進酒爲庭下之奏筍簴振響宮角相宣爲此春酤以祈萬年既之以白紵曲爲堂上之舞聲容盡美赴羽奔商昭詩宣意以邀豫康末舉鳳將雛爲房中之樂琴瑟清越羽轉宮移鵷雛是應五色來儀孩如再拜受之以代渭陽之詩

潘方凱墨詩自序

往方建元製墨奇形浼象酷肖萬類余爲之作長句而敷陳略備既已侈人耳目矣社友潘方凱力返其樸挺方而長止紀歲月姓名一無文飾若剖石之璞蝕土之圭狀亦古矣其製法工力所云最加之意者具

在本質索余爲賦無能文其所長僅爲古體以酬古質之狀聊復爾爾夫啇質周文各成一代之制何可軒輊若返文就質不能不取乎方凱以從棘子成之言

紀哀詩自序

余得交宇內詞流亦既多矣庚戌之歲於金陵鷲峯寺建無遮道場三月始畢其薦詞場交友無論親疏自束髮久要與夫片時把臂即談說藝文有合有不合者總一百七十有奇中未識面而先通音問欲託下交者唯邢子愿一人與焉五年以來續薦於瑜伽道場又幾二十人余老矣四方迢遞所最親厚者無能一一束帛以赴第於道場中爲位以哭設饌而祭以爲常至情誼兼篤有槩於中復賦紀哀詩人各一章以卒期先後爲次第其先有哀輓專及不與也

遊麻姑仙壇詩自序

麻姑仙壇事見唐開元中撫州刺史顔魯公記中仙壇唐舊屬撫明分撫南境地置建昌府附郭爲南城今其山屬南城云去府西十五里至山麓仰望二瀑相次而下上攀十餘里始窮上瀑過龍門關稍下至平陸有泉側出爲麻姑泉泉渟泓處大僅如五石盎汲之不竭味類玉乳釀酒名天下顧去郡二十五里且在天半巑岏之上誰能凌險阻而致之今漿家所釀每傷醲易饗無縹碧色非泉以也又循北麓阿曲處爲麻姑壇卽其壇爲殿左有長松鬱起直干雲日二人抱之不能合其右爲羽士之室數楹且以宿遊者其前平疇千畛廣深十數里平衍若一卽時靄蘊隆秋霜收潦而溝澮膏液津津溢出其居民接處隈隩耕鑿自食嘻嘻于于不知世外有城府也卽城府還望峯巒雜沓中又安知土地閒曠人民列居女男婚嫁老少作息有如是乎昔晉太康中所覩武陵秦人之洞亦頗相似余嘗踰武陵泝五谿訪桃花源之境磽确湫

溢殊無曠衍之觀較之此地原隰之廣自成幅幀雲物之異別作天壤又高懸在萬仞之上津流與絳渚相隣樹木與白榆參立阡陌交通擔負雜遝高平爽塏難與並論矣萬曆丙辰仲秋郡人鄧遠遊邀登其上各賦詩紀其境土之異幷寄卜築之思焉

程孺則小像贊 幷序

余友程孺則來遊成均其年則少其性愔愔飲人以和若醇醪焉然眉宇間時見俠烈之氣不細察其微不知也私心每異而愛之及讀其尊人程季公傳爲友人少司馬沈純父所撰始知其所由來也純父生平寡遊不輕許可其摹寫季公儒而俠矣又其處虎而冠者以金而不睚眦負恩人之搆釁非性眞之和者能然哉則孺則之身體髮膚性眞氣象一季公也以所寫松下照視之一孺則也余未嘗識季公見寫照而詫爲孺則見孺則亦詫爲純父傳中人不意父子之間有氣象克肖者

若此余爲作孺則贊又若贊季公焉贊曰

儒而俠者其事和而純者其氣其肖季公是耶非耶吾則不知其異

潘士遠誄 并序

萬曆十七年八月三日戊寅明從仕郎直內閣誥勅房中書舍人潘士遠以賜告歸卒于安仁里嗚呼哀哉凡在哲人異世追憶矧也同時並生南國結髮定交齊心協德中路奄棄痛悼孔棘匪予私痛比壤皆然百爾含識靡不喟嘆一托交遊涕泗橫漣嗚呼哀哉余懷爾德修報罔地不逮爾身僭乏爾嗣迺罤懿行式壽厥世庶幾不誣以酬往義誄曰

昔在畢公子維季孫爰受采邑迺卽于潘肇命斯氏厥緒伊繁綿綿支本雲發星攢芒芒海隅有播其後顯允恭定𡪩興末胄荐領內臺亦居司寇服位匪輕服德孔茂元功屢敷歷我三后纘戎顯考巖巖岳伯經營四方以似以續宣力河渠再藩于蜀爰逑伉儷鳳繇在卜吳之四姓

顧也名族長子維行來嬪有淑誕五斯男爾曰家督惟爾之生俊朗瑩
然令儀令色弈弈翩翩宛其璧矣人孰與聯宛其珠矣不脛而旋碩念
厥紹世德求輔淵塞內秉克何爾祖恢弘外昭克何爾父執柯伐柯道
不遠取有閑懿則奄美其行友則因心孝也彌性媚茲二人有若其命
友于諸弟藹藹無競睦彼宗婣終和且敬弱冠執經贄彼筆劄比事屬
辭允也精博思靡弗淹文固沃若式啓王庭玉匙金鑰既樂泮水載觀
璧廱簪笏之寄慮遏我躬屢對公車擬被光龍梅亦在鼎金亦在鎔流
言之播困也弗庸迨于中歲獲覲顯舉國制閔成廁身帝所晉直機近
參司天語弄彼柔翰在前上處鳳凰于飛集彼池滸煌煌具瞻肅肅其
羽用始戔戔名聿詡詡儵疲鉛槧暫弛肩負轗直中堂省爾難老歸陳
百禮誕其億壽爛其盈堂朱衣綠綬旨其盈筵庶珍三酒子道庶備王
命有期黃扉丹閣待爾來茲微痾偶示景命遽隳室尊在侍壑舟胡移

嗚呼哀哉嗟爾良士惠柔寧謐如斯人斯庶幾無疾厲階之興實憂宗
祏匪和匪調于彼琴瑟小星失明螽斯奚育嗚呼哀哉民之初生迨爾
相續何辜爾身乃斬爾族疚哉衰嚴扶杖反服鞠哉季弟代子臨哭凡
爾友朋百身寧贖嗚呼哀哉爾隸鄉評觀過在厚寧人負爾爾寧人負
恩或濫施德罔虛受急人之無喪已之有傷哉貧也匪懈于後爾之早
歲好是豪邁服被綺紈食糧精膾樹羽縣鍾嘉賓斯會恬憺之規予嘗
爲戒詟蔑驟更言靡不拜短以較長善猶勝敗爾胡埀往心也自嗛正
命之遺蔬祭薄斂匪即裸里式從其儉嗟爾生平微爲奢掩胡于易贊
困而靡檢粤爾之性無然濡染粤爾之疵故爲是黠我昔爾主道以相
師要結之固弗渝弗剷爾義匪山重莫舉之我心匪石堅實逾之曷慮
曷度永訣于斯嗚呼哀哉玄廬昭建旒車載脂哀貽于世魂依爾慈孰
是尺土永閉形儀孰是曠野棄爾如遺嗚呼哀哉玄冬告終皓雪崇積

白馬來嘶素冠遙集膿甘不御膬臛靡食知我之痛有同罔極悠悠終古念而無力嗚呼哀哉

丁伯母劉太恭人誄 幷序

萬曆己丑冬十二月八日丁伯母劉太恭人終于江夏之孝禮坊悲乎傷哉余與叔子黃門郎應泰族居異吳楚之疆要結聯兄弟之好痛齊喪妣分切比兒爰獲訃音冀奔大故屬余亦抱家嚴之戚薦罹憂病之加維再明年逮茲六月始銜炎日遠哭几筵則前四卯之辰已就億年之壙矣悲乎傷哉白楊新樹草根未陳哀猶得展于慟音禮竟闕行乎執紼情靡自解志蔑遑寧形骸遽掩顧泉戶以徘徊儀範宛存望慈幃而慨慕僭司外史用壘潛暉辭曰

御龍末胄粵有軍督帝顯瑞符世臻禔福坤輿效靈婺精垂燭于夏之汭迺生邦淑懿茲邦淑爰服訓辭內含靜德外耀貞儀潛窺圖史動衛

興彝譽侔士範言爲女師來嬪君子婦道有焯相事詩書以儋世爵肅睦宗姻恪虔嘗礿力囷或遺職靡有作宣威奪祿家運式衰中饋不續外侮是窺佐籌旁畫茹苦履危事摧變只德無間而命四斯男以文以武仲氏明農陟彼畎晦衡能授業分途勒伍嚴以成慈明惟協渠叔也顯效通籍金閨敷恩嚴邑補闕禁闈官貧則喜賢勞是怡之子之譽母氏之貽世祚載興壼模是詔家爾爲尸天乎降謬桂魄爲灰楡景收曜夜色重玄慈輝失照悲乎傷哉翟軒改茀旒車鶩輪涉江遡漢負嶺次滑隧途始闢冥物以陳潛扃蔑曙堊室無春悲乎傷哉余與叔也締盟爲耦事叔猶兄視母猶母懿美之習于何不有永別長辭痛心蹙首悲乎傷哉神壤曠兮靈淵深白日慘兮隴樹陰何黃壚之肆毒掩千秋之德音悵仙駕兮遽難返托彤筆兮紀所欽悲乎傷哉

擬封中憲王公誄 幷序

萬曆丁未十二月十五日誥封中憲大夫潞安府知府紹庭王公卒于里第悲乎傷哉劭德遐聞曠代交契濬輝偶耀月旦獨詳安有名儒醇士備百行之全狥死孝之節伏祀棺而迴風滅火襄葬事而甘露降庭神鑒至誠天昭禎應若揭日月而聲鐘鼓者一旦喪厥具瞻夫其興則不爲之拊膺以申其痛悼搦管而累其行誼哉某也生先生化暨之邦厠長君世講之籍懿美既習纂表奚辭誄曰

厥裔瑯琊出自子晉孝矣休徵海沂是振逮于勝國步督神駿萊陽載遷沛西爰定從仕中起五世熾昌茂才廩食早折蘭芳哀哀節母幾殉北邙離公于襄忍死徬徨呱呱墮地口始水漿公生幼慧刳心明易連由倍精師說是翊秇業既戒罔有遺力時彀見落無纖忤色悉貽所業于二嗣君身爲都講四達來聞有造多士蔚炳其文超然遐舉絶足逸羣歲在辛卯二嗣得雋煌煌賢書鴈行而進遺業之授曷虚庭訓誨言

諄諄戒茲履盛展也家督先舊王庭司農持節易餉經營潞符之剖渤海同稱治兵河北四履謐寧仲氏繼起爲神明尹公高懽浸疾痛是軫衣食黎嬴袵席顛隕民社之司孰是隱惽二嗣功能疇非義方萬姓子惠疇遺樂康子代其業世獲其慶臻諸純嘏永佩無疆矧公鴻德躬行無度聲色不漁華綺不御義則由忠仁能强恕文謝浮華質緣太素事祖心殫安親慮周心喪師李血食報劉孝思之感窮神貫幽隆施之典于何弗酬祝融爲虐炎炎在室赤幘巨人援之以出又逼苫帷危在咫尺雪涕叩顙迴飆戢熄粤營祖墓爰降天漿玄庭樹柏滭滭瀼瀼禎符之現爰發百祥二嗣之貴三拜朝章天人之際纖毫弗爽壽祉如茨宜膺宜饗未登耄耋岱遊長往哲人之思痛心疾顙悲乎傷哉里猶喪考巷若無人先塋是祔靈輀既巾黃壚肆毒將閟芳塵玄堂一掩千祺無晨悲乎傷哉丹旐先兮素驥鳴玄候凋兮皓雪盈何慘黯之序兮徒瞻

望乎迤旻違執紼之大義兮託毫素乎旂旐悲乎傷哉

鄭母董宜人誄 有序

萬曆癸丑六月十九日誥封鄭母董宜人以疾卒于鹽官里第其誕以嘉靖丁巳之二月十九生爲大士出世之辰逝爲大士合覺之日蓋普門三十二應現善女身者五十一年種種母儀婦範風表人倫者于何不有願畢而逝歸覺海之中獲自在之樂矣顧有子端濟悆離裏之親蒙顧復之愛攀緣既重欽德尤崇然而內奉慈命以出中闈凶訃而歸莫申永訣之辭惟抱無已之痛眞有不能自解于中也者迺圖彰母之德壘母之行而屬之不朽余乃不辭而爲之誄庶幾慰孝思之萬一云其辭曰

虞庭賜姓厥有董宗狐稱良史父好豢龍江都之相漢儒是崇綿綿似續逮紫庢翁維翁文行獨高殷序少卿鄭公聯席與處義篤通家交稱

爾汝兩姓閭規肅雍交許爰少卿嗣有美治中粤在綺歲失侶氏鍾姑
也擇繼聿來嬪公才淑之配里譽攸同禮義衛躬溫穆成性明玉外標
方諸外映愔愔婦儀井井家政恬憺致柔爰也無競相彼夫子侮禦政
成宦聲丕顯外患弭寧煌煌封誥佩服殊榮同心儷德天語是稱誨厥
諸男慈嚴合軌讀誦在恆名操是砥室有前兒庶產後子顧之復仁之
均離裹侍姑善病無間晨昏夫子之疾禱贖以身姑感以殁夫感以生
媚娅之恤屈指曷勝父之見背慟逾禮則旬日斷餐曷支瘦骨五十孺
慕在古稀獲宜人死孝年五十一嗚呼哀哉宜人之孝固本性成恩勤
死報式有前因獨于去來大士同辰或還等覺樂境是臻遺此孝子欲
殉母死曰母殉父下見蒿里孰宜人子靦顏息視嗚呼哀哉子母之孝
至性則同援經證古毋迺匪中子行子道母安幽宮萬化歸盡物孰罔
終亂曰新阡建兮甘泉鄉兩母殯兮共一方慰母九原兮在顯揚千秋

萬禩兮靈樂康

顧貞白先生誄 有序

鎭遠侯勳衛顧公私謚貞白先生歲在萬曆乙未二月二十九日卒于登雲里之西第又十八年癸未余履廣陵之疆習聞先生之義痛前哲之云亡嗟執鞭之不逮采鄉曲之公評與章縫之私謚迺壘其德輝申我哀志誄曰

粵維殷爵列伯曰顧顧余侯封漢存越祚逮及醴陵厥氏孔著嗣籍湘潭本支雲布夏國崛起履高帝戎行平蠻壘績功施鬼方勳開國運世爵允臧鎭遠之封實在文皇錫券分疆延及後裔而國是中淆式微三世英宗念功襄恪迺嗣榮靖繼之榮僖美濟河漕平成咸收上計厥有弟宇是爲勳衛屬奉先塋廣陵置祀惟公仲子承學是名少也受易上究三墳漢儒諸翼兼王與京經明行修隸郡諸生人尙紛華爰守簡靜

人負驕矜爰居退損人好夸毗爰務安審人效詭隨爰持特挺廣陵往麗公視蔑如狀類隱逸志協詩書彌性孝思因心友于譽張鄉校德聲里閭伯也承光嗣爵侯封省兄燕邸請侍禁中公弗悅就上莫允從祁德斯顯君賜聿崇居亡幾何乞身殿陛繩墨仇讎衣冠敝屣徒步還家素衣居里輿隸嚴辭貴遊竊恥榮傐之卒遺書富藏人居貨貝公收縹緗方輿圖版昭代典章維公之蓄盈爾石倉不好盤遊不嗜沈飲或求素心時過勝引躭彼手談謂爲坐隱勝若有欣負亦奚慍哭母死孝哀父毁身逮事兄嫂有如二人友施普惠師報特恩貸者折券贍者忘貧轊暴露口祀冥漠君公姿高朗鬈而且美飄飄儀形仙仙步履過或折人直也如矢及其更已其歡如始俄弟生辰文筵四張憂生之嗟發于慨慷厥語類達厥識匪祥翌旦嘔水有如玄漿捐爾傳舍溘焉仙鄉悲乎傷哉子也大猷生而穎慧誨訓之辭于何不備如玉如金以攻以礪

溥俠隆儒本忠末藝我皇國元臣勳侔漢世德庸弗述前言是墜作表系世家一稾史記成余未遑孺子是識允也大猷前古博綜皇朝故實靡有弗窮纘成先志縑素攸崇善否允協既悉且公芒芒懸寓冠裳縫掖聞公之訃罔不悼惜謀爲私謚以象公德按法易名僉曰貞白亂曰不隱無屈外内貞復茲謚之加庶幾不辱典刑淪喪芳名永服惟隱居陶千禩同躅

與岷山張太常札 太常名棟

昨蒼頭還具悉動定爲慰日因安節侍御行期日已往陽羡此月下旬復有婁東之行可與執事爲半日之談不肖因附書數十部於安節侍御舟中北發精神既竭囊橐亦空偶所延校讎友人金景文歸冉直無束脩爲贈倘前書直已有卽爲付之併得紀綱面拆發與至荷此報伯任老社長先生門下卽日安期頓首沖 去病案此札據眞蹟選錄原本藏邑人沈廷鏞家

卷三十七 完

同邑柳棄疾 鄭瑛 校錄

卷三十八　邑後學　陳去病　纂輯

明一人

袁　黃原名表字坤儀號了凡仁第四子趙田人萬曆十四年丙戌嘉善籍進士官兵部職方司主事贈尚寶司少卿有周易補傳河圖洛書解虞書大旨周禮直解春秋義例三卷石經大學解中庸疏意論語箋疏十卷孟子箋疏十卷通史草經世略皇都水利一卷一作京都水利考寶坻勸農書二卷寶坻政書袁氏政書賦役新書曆法新書五卷皇極考訓兒俗說袁生懺法淨行別品八代文腴類選文規閫中十子詩評注八代文宗楚騷注韓文述俱未見禹貢圖說一卷史漢定本十八卷歷代綱鑑補三十九卷羣書備考六卷詩外別傳二卷祈嗣眞詮靜坐要訣了凡四訓各一卷兩行齋集

十四卷今存

情理論

古之聖人治身以治天下惟用吾情而已人生于情理生于人理原未嘗遠于情也後之學者遠情而騖于理矻矻講究圖史塞胸其于理愈明而六脈不知調授之尺寸之轡不知御盍亦返而思其情乎聖人之治吁咈都俞君臣交拜誓誥諸篇刺刺如家人語至于風雅則言好逑以基王化言結褵以勞歸師上下之間相接以情相語以情而設使聖賢舍生民之情別求玄微奥眇之理若建鼓而求亡子則聖人久已澆漓而不可治矣何也人生而有情相與爲盱睢也相與爲煦煦洽比也而極其趨調其宜則理出焉故有符契簡書之理而結繩之情愈快矣有斗石衡鈞之理而混沌之情愈適矣有危微精一之理而飲食之情愈恬矣自堅白爭鳴於是荀墨釋老之戶競別舌競鬭是支離吾情而

固以蝕吾理者也如其引理而合于情則父子吐哺兄弟分甘喜怒同其愛憎冬夏同其寒燠一家之中尙何責望而凡諸子百氏之議論有不相合者耶夫世之勸人沮人者以刑賞以天道之吉凶以名義之衮鉞是獨以理行者也而善勸善沮者則以情情聯之則琴瑟塤篪情走之則千里命駕情迫之則等一死于鴻毛指湯火而偕赴情羞之則暮夜之金不收嘑蹴之物不餌一往而深无根而固如匹婦之經蛩雁之義虎乳而蜂衙皆不待熟于典籍嫺于名義也故禪讓者樂之融也放伐者怒之洩也删贊筆削者意滿而銜喉以出者也一時祇行其情而後世遂奉之爲名理奈何以忘情求聖人也古今所稱高介而寡情者莫如伯夷然使其父子兄弟之情不深則不能去孤竹君臣之情不深則不能餓首陽是伯夷固情之尤者也是故情深者爲聖人能用情者爲賢人有情而不及情者爲庸人若畸人迂士往往竊理以自飾而无

情之人也明于理者勿以理與人觭分也

形神論

記稱鯀爲熊望帝爲杜鵑輪迴之說不自釋氏始也說者迺謂人之有神如刀之有利未有刀去而利存豈有形滅而神在噫是徇形而不知神者也天下无刀外之利而有形外之神倩女思極而離仙之陽神靜極而出神何嘗滯形乎神不滯于形則必不以形之生死爲起滅矣夫耳目口體形也其所以視聽言動神爲之也蟬无口而鳴是口外有言矣龍无耳而聽是耳外有聽矣生平足跡不及之地而一旦夢遊山水垣屋宛然在目寤而徵之不爽毫髮是體外有動矣所可滅者耳目口體之形也所必不可滅者視聽言動之神也神麗形爲人神去形爲鬼間有化爲異物者則神受滓而變也其有升雲御氣而登九天者神得其養而靈也世人不信死生之說遂以往來屈伸爲鬼神而謂祭祀以

致生者之思无裨死者事則聖人何以致養致慤若斯慎也周公之告三王肫肫如家人對語盤庚言先王及民之祖父作福作災英爽咫尺使死者果冥若槁木是何古聖賢之愚而後人之智也方技致鬼之術多矣若箕仙尤彰彰者吳中多解其術隨人所詢一舉念卽運箕作字以報不待口祝夫不待口祝而答此必非扶箕者僞託也觀此則天下洵有鬼矣此鬼一呼而來一麾而去必非取精多用物宏者之鬼而閭里死者之鬼也是人死必有鬼而可以伯有之厲爲別是一理耶說者又謂人之氣盛者不遽散故爲鬼氣衰者則散而无鬼是又知有氣不知有性也仁義禮智之性亘古不滅則人之神亘古不散莊生所謂火傳也物物各具一太極使一物死而神遽滅是一物之太極朽壞矣太極可朽乎或又謂人之死生悉鬼之輪轉任其自爲往來則造物无主而不知出鬼入神負元往復正造化之妙也試靜觀吾神于方寸其心

之起即生之象也其心之息即死之象也心絕而復續即生死不已之象也後心與前心忽判若辰參即化爲異物之象也雖然徵諸事則多信徵諸心則多疑神之不滅亦姑就事言之而已

河圖洛書考

天地之道一陰一陽而已矣陰陽之象一奇一偶而已矣太極動而陽生一之象立焉靜而生陰二之象立焉一爲奇而三五七九皆生于一者也是爲天數五也二爲偶而四六八十皆生于二者也是爲地數五也萬物之生有本乎天者有本乎地者天之所生必待地而後成陽非陰不凝也地之所生必待天而後成陰非陽不遂也是故天一生水地六成之河圖位之于北者配文王八卦之坎也地二生火天七成之位于南者配離也天三生木地八成之位于東者配震也地四生金天九成之位于西者配兌也天五生土地十成之土無定位遂居中焉何以

始水而終土也天地萬物其始也皆生于水其終焉皆歸于土故天一生水原始之義也有水然後有煖氣此地二生火之象也有煖氣然後有形質此天三生木之象也有形質然後有堅固此地四生金之象也有堅固然後有敗壞而歸于土焉五位之中有相得之義蓋氣之相得莫如陰陽情之相得莫如夫婦易大傳曰有夫婦然後有父子中庸稱造端乎夫婦先天圖乾南坤北大夫婦也離東坎西小夫婦也五行之理以克我者爲夫以我克者爲婦恩從怨出迺天下之至恩此相得之奥旨也東配西南配北相得而皆有相克之象焉以北方之水克南方之火則天一與地二相得矣以西方之金克東方之木則天三與地四相得矣惟天五則居中地六與天七相得亦水克火也地八與天九相得亦金克木也若地十則又居中此正與先天圖相符者也不獨五行相合卽一行之中各自有合也如一六同爲水而一則與六合二七同

爲火而二則與七合一而合六者中涵五也二之于七三之于八四之于九五之于十中皆涵五（地二生火天七成之于天數內扣二數配地二數還剩五數）五爲土成萬物者莫大乎土故一之所生者必六而成也又一行之生必歷五行而後其氣始備如天一生水矣地六之數其初一點初水之水也第二點火之水也第三點木之水也第四點金之水也第五點土之水也至第六點而後天一之水始成形矣地二生火矣天七之數第一點水之火也第二點火之火也第三點木之火也第四點金之火也第五點土之火也至第六第七二點而後地二所生之火始成形矣其餘倣此故凡一行之中各備五行之氣所謂一物一太極也十干之數一甲二乙三丙四丁五戊六己七庚八辛九壬十癸甲己相合一六之象也乙庚相合二七之象也丙辛則三八合丁壬則四九合戊癸則五十合也一六爲水而其化則爲土土尊故居首土生金故二七化金金生水故三八

化水水生木故四九化木木生火故五十化火而以火生土則一六又化土循環無端所以成變化而行鬼神也一二三四五生數也六七八九十成數也生數陽多而陰少故一三五凡三位而二四止二位然則一三五者陽中之陽太陽也二四者陽中之陰少陽也成數陰多而陽少故六八十凡三位而七九止二位六八十陰中之陰太陰也七九陰中之陽少陰也生數陽多而陰少故氣微而象天成數陽少而陰多故形著而象地惟其象天故生數始于天而終于天始天一終天五惟其象地故成數始于地而終于地始地六終地十生數象天故天一地二天三地四皆先天而後地成數象地故地六天七地八天九皆先地而後天至于五與十非無用也東三南二合成五北一西四合成五東南爲陽則二三所合之五陽土也西北爲陰則一四所合之土陰土也東南爲陽而陽與陽以類行故以南方之二合東方之八十也以東方之三合南方之七

亦十也皆陽土也西北爲陰而陰與陰亦以類行故以西方之四合北方之六十也以北方之一合西方之九亦十也皆陰土也水火金木列居四方行爲四時獨土于四方無位于四時無象然無位者爲成位之主無象者爲成象之宗此易之數莫尊于五十也孔子五十以學易蓋欲即五十之數以明理也非論年也洛書之數一六在北三八在東五在中皆與河圖同而二七則河圖在南而洛書在西四九則河圖在西而洛書居南所謂三同而二異也邵子曰陰可易陽不可易天之所生者爲陽故水生于天一木生于天三土生于天五皆陽也皆陽則不可易也地之所生者爲陰故火生于地二金生于地四皆陰也皆陰則當互易也洛書數止于九以五居中一二三四其前數也六七八九其後數也前數主進而進者以三四爲極故三四相聯于東南而一二分處乎西北後數主退而退者以六七爲極故六七相聯之數于西北而八九

分處乎東南其八九之分處者則包三四相聯之數其一二之分處者則包六七相聯之數蓋分合相成之義也三與四相聯故震巽同爲木六與七相聯故乾兌同爲金其他則相間而各異者也洛書無十而北一南九十也東三西七十也西北之六合東南之四十也東北之八合西南之二十也以中五之數合之四方北面皆成十五故曰縱橫十五是數雖無十而實無往而非十五雖居中不用而實無往而不用五也然不獨縱橫十五而已也六與八抱一而沉是爲北方之三象其數正十五也二與四翼九而飛是爲南方三象其數亦十五也四與八挾三而峙于左是爲東方三象亦十五也六與二懷七而立于右是爲西方三象亦十五也此天地之至文也合圖書而論則河圖爲陽而龍爲至陽之物故負圖而出于河洛書爲陰而龜爲至陰之物故負書而出于洛河圖爲體其象方故有四正而無四維洛書爲用其象圓故加四維

而成八方河圖雖屬陽而其數以陰爲用故數終于十洛書雖屬陰而其數以陽爲用故數終于九生者微而成者著故河圖生數在內成數在外陽爲主而陰爲用故洛書陽數居四正陰數居四維河圖主生其數左旋故以北方一六之水生東方三八之木以東方三八之木生南方二七之火若南方二七之火則克西方四九之金于生數不順矣遂以居中五十之土寄在西南然後南方之火生中央之土中央之土生西方之金而西金又生北水則循環無端矣洛書主克其數右轉故以北方一六之水克西方二七之火西方二七之火克南方四九之金以南方四九之金克東方三八之木若東方之木則與北方之水又相生而不相克矣于是以中五之土寄居東北然後東方之木克東北之土東北之土克北方之水而造化始有妙用矣故古德云火之克金水之生木出入循環生克嗣續老彭得之以養身君子得之以治民聖人得

之而天下和平其旨深矣圖書之奧最深其所能言者如此通之律呂推之曆數揆之井田兵法達之太乙六壬奇門遁甲極之萬物之數無不脗合邵子曰圖雖無文吾終日言而未嘗離乎是諒哉

運河攷

高皇帝建都金陵不煩轉運成祖遷都北平初從海運後濟寧州同知潘叔正建言元時開會通河所未成者三之一稍加浚治便可通流遂遣平江伯陳瑄工部尚書宋禮相視經營元之肉食者鄙欲從任城置閘而不知非南北之中也宋公虛懷訪問不遺芻蕘老人白英獻計謂此地惟汶水之源最高築斷其流而移閘于南旺遂于汶上縣之戴村築壩横亘五里遏汶勿東流令盡出于南旺以四分南流達徐沛以六分北流達臨淸其分爲四分六分之法全在閘口相距之路有長短閘口放水之勢有高低如南流用四分之水則南旺上閘石底比下閘高

三尺北流用六分之水則南旺下閘底比上閘低三尺使水易趨北又計其相距里數自南旺北至臨淸地降九十尺爲閘十有七南至沽頭地降一百十有六尺爲閘二十有一其閘半係元人所築大小長短不能如法當容六分而閘短小不能容受則爲之深其底廣其旁或併二閘爲一閘必使能容六分之數前後較量甚費心力蓋毫釐不容紊者後因管閘主政任意增減而水之分數南北俱紊矣此閘河所以多故而不能常如舊也嘉靖末年尙書朱衡因茶城之阻即故都御史盛應期所開河從南陽直抵夏村又東南與留城故河會開河一百九十四里隄馬家橋遏黄河之入沛者歸秦溝疏支河置閘增堤漕運賴之然每年黄水一發輒灌水入閘中淤塞礙運潘公謂黄强漕弱每會必淤遂于新開漕河增建内華古洪二閘後又增鎭口閘其治漕幾無遺策矣然宋公建閘之後漕與黄亦年年交會何以不淤而近年每會輒淤

豈無其故蓋昔宋公之造閘也自胡陵城閘至孟陽泊閘地高四尺自孟陽泊閘至沽頭上閘則高八尺其地既高則其流自急其流急則其勢踴躍而可以禦外水之侮後劉公改而平之而建瓴之勢失矣此茶城所以告淤也朱公改河于南陽一路皆平流而出口之處其勢甚緩而微弱此召侮致淤之端也若徐州至淮安當時原不用黃河之水惟用汶泗洸沂濟淮諸川交流濟運故謂之淸河後因黃河南徙或穿趙皮寨或出徐州小浮橋接濟二洪舟行順利遂用之爲運而淸河變爲黃河矣既用黃河之水則當時宋公所引嶧縣蒙陰縣沂水縣諸泉入邳州而濟運者皆棄置不復濬日就微凅今黃河北決盡奪全河之水以去而沂泗洸汶諸川皆從之北流遂使運河告竭運艘難行誠得古人相水分流之法於洸汶諸川之入河者分而留之不使其相隨北去如汶河水經有五汶北汶瀛汶紫汶語汶平汶皆汶水也今三汶已入

南旺分水閘而二汶則南流入淮一出蒙山東湖谷一出沂水縣南山谷至邳州入淮此皆可立分塢分挽其流不使隨河北去者沂水之源有二一出曲阜縣尼山之麓西南流與泗水合此則由塔里河出師家莊閘河者即酈道元所謂水出尼邱山西北經魯之雩門者是也一則出沂水縣蓋山會蒙陰沂水諸泉與汶合流至邳州入淮皆宜分其流而挽之南向者固其本性也如洸如沁如泗如濟皆可分流而使之入淮則遡漕濟運綽有餘矣今日之大患在高家堰塞斷下流故自徐州以下皆不順其勢不得不趨于北使稍疏此堰則衆水皆沛然就下而黃河之流亦漸平而不至潰決矣又當時黃河不入運自徐州而下皆有閘呂梁有上閘下閘在呂梁洪之南北留城有積水石閘蓋上來之泉微而下流之河闊則爲閘以節之使蓄水濟運昔劉公天和濬河至三柳樹灣孟陽泊二閘之間役夫云下皆生土河底舊止此矣公猶以

爲淺一老叟進曰聞之先輩兩閘之間必留稍淺一處公遂悟古人用意之精蓋中道皆深下閘一開上閘之水盡洩閘近者積水猶易盈遠者必倍費時日故中道留淺數丈船行至此雖少待然積水不必盈閘即可越之而直達上閘舟行顧速矣不但閘河有淺徐州之南自謝溝至雙溝淺凡三十六處每淺必設鋪每鋪必置夫以濟之邳州有淺鋪十支河二睢寧縣淺鋪十一宿遷縣淺鋪二十一支河一桃源縣淺鋪十二清河縣淺鋪五十一支又置新莊閘及山陽縣以東之蓋自徐州至淮安高下懸絕其流甚迅特設諸淺于急流之中寓蓄水之意諺謂三淺當一閘非謬也其詳見永樂十四年平江伯建議疏中後自黃河入運舟行順利淺夫改爲隄夫諸閘視爲具文支河任其淤塞而前輩多方濟運之意無有知者一遇水涸茫然無策此運河故道所以當講也

泉政考

諸泉入閘河而濟運者初僅七十二泉繼增爲八十四又增爲一百五十二又增爲一百八十今且三百餘矣泉日增而漕政不舉者則治泉無其道也山東濟南等處凡天旱而地潤者下必有泉泉亦不止三百有餘民間有一勺之泉即可壅之灌數頃之地故甚寶惜之一經報官即不許耕灌而且開渠佔地僉夫看守不勝勞擾今既官守之矣而不知所以治之可乎所以治之者其道有三一曰滌其源泉源所出大略有三一曰出石穴或巖隙縫中其源至清而甚盛者一出沙中若出淺坡沙中則得山氣多泉亦清冽若出平地沙中則得土氣多亦必有山脈相近一出土中則其流濁其性溫其所灌溉最能生物出石中多沙磧出土中者多汙沙中泥須滌而清之數步間即掘一深潭或匯爲清潤使有混混涌出之勢迺佳如泗水縣之鮑村泉出平波石縫中水深

二尺闊九尺波浪常高起一尺此最得勢者也二曰衍其流泉之流引之則行不引則止今閘河諸泉遇旱乾則涓滴難引遇雨潦則横溢四出以其流之無所蓄也不蓄則其所引者不過涓涓之流耳安能浸灌今須將諸泉各引其流小者爲池大者爲塘縱横布滿使有盈科漸進之勢用則浩然長往不用則任民耕種此兩利之術也三曰併其派泉之行近或數步遠或數里皆須别其派而會合之宜入泗者入泗宜入洸者入洸皆當從高而下使其勢順而其流易合中間倘别有助水之河渠更宜引諸泉會之而導之入運蓋水分流則其勢小合流則其勢大泉與泉合則其勢小泉與河合則其勢大如壅汶水爲閘河倘增一助水之河是又增一汶矣此須擇人而任使之盡心經理如法修治初開閘河即設主事一員管濟南諸泉正統己未簡事省官有司奏能管泉主政而諸泉皆湮廢旋復設之泉始通弘治間河行徐吕二洪無藉

于泉都御史徐源將嶧蒙沂三縣泉夫暫行革去候黄河不經徐吕之日再行計議從此而邳州一派泉源盡湮沒無迹人亦無有知之者即今黄河北行運道消涸急宜講求而修復之別其源之强弱審其流之緩急測其地之高下察其土之堅瑕神而明之亦存乎其人耳且諸泉之水不獨憂其淺涸也潦則亦能淫溢四出爲閘河之害須多爲蓄水之處小則爲池大則爲蕩旱則决其所積而使進可以通運潦則閉其渠口而使退有所藏蓄此治水之要術也

水櫃考

南旺湖古之大野實濟水之所鍾也宋司空築隄其中以通漕運一湖界爲三湖蓋導汶水自東北渡至湖中而後分流南北昔也濟北東會于汶今汶反西北入濟矣居民惟以西湖爲南旺湖而東面界分之二湖則指其北爲馬踏坡湖南爲蜀山坡湖而名實俱紊及考韓通政鼎

所著南旺圖說迺知西岸爲南旺西湖東岸一湖爲南旺東湖二湖之下方爲馬踏蜀山坡湖而馬踏之下爲五莊坡湖蜀山之下爲馬場五湖之外更有昭陽五丈安山等河總謂之水櫃築堤建閘三伏盛漲則開閘引水以入湖冬春則閉閘蓄水以防旱有若貯水于櫃而以時出納也司水者漫不經意任民盜耕毁其隄防棄其經略其減水諸閘盡行淤廢旱則無所蓄水潦則縱横奔騰反爲民害先年工部侍郎王以旂原築五湖土隄南旺湖周圍隄長一萬九千七百八十三丈三尺蜀山湖隄自馮家壩起至蘇魯橋止三千五百八十丈自蘇魯橋至田家鏤原係收水門戶不便築隄密栽水楊爲界馬場湖隄東面長一千六百二十丈北面原留入水渠道栽植封界高柳馬蹈湖隄自弘仁橋起至禹王廟止長三千三百一十三丈安山湖隄長四千三百二十丈而斗門閘壩悉已完備歷年廢弛頑民踰界偷種因毁其隄以滅迹近日

科臣常居敬與河臣潘季馴會議謂馬踏湖宜建永通閘築子隄修王
巖口流水石壩蜀山湖宜建便河壩築東水隄修滾水大壩馬場湖宜
建通濟閘築子隄修安居斗門三座南旺湖宜修刑通等斗門一十三
處築封水界子隄中亘長隄安山湖宜築封界隄建八里灣似蛇溝兩
閘蓋運艘全藉子漕渠而漕築每資于水櫃故治之宜完備然詳考南
旺湖志稱縈迴百五十里今王公所築隄止一萬九千餘丈所損蓋十
之七八矣安山湖志稱縈迴百餘里而不詳其界弘治中韓通政淸理
之東至馬家湖西至舊東湖南至安山北至運河共十里鋪在湖中自
鋪至安山湖廣十五里東至馬家口西至戴家廟長二十二里六分戴
家廟北至壽張集長二十里三分自壽張集東至趙家莊長二十四里
七分自趙家莊南至馬家口長八里八分周圍共八十里校志所稱雖
少十分之二而視王公所築則其廣多矣大率僭種者愈繁則河愈窄

而蓄水愈微不能濟運今日若反築子隄則湖愈窄而水愈微矣宜將湖濱之地凡豪民侵佔者皆令吐退還官盡闢爲湖而築隄圍之圍內爲湖圍外爲地不許越限私種則貯水多而緩急有賴矣

高家堰考

凡水有源必有委白馬汜光寶應邵伯諸河吞吐蓄洩連亘數百里乃淮之委也汜漲則有所容分流則有所洩如黃河之有九河逆河江漢之有彭蠡具區其來久矣自漢陳登爲廣陵太守惡諸河泛溢害及于楊遂于淮安之西南隅去城四十里正當淮泗合流之衝創築此堰其地南爲越城北爲武家墩勢皆高亢而中特低窪故就低處築堰長不過六七里蓋以節淮之暴非以斷淮之流也我朝陳平江治河以其無關緊要並不加工故其工完疏內未嘗言及隆慶間王公宗沐爲總河都御史時揚州縉紳欲築此堰懇求甚切遂檄淮安知府陳文燭興築

之蓋淮不入湖則湖流淺澀而高寶興鹽永無水患猶陳登在廣陵則欲揚州無水患而特築此堰皆爲一方計未嘗爲全淮慮也時予會試南還與王公有故晉謁之首談築堰之事予退考郡乘不載及讀丁學士碑謂從前治水諸臣皆不留意于此其曰或曰高家或曰高加唁唁未定乃知陳宋諸公皆未嘗修葺而今創爲之者也遂請水工乘小船用水平量度之自淮河現流水面至岸高七尺自岸至祖陵南湖水面高七尺自湖南至下馬橋邊地高八尺四寸橋邊地至陵門高六尺陵門地至陵地高一尺七寸共高二丈三尺一寸予復命曰斷淮之委非策也且陵地不甚高萬一淮流暴漲不能無虞時功已就緒王公不以爲然及癸酉五月淮水溢平地三丈餘祖陵受浸王公貽書璭予先見已而淮泗騰溢灌入下馬橋浸淫內蝕諸臣皆得罪始有分黃導淮之議而河事益非矣其議之最失策者一謂河淮合流至雲梯關入海自

禹時至今未之有改其築高家堰專欲淮黃合流固宜其說如此然禹時導河北行未嘗南流卽淮之入海處亦自不同况河乎其二言禹之治水必九澤既陂而後四海會同夫四海會同總上數句而言非單承九澤句也况澤係止水故當陂川係行水則當滌其源而不可陂也止水以止爲體而以行爲用故既陂之使蓄而又欲導之使行所謂導荷澤被孟豬之類是也行水以行爲體而以止爲用故既欲滌其源而又欲安其流所謂九江孔殷之類是也今淮爲行水迺欲陂而湮之不但逆河之性兼亦逆淮之性矣其三謂有高家堰則祖陵前河淮合襟無則反跳夫河自北而南淮自西而東會于淸河縣之南越五十里一大折而會于淮郡之西橋又三十餘里一大折而會于徐家堰初時惟淮水入湖今幷黃河亦相隨而入諸湖迺合而同行非分而獨往也况河淮入湖而復出海口是又添一重會合也何得爲反跳乎獨欲擁淮之

清流以滌河之濁沙其意甚美但惜其見稍偏耳夫淮河由雲梯關至廟灣入海而廟灣正在寶應氾光之下往時諸湖各有支河誠濬其淤滯使五六道分行滔滔就下而又合之同會于海口一分一合之間其勢轉盛可以滌河之濁可以闢海之沙此至便者且築堰于諸河之上則所壅者止一淮河而其勢弱撤堰而使淮入湖則會數百里之清流以入海而其勢强此目前顯而易見者所當察也

分黄導淮考

萬曆二十三年淮水逆壅泗陵淹迫水入玄宫皇上聞之怒盡黜前後治河諸臣而勒令拯治維時總漕褚公則謂勢有偏重導淮而分黄可以已總河楊公一魁則謂患有相因分黄宜急而導淮繼之勘科張公則謂分黄導淮折衷宜慎按臺蔣公毅然主持務在分導並舉而楊與張意遂决矣迺于黄家壩開新河分黄水由周伏莊陳溪岔廟橋掛甲

墩灌口入海又因鮑王決口議建閘座俾河水分洩亦入周伏莊與黄交會同至灌口入海夫分黄之議初有欲從腰開舖者但恐清河縣治夾于兩水之中浮泊浸嚙或有可虞有欲從老黄河開者雖係故道緣水勢背灣且原口淤爲平陸惟黄家壩在清河之上黄流入口既順舊渠又有可因且與鮑王口下流交會遂從此開之此分黄之大略也又于清河口酌議導淮閘門限積沙裁去張福隄于周家橋則疏濬深闊于高良澗議建滚水石壩于涇河等處疏渠築隄通武墩高澗之下流又于金灣芒稻河闢一新渠俾之入江此導淮之大略也由是水勢減四尺有餘泗州之水漸退祖陵積壅稍蘇自此之後泗州之水當必大減而河道之壞或有不可測者河流一分勢遂散緩不能刷沙而河身漸高一患也下流既高上源隨處決裂汜溢四出中州爲淵二患也水不歸漕運道常涸三患也若決欲分黄亦宜于河流入海之處分爲數

支效大禹九河之制析爲五六道除現從淮浦入海外一支入五港口一支入平望湖皆從灌口入海一支入五丈河入海一支從板浦入海一支從海州新壩運河入海其流既分則其勢自減今不分其入海之流而分其上流之勢何益也況始議欲借水刷沙則當引使合而顧分之矛盾極矣愚謂淮當導而黃不當分全河之勢既併於一淮則濬淮之委正所以殺河之怒不當視爲兩事即今日泗陵水退亦導淮力耳何與分黃事乎姑記以俟治水者考焉

古人治河考

大禹治水必先導山不獨重其源亦以山水有相因之勢也黃河之水半混泥沙故自河州蘭州而北由大同岢嵐而南直至華山之陰皆引之由兩山之間使之相磨相蕩而泥不得積及自龍門而下懼其將入平地而奔潰四出也則疏三門七津以節蓄之其最險者爲神門次爲

鬼門又次爲人門昂霄聳壑怪石稜嶒水流至此崩轟衝激泥沙先下而淸水隨之故底柱眞如柱析城眞如城王屋眞如屋皆鱗次植立于河中自唐貞元十九年王鉷開運道將諸山險厄悉夷平之二十一年相繼剷削而大禹導山節水之意微矣此黃河受病之源人所不知也永樂間初開運道人以徐州呂梁二洪其流甚駛其石如牙惡其傷舟欲稍平之宋公曰不可河水泥多留此石可以激泥先下而澄濁爲淸也嘉靖中當事者盡夷其險徐呂不復有洪矣因此泥沙淤積河身日高此又運河之一厄也至淮河入海之處則平曠無山而海沙逆上尤易壅塞當時治水者因倣大禹砮牙之制于山陽縣之滿蒲村采石爲山蜿蜒數千尺縫有碇碇之屑灌以糯汁砌以油灰高二丈餘使與水相激水流至此即翻騰踴躍泥沙先下而河流隨之故淮安人謂之磯嘴取其相激之名也予戊辰應貢過淮直至其地踏視沙漲淤沒僅存

二尺許于上再至則淤更深今則深入土中矣此皆古人導山節水之遺制所當詳攷者也

今日治河攷

今日之河决裂極矣當事者焦心蒿目寢食不寧而朝廷亦不愛百萬之費以求其底定士君子凡受國恩而思報效者雖老邁病廢亦思效其一得之愚而不敢自愛也嘗私籌之有三策焉古人治水必從下流施功如禹貢先定冀州王畿輒自兗而青而徐而荆而揚此定勢也蓋下流有所洩然後上流有所歸于是因而順導之故今日治河疏其下流而使横流安定者上策也補偏救敝以除目前之害者中策也不務宣洩但求塞决而以鄰國爲壑者下策也欲行上策試自興鹽迤東擇其便利之所如白塗河石礶口廖家莊等處條爲數河使水勢有所分洩然後從下流而上將白馬寶應等湖湖源有河流者則疏治之如高

鄆湖則開湋水溝寶應湖則開子嬰溝白馬河則開涇河口濬其壅淤闢其淺隘使深廣通達而河流易洩其舊日無河者更須酌其形便相其土宜開二三河口與舊河並行或合流或分流合則如河之九河同爲逆河以入海分則如江之三江各自歸壑則興鹽通泰之水有所歸宿永無水患而高寶諸水亦次第宣洩矣然開濬河渠亦不必大費財力如創一河面開闊十丈須相離二十丈兩邊各築一隄底闊三丈頂收二丈高一丈所取之土俱就中間深挖卽以爲行水之道然後從湖上對口之處如對寶應湖某處卽從此處先置木牐一座其下流放水以衡之水少則閉牐多卽更開此處高下相懸水下如注最易衝刷者其舊有河之處亦須各築縷隄置牐放水以去其壅滯水力不到處稍加人力疏導之使河深廣中有所受下有所洩而餘力易達于海諸河之水既有所洩則撤開高堰使淮水滔滔東注而黄亦隨之黄水既來

則潰於北者復趨于南而諸決口將不煩人力而自塞矣縱未能然下流果有所歸則上流潰決之處其勢必緩從而塞之亦必省力然後將新舊決口盡行堵築使全河之水悉歸故道而修復遥縷二隄則河工大定矣欲行中策今日之所最急者運道也請查漕河古迹往日黄河未來之時沁汶沂泗諸水自足以供運祇因黄河北決諸水盡從之而運河告歇耳誠用古人立塢分水之法使河自去而諸水自留又將邳州上下諸泉及諸支河皆清理而修復之舊時淺鋪諸閘廢棄已久不能驟復宜權置木閘十數座旱其藉之蓄水縱水衝去所費不多漕運既通然後于黄河衝決之處量其形勢或三四十里或七八十里各築遥隄以自保棄數百里之地任其瀦蓄不與之爭勝此中策也若隨其決處卽與堵截而不開一線之宣洩路毋論費財甚廣用力甚艱而功不可成卽使幸而得成塞于此者復決于彼患在西者復移于東何益

之有故爲下策賈讓陳治河三策于漢予亦陳三策于今予迂愚不能及賈之百一而報國臣時之志有殷殷不能已者敢質之天下

溝洫考

禹之治水決九川距四海濬畎澮距川如是而已古者溝洫之制耜廣五寸二耜爲耦一耦之間廣尺深尺謂之畎田首倍之廣二尺深二尺謂之遂遂上有徑九夫爲井井間廣四尺深四尺謂之溝溝上有畛方十里爲成成間廣八尺深八尺謂之洫洫上有涂方百里爲同同間廣二尋深二仞謂之澮澮上有道九澮而川周其外焉川上有路夫曰畎曰遂曰溝曰洫曰澮皆行水之區也曰徑曰畛曰涂曰道曰路皆防水之隄也徑廣二尺高如之止容牛馬畛容大車則廣六尺涂容乘車一軌則廣八尺矣道容二軌路容三軌八尺爲軌容三軌則廣二丈四尺矣今之高大者莫如遙隄其高廣孰有過之者乎夫九川者江淮河漢

之屬也既皆安流以距于海則天下無水患矣又復濬畎澮以距川則田間水道縱横四出卽九川有變而溝澮皆通平地無不容之水矣禹後千餘年無河患者以井田未廢而溝洫猶存也夫聚衆水于一川勢或不能受而溝洫之制明則百里之内九九八十一澮爲洫者八百有十爲溝者八千一百爲遂者八萬一千而爲畎者八十一萬卽有横流之水支分縷析何所不容而其爲道爲路者又高厚足以障之夫以百里之地而有路八十一條是有隄八十里矣尙何憂水患哉今則異是中原之地千里無渠旱則平原龜坼潦則瀰漫横野又以河淮二瀆併爲一川傍無所洩下無所歸安保其不決裂四出而重爲民害也爲今計但就所築遥隄而經畫之如其離河十里也則長亦十里而畫爲一成千井之地授之民而九分取其一或不及十里而止于六七里則減而畫爲數百井或過十里而至于二三十里也則加增其井而以次

畫之不取必于一時但畫井定界以漸修濬長短曲直各因地勢縱橫蓄洩各因水勢田功既舉水道益通寧憂河哉從來治河者舉國家數百萬緡委之溝壑而不能爲地方興尺寸之利今果行此則中土流離之民計口授田此爲永業尙何藉于江南之轉輸矣夫水者天下之大利大害也不資爲利必潰爲害人惟知其害不知利其故畏水者多愛水者少聖人則不然大禹當懷山相陵與水爲仇之日而反引河南下曲折東行環繞畿甸若與之甚昵甚暱者誠熟審于水之情明于利害之數也故溝洫之制不可不講也

疏濬考

孟子曰禹掘地而注之海又曰水由地中行則知治水之道疏濬而已矣疏濬之方莫先於敷土水由地必循土脈以行土脈大者爲防如人之有經絡從頭達足井井有條一毫不可紊者考工記所謂逆地防謂

之不行此也小者爲條理如木之有枝葉從根抽條絲絲縷縷貫串有情勢不容逆考工記所謂水屬不理孫謂之不行此也是故禹貢一書紀禹治水成功開卷輒曰禹敷土敷者開也又分也辨也凡欲掘土爲溝先須辨其支幹審其行止察其順逆觀其分合使土之脈絡了然于胸中然後從而施功此疏濬之第一急務也至於疏濬之實用力處則不在多勞人力矻矻開鑿惟在相土流之勢擇土會之宜以水攻水所謂善濬者水漱之而已矣以水攻水之法看得土脈明白順開一溝從高而下決水灌之無不成渠者昔禹導河至大伾當魏博之間處至高之地而播之爲九河故不勞而四達其決江水也鑿巫山之峽湍轟衝激逐地成川民疑禹之殺己也爭聚瓦礫而投之及其得勢也東行至荆州而有朝宗之勢至揚州而分爲三江以入海皆非人力所能與也如地不甚高水不甚峻須明古人作洪之法水怒而逆流者謂之洪以

木爲弩牙水從東來即用弩牙在西攔之滿則任其從上而溢用弩牙數重攔之俟水滿一齊起而放下則其流奔湧遂成洪矣遠而勢緩又用弩牙攔之屢起屢攔而水之激者無窮矣倘既通之後河形已成而河底猶未平河身猶未廣也此有六法可以兼施一曰衝二曰盪三曰撈四曰爬五曰掘六曰推衝者去其所阻而用水衝之也盪者搖動其所積之泥而引水盪也撈者用杴撈之也爬者用爬疏之也掘者其土堅而鋤起之也推者排而屏之于傍也其先後有定序其器械有定式有兜杓以鐵爲方口繫布爲兜以取泥可至斗許遇泥濘及溜沙用之有方杓以鐵爲平底而周遭各高寸許泥稍堅者用之古式有二杓俱前如鋸齒及鐵叉者此也杏葉杓比世所用者稍加廣厚泥最陷者用之大率淤深泥陷不能着足之處則雜施土艸截河築壩縱横堆路下施諸杓魚貫以濬之泥最稀陷最深者則用木筲柳斗下取猿臂傳遞

登岸若瓦礫之處則用鍬钁溜沙之處則用斗杓彊石之處則用鋸鐵
㕚尺寸鑿之又有方舟之制較宋人鐵龍爪近時滚江龍之法尤勝先
計濬廣若干丈插標水中次計所濬若干遠然後用平底方舟橫排河
中爲一層船四維各施樁橛插緊水斗用長柄鐵爬立船中齊濬之每
濬深數尺卽移船稍近以次再濬之後數丈復爲一層如前法則雖水
中與陸地施工略同此鐵龍爪以船隻往來河中所濬幾懸十倍矣又
金藻論開河之法曰疾流搔乘緩流撈剪涸流傳送浮沙推挽汙泥盤
弔平陸開挑搔乘之法用鐵爲爬三爪繫于桴筏溯流挽之搔動其沙
使隨流遠去也撈剪之法用竹爲箭一首兩尾鐵口篾䋲舉其尾而開
合之泥自剪入而撈起矣傳送之法先將兩岸高崖分爲等級每級高
五尺廣一丈以六尺爲路四尺爲溝級級布人而人人執器插以起土
杴以調泥一遞一送無崎嶇陟降之勞而土可盡去矣推挽之法用木

爲車三橫九直橫方直圓以圓穿方橫長九尺五寸直長五尺下爲齒

上爲柄四直長三尺下又爲齒二橫之上加以橫板廂以兩首五人執

其柄而按推之兩旁繫繩而前挽之則其泥推起而攔去矣若其沙太

深不能容人則車之後添凳立人亦可盤弔之法用丈許小船杴入汗

泥首尾繫索而盤弔之開挑之法其始計河身深淺先定準的工畢之

日量河底闊狹用滚木一根循河而往稍有窒礙責令再挑决壩之後

拔去的木復以鐵足木鵝浮於水面驗其淺深世間萬事皆有法熟講

而行之可也

水汛考

景泰五年天旱河乾徐武功獨加意防守于所創疏水諸渠修築高厚

多費工力人或以爲過及明年水發河勢飜騰吞山倒壑而公所築諸

渠皆無恙然後共服其先見蓋古今水之發也乘乎天時因乎地理未

有其形先有其兆所謂水汛也唐堯甲辰爲陽九百六之限故有九年大水陽窮於九陰窮于六乃陰陽之極數也極則災變興焉極有大小變有淺深以四千五百六十年爲一大限一元之中分爲三統則一統之數得一千五百三十九年統有三會則一會之數得五百一十三年會有二十七章則一章之數得十九年以十九年而乘二十七得四千六百一十七策所謂九會而復其元者也一章之終有小厄一元之終有大災大數之終禍深小數之終禍淺遇陽年則旱遇陰年則水大率天地水旱之數皆從曆法而生古曆十九年氣朔分齊是爲一章可憑之起厄運之會今天行有歲差而曆膠柱如故則十九年常有餘分章法既有餘分則從此而會而統其躔離朓朒皆不合原算矣故太乙統宗所載水旱災發之期一曰二六相近二曰二九相比三曰七八併氣四曰二六復次皆有至精至奥之理而今皆不驗矣如欲考其災變之

期當先正曆法曆正而推一細推百不一爽也以一歲論惟夏秋之交水發之期而其汛則全在春雪如正月有雪一寸離一百二十日至五月當有水一尺雪二寸則水二尺三寸則三尺二月雪應在六月三月雪應在七月儻有雪之後有霧則壓遲其期一朝霧遲三日二朝霧遲六日十朝霧遲一月當五月應者遲在六月當六月應者遲在七月當七月者遲在八月更不爽也又立春第一候爲東風解凍其時水長一寸則夏月水增一尺二寸長二尺以至七寸八寸皆然一候五日第一日水長則夏中水來最早二日稍遲三日又遲以至五日則水長當在八月矣大率水遇陰而長遇陽而消故一日之間晝水常輕夜水常重以一年言一交立春則東西之水相平故倭船可來謂之大汛立夏以後則東水低西水高倭不能來矣十月小春遇陽長之期東西之水又平倭船亦可來謂之小汛蓋水生於西而流於東立春陽盛水不能生

故東西兩平立夏陰盛故西水長而東水落此一定之理也又凡滄海將變爲桑田則水勢先緩桑田將變爲滄海則土脈先疏嘉靖間黃河未徙之前數年滎陽城中之井已有黃水夫河已變而至彼不知者猶矻矻築隄以爲防何其愚也昔家姑夫沈某解糧守凍于茶城遇一鄉老告曰此河不久將爲平陸冰泮當蚤行毋陷沙中也因引之登岸指示之曰層冰之下土漸長而水漸縮矣敲數處驗之遂遍衆人勸令早發而沈舟獨先忽一日沙擁水涸同行有數舟不得出者夫運河淤斷乃國家大事當事者茫然不知而鄉居野老乃能預燭其微此事所以貴習也

築隄考

禹疏九河瀹濟漯決汝漢排淮泗曰疏曰瀹曰決曰排皆開通其道而去其壅蔽也未嘗有築隄而壅之者是故河北有緐隄無禹隄其故可

知矣然亦有事勢危迫不得不築隄以障之者故築隄之法不可不講夫築隄一也有創築修築補築之名昔無而今始造謂之創築其高卑須因地勢而低昂之先用水平測量毋一概以若干丈尺爲準偶壞而增飭之謂之修築此須多用夯杵使新舊相粘或微剔舊土而加以新土或用水略洒使滋潤而易合一段有一段無而接聯築完謂之補築或舊薄而今加厚或舊卑而今加高須酌量得宜又築隄之法全在擇土當春月地氣方升謂之蒸土久而彌固夏秋冬之土皆不及也乾濕得所而細膩潤澤者謂之粘土此亦結實而易就者有多年荒地草根與地脈交結入水不化者謂之老土取其面土一層舂實成隄最稱堅固或水久浸而土性弛離取起曬晾終不凝聚或無水而有沙雜之皆謂之散土此隨築隨圮者也若隄之爲名亦有不同沿河障水者謂之縷隄曲折隨勢高厚隨宜以一綫之力而障全河之怒須稍遠河身

在數十丈之外庶容蓄寬廣可免決齧離河七八里或二三十里者謂之遙隄宋太祖都汴創築遙隄後世人因之縱使水溢縷隄而有遙隄以阻之則地寬而勢緩可保無恙所謂重門擊柝以待暴客者也橫而築之謂之格隄如縷隄遙隄之中相離數十里即橫築一隄最能距水圓而築之謂之月隄凡水圓則行方則止水勢太驟則用圓堤其形如月故曰月隄大堤之内復築一小隄謂之子堤此則低而宜固薄而宜堅者古今築隄之法其頂與根須收三分之一如根六丈須收四丈此考工記舊法也今有根六丈須收二丈馬可上下者謂之走馬堤最耐水而可久者也此外又有治水堤截河隄護岸隄之别總之欲好土堅築而已每築高五寸即夯杵三四遍其取土宜遠切忌傍隄掘取積水刷損堤根驗堤之法用鐵錐筒探之或間一掘試亦可

禹貢三江攷

禹貢曰三江既入震澤底定談東南水利者據此矣然其所謂三江者本經自有明文其曰南入于江者指漢水入江之道爲南江也其曰東爲北江者是指江陰江浦入海之道也其曰東爲中江者是指大江中流入湖之正派也蓋當時揚州之域甚大東至浙直西至廣粤皆稱揚州故其所指南江正在今彭蠡之濱所指北江中江亦歷綿千餘里三江入而後震澤底定亦其宜也解者迺指松江下七十里爲婁江東南流者爲東江并松江爲三江此數十里么麽之水何與全州利害而言之乎既指東南入海者爲東江而今東南一路之水全無入海之道遂謂湮沒無傳必欲講求以復禹之故蹟嗚呼寃矣然亦其講求不得而遂止耳果如郁袞高銓等議但倣古之遺意不必尋禹之實蹟而另開一東江則其爲害豈可道哉凡河流入海海水有潮逆上不有以節宣之則泥隨潮上而水勢易淤今三吳諸水得以安流入海者以有崇明

諸沙縱橫如繡而橫亘于前也若于澉乍金山閘誤開一道有何障蔽古稱地不滿東南海惟東南最大汪洋澎湃號爲天闕海鹽一帶包以石塘猶懼衝撼豈可開渠延之使入乎又今日入海之道其北江一路自江陰江浦而來者引萬里之清流納之巨壑故海水逆上之潮皆上流復回之水所以清澹而不爲患若使東江通海則鹽水灌入沿海一帶皆不可耕矣三吳一帶惟嘉蘇之田爲美而使棄爲斥鹵其害豈淺尠哉

卷三十八完

女兒緜社校錄

卷三十九　邑後學　陳去病　纂輯

明一八

袁　黄見上

三吳水利考上

歷稽史牒江以南自禹後至兩漢三國並無水患六朝宋元兩度微災亦無大患自唐迄五代皆安流無恙以湖水入江江流入海未有隄障也宋慶曆間築隄路以建長橋以便公私漕運而江流始噎湖水始壅范文正公上書宰執陳其利害蘇文忠公繼言之宜興單諤崑山郟亶各有水利書言之甚詳宋人不能用也張士誠據吳始按其書而行之實受其利但築隄開河止及官府經行之地而窮鄉僻塢多遺而未修我明永樂二年江南大水命戶部尚書夏原吉疏治尋遺僉都御史俞

士吉齋水利集賜原吉使講究拯治之法而華亭人葉宗行亦上言治水方略送原吉聽用原吉慮懷委任遂自崑山東南夏駕浦掣吳淞江水由劉家河入海自嘉定西顧浦引吳淞江貫吳塘亦由劉家河入海又疏常熟白茆塘引太湖諸水入揚子江于上海東北濬范家浜接黃浦通流入海皆用宗行言也後工部侍郎周忱巡撫江南以吳淞江東連大海西接太湖南北坦平民間開墾成田江水壅塞乃督民開修崑山顧浦立表江心盡去壅塞而其功澤之不可泯者則全在築隄修圩而已成化八年置僉事於浙江專治蘇松水利蓋東南之水發源於杭湖而入海於蘇松其源流本兼浙直故設官亦兼浙直最有深意隆慶初浙人王杲爲蘇松兵備不便於原籍勾攝遂奏停兼管後海瑞巡撫江南大浚吳淞自上海縣江口宋家橋起至嘉定縣艾祈八十里約費銀十餘萬兩工未畢而去任識者恨之林御史應訓繼其後題請疏浚

艾祈以西至崑山漫水港六十餘里又自漫水港起至徐公港四十五里議開江面闊二十丈深一丈二尺又自吳江龐山湖口至長橋連吳家港乃太湖出水之口皆行濬治未幾海潮逆上吳淞湮沮後之濬治者屢作屢輟不能復其故道夫吳淞江所以通於古而塞於今者非關人事亦勢不同也往者江入太湖太湖入吳淞志稱長橋之水勢同百浦流如奔馬故江勢之盛足以敵潮水而沙不閼自我朝築東壩江水不入太湖水勢散緩今長橋之渚至不能載千石舟上流微緩若此而欲其下流常通豈可得哉嘗計吳淞江與婁河入海之處不二舍而近其間港水幾何而欲分給兩川使之並行必不可得婁河既通吳淞必塞此亦無足怪者夫水固當排之以去害亦當蓄之以興利二策不可偏廢而今震澤所受苕霅諸水皆涓涓細流奈何專欲排之爲快也使開吳淞江盡如議者所言萬舉萬當水果減二三尺則高圩之民得水

甚艱計將安出夫三吳固慮潦亦嘗慮旱矣安可不熟計也但吳淞不濬則嘉定涇港不通無水灌田利于開之耳然開而旋淤亦目前之利非長策也愚謂救嘉定之旱者當開深渠鑿支河治蘇松之水者當築圩岸開陂池盡於田畝間求之開一河則享一河之利築一圩則弭一圩之害使高無不通之洫則不憂旱矣低無不築之岸則不苦潦矣甚勿言吳淞夫開吳淞美談也美名也然不可以求實效也

三吳水利考下

夫世之談三吳水利者皆謂吳江湖隄障水不得東洩單諤則欲鑿吳江岸爲木橋千柱以通湖流蘇子瞻則欲徙吳江一縣于他所而縱湖東行不與水爭利其次則謂吳淞江當開歸震川曰治吳之水宜專力於淞江淞江既治則太湖之水東下而吳中必無水患矣其三則謂灘漲當除夫沙障成田窒礙水路此沙不去則湖道不通故宜開闢論治

水于三吳此三說盡之矣然皆泥古而不通今者也請得而備論之夫具區之水周圍五百餘里跨蘇常湖三府之地震撼不寧故以底定爲難所以若此者以江漢會流數千里奔湧而來而太湖適受其正派又宣歙諸山之水從而旁注之安得不震撼也今自東壩一築則江水不復通湖矣按洪武間溧陽民陳嵩九之奏築東壩也下其議於撫按勘稱地勢高下懸絶江水洶湧難以成功嵩九抗疏再上曰陛下建皇陵於鍾山欲引江水以朝宗故開天生橋以通其脈使不障其江口流洩之處則河道雖通於鍾山而江流必潰於東下孰能挽之以上趨乎臣實不欲洩漏天機故以賦稅之粗迹言之耳撫按不達時宜素餐推阻乞命臣同撫按度地勢于宣州溧水之間固城湖口之下九陽江心之上建築東壩不惟蘇松無沒溺之患而鍾山獲朝宗之勝不能成功願寸斬以謝欺君之罪撫按與嵩九共董其事不半年成功由是湖流漸

微其東行之勢日殺每遇西北風湖水始騰湧賴有橋塘蔽之不甚爲東岸居民之害若風恬浪靜則湖光澄碧千里一色矣蓋昔日嫌橋隄之障其流今日反藉之而緩其害何必盡去之而亦何必盡徙吳江一縣之民乎又如長橋里許爲洪七十有一石塘九里爲橋三十六座無非欲水通流也今通者不過十餘處橋門水勢亦不見其高低湍湧雖屢經開濬而湖水不能衝滌諸橋之淤則又奚必鑿爲木橋千所乎此湖水枯涸之明驗也夫太湖之水會於吳淞江而入于海往時東江旣失婁江復微獨賴吳淞之東涇故議者謂吳淞古道深廣一江可敵千浦今自夏忠靖浚上海范家浜接黃浦通流以入海日衝月擊其流深廣不下劉家河而吳淞日淺通者不過一綫塞者已成平陸矣夫黃浦劉河並通而吳淞獨塞者曷故哉蓋黃浦總會杭嘉二郡之水而又有澱山泖蕩諸水從上而灌之劉河受巴陳諸河之水而又有新洋江夏

駕浦諸水從旁而注之是以流皆清駛足以敵潮雖有渾濁不能淤也惟吳淞江受太湖之派而長江不入則湖水無源況又有長橋石隄從而遏之其所通流者不過函洞之餘瀝耳其所經龐山九里二湖又皆有灘漲上流微故下流漲況其間又爲新洋江夏駕浦掣其水以入劉家河其勢益弱一與潮遇輒淤壅而不行毋惑也今不究其所以湮塞之故而但欲其通流旋開旋淤猶治病者不治其本而但攻其標雖一時快利無益也海忠介費官帑十餘萬民間助銀尤多任衆怨而開之卒無成功林水陰費數十萬金挑濬最廣終不能使吳淞之流浩然直達于海可見其所用之財徒爲虛費所任之怨亦徒拂人心而已若沙漲成田其說有二有水勢微淵其流懶漫而積沙成田者有小民私種茭蘆遏其水勢而淤泥日積者今東壖既築湖流日微僻村左右一望數十里皆積土成田不下數十萬畝有此浮漲而不能爲吳江百姓減

分毫之稅此可痛哭流涕者也又如南九里有旱曰牛毛墩其四下卽古之東湖最深闊而汪洋者近年沙漲成地民居其上矣可見水之盈縮隨時其消長隨勢善治水者只當順水之道而因之不可以智力爭也至于蘆茭交結雖由人力亦由水勢微緩可以成田今欲去之不但大拂民情卽力亦不逮如去土一畝費銀二十餘兩萬畝則用銀二十餘萬兩十萬畝則用銀二百餘萬兩矣此力之所必不能辦而亦勢之所必不可行者今但將新漲沙田一一督理濬河港必使深闊築圍岸必令高厚可爲閘爲竇者亦從便設之使位位相接可以行水蓋古者河渠深廣隄岸高厚非止爲治田之計正欲約束水道使江之水常高于海浦之水常高于江湖之水又常高于浦順其就下之性引而導之旁有所約而下有所趨勢無橫溢旱潦皆宜國計民生永永有賴苟無隄防以約束水道則散逸妄行悉假低田以爲容受之區矣又安能遵

行順軌而就下趨海哉蓋治水有方則汙下皆成良田隄防既壞則平陸亦成邱澤但當因其現在者而修治之不當廢其已𤰝之田而別求良法也

曆法考

古之談天者有三家一曰周髀其說謂天體至平氣皆循邊而行如磨石焉一曰宣夜其說謂天如倚蓋覆于地上又云天了無質仰而望之其遠無極譬遠望黄山皆靑俯察十仞之谷而黝黑夫靑冥色黑非體也一曰渾天其說謂天如鷄卵地居其中蔡邕言宣夜之學絶無師法周髀術數具存考驗天狀多所違失惟渾天近得其情故自黄帝造曆起辛卯顓頊用乙卯虞用戊午夏用丙寅殷用甲寅周用丁已是爲上古之六曆魯用庚子秦用乙卯非渾天莫定也漢初張蒼用顓頊曆當時稱細密然晦朔月見兩弦滿弓其誤如此武帝時唐都洛下閎等始造太初

曆其法以律起曆以八十一分爲統劉歆又以春秋易象推合其數後又有三統曆四分曆凡四變而太初最善唐之律凡八變而莫精于太衍其法用太衍之策至宋則曆凡十變而元耶律楚材所定曰庚午曆郭守敬所定曰授時曆方郭守敬之造曆也一以考測爲主取二至遠近日晷酌其中而用之歷代積年之法與夫日法俱廢不用我朝所頒大統曆卽因郭守敬授時之舊今以法推之但以九年之曆爲準九年前之二月望卽今年之正月朔而歲首可定也該九十七個半月二千八百八十日六甲轉四十八周大餘五九小餘四八皆以朔日干支求之而月之大小可定也如大月天干五地支九甲至戊五數也子至申九數也前九年正月朔是甲子則今年正月朔是戊申也小月則天干四地支八由此推之而月之大小無所差矣天三地七逢時則隔八相生而二十四氣可正也如九年前立春是癸亥日癸見乙三數亥見己七數卽乙巳日立春也如逢子時交則隔八位未時亦交也以一年言之今年立春後五日三時卽來歲之立春也今年冬至距朔所餘之日卽來歲之閏應也上

考往古則每百年長一下驗將來則每百年消一當時測驗之所凡二十七處東極高麗西極滇池南踰朱崖北盡鐵勒用心甚勤故上考往古自秦秋獻公以來二千一百六十餘年其間不合者止十一事亦可謂密矣愚按作曆止有氣盈朔虛兩事日行積三百六十五日有奇而與天初起之度會是爲一歲就一歲三百六十五日分爲二十四氣每氣計十五日二時五刻一氣管半月則十五日其正也二時五刻其盈也月行二十九日半而始與日會是爲一月常不滿三十日故有小盡合氣盈朔虛所餘之日每歲約餘十一日于是爲之置閏以歸其餘然朔之所虛可定而氣之所盈不可定又有歲差之別當堯之甲子冬至日在虛一度後至秦莊襄元年計二千二十八年而冬至日在斗二十二度所以月令與堯典中星不同迄宋慶曆甲申計一千二百九十二年而冬至之日在斗五度今已在箕六度矣上距堯時差四十餘度説

者不得其故遂謂節氣有中初之分又謂古者以午爲中皆非也蓋由日纏于一歲之中行天周度未及餘分而日已至焉故每歲常有不足之分其差甚微人初不覺晉虞喜始定以五十年差一度何承天復定以百年隋劉焯取二家中數復定以七十五年唐一行復定以八十三年元許衡王恂郭守敬復減周歲爲三百六十五度二十四分二十五秒加周天爲三百六十五度二十五分七十五秒計差一分五十秒積六十六年有奇而退一度似爲精密矣近有歆人鮑泰著天心復要一書云氣朔八十年一齊曆家每歲二十四氣于時之八刻中往來無定郭守敬之法亦未是今節氣之交必有定刻中氣之交亦有定刻如冬至乃十一月之中氣定在十二時之五刻歲歲如此餘氣之定在某刻者亦然朱子謂曆有一定之法鮑書或其得之矣據正德十三年五月朔日食鄭善夫看驗之疏則稱古法新法俱有得失許衡等六十六年

有餘之數推演有所不合天道豈可易言哉且如定歲之法積四期餘一日一日分加于四期故二至之時只在絲忽之間自古難準要須酌量以定者如定日之法一日百刻所以變爲九百四十靑者以氣朔有不盡之數難分也凡每月三十日氣所盈四百四十一晝二十五秒朔所虛四百四十一晝積盈虛之數以成閏故定朔必是四百四十一晝前後爲朓朒只在一晝之間自古無有眞知要須酌量以定者時分刻刻分秒極精極細及至半秒難分之處一有所差積以歲月則纏離朓朒皆不合原算矣由此觀之自元至今幾三百年曆之有所不合無足異者不可不釐正也

日食考

中興天文志謂戰國以後古曆廢壞漢末劉洪作乾象曆推月行遲速然交食之法猶未詳著大抵朔望値交不問內外入限便食至陳張賓

始創立外限然應食不食亦未能明惟隋張胄元始得其當食不食之由其言曰日行黄道月行赤道月在黄道外十三日有奇而入經黄道謂之交朔望去交前後各十五度以下卽當食月行内道在黄道之北食多有驗月行外道在黄道之南雖遇正交無由掩映食多不驗其說詳究愚考黄道與月道如兩環相疊而小差凡日月同在一度相遇則日爲之食正一度相對則月爲之虧雖同一度而月道與黄道不相近自不相侵同度而又近黄道月道之交日月相値乃相淩掩正當其交處則食而既不當其交處則隨其相犯淺深而食凡日食當月道自外而交入於内則食起于西南復于東北自内而交出于外則食起于西北而復于東南日在交東則食其内日在交西則食其外既食則起于西而復于正東凡月食月道自外入内則食起于東南復于西北自内出外則食起于東北而復于西南月在交東則食其外月在交西則食

其內食既則起于正東而復于西故驗曆法者當以日月食驗之若其所食之分數與時刻纖毫有誤則所推七政經行之度遲速順逆皆不合原算矣今司曆者自知不合乃于日月蝕之數皆虛加其數以求合而不思窮本溯源以釐正其弊沿襲愈久歲差愈甚恐數雖虛加而日食之分數時刻終有不合此時必有議改者矣夫法不大弊必不大正天下可慨者不獨曆法一事也

律呂考

昔軒轅命伶倫截竹爲律復命神瞽協其中聲然後聲應鳳鳴而管之參差亦如鳳翅後武王伐紂吹律得宮聲（兵志云凡戰太師吹律合商則戰急軍事强角則軍擾多變失志宮則軍和徵則將急軍勞羽則兵弱少威焉）漢武帝時張倉始定音律武帝以李延年爲協律郎而律呂相生之變則訪之京房十二律之外又以中呂上生執始執始下生去滅上下相生終于南呂而十二律變爲六十律矣魏武

帝時杜夔精識音韻而荀勗較其所造鐘律又多不諧因更造十二笛以求元聲笛具五音皆各用蕤賓林鐘之角短則又倍之二笛八律而後成去四分之一而以本宮管上行度之則宮穴也因宮穴以本宮徵管上行度之則徵穴也各以其律展轉相因隨疎密所宜以正六律及成阮咸又病其聲高錢樂之沈重因京房之六十律而更生三百律穿鑿甚矣陳仲儒見京房之準術而欲以準代律其所作準形如瑟十三絃隱間九尺取其分數調校樂器則宮商易辨若尺寸小長則六十宮商相與徵濁若分數加短則六十徵羽類皆小清仲儒又曰黃鍾爲聲氣之元其管最長故以黃鍾爲宮太簇爲商林鍾爲徵則一調相順若均之八音猶須錯采衆聲配成其美如以應鍾爲宮太呂爲商蕤賓爲徵則徵濁而宮清雖有其韻不成音曲如以夷則爲宮則十二律中惟得取中呂爲徵其商羽角並無其韻如以中呂爲宮則十二律內全無

所取何者中呂爲十二之窮變律之首依京房書中中呂爲宮乃以去
滅爲商執始爲徵然後成韻而今復以中呂爲宮林鐘爲商黄鐘爲徵
何由得諧其説似近理而當時卒沮不用是以數百年間旋宮聲廢所
存者黄鐘一調而已十二律中惟用七聲其餘五調謂之啞鐘蓋不用
故也自唐太宗復之而八十四調之非猶仍舊習玄宗霓裳羽衣雖云
復雅而識者知其不足觀也黄巢之亂工器俱亡五代享國不永未暇
及于禮樂至于十二鎛鐘不問聲律宫商但循環而擊之編鐘編磬徒
懸而已周顯宗時王朴定律宋初因之太祖病其聲太高詔和峴考西
京表尺令下一律樂始和暢仁宗朝李照言朴樂太高擊黄鐘才應仲
呂擊夾鐘才應夷則是冬興夏令春召秋氣遂改鑄之而新聲極下歌
工病其太濁歌不成聲私賂鑄工使減銅斤而聲稍清歌乃協范鎮主
房庶之説又行改定房庶之言曰李照以縱黍累尺管容徑二分而容

黍千七百三十則太長胡瑗以橫黍累尺管容黍一千二百而空徑三分四厘六毫則太短于是肅闢縱橫之說以千二百黍亂實之管中隨其長短折之以爲黃鐘九寸之管取三分以度空徑草率極矣蔡季通作律呂新書因漢斛積分以明徑圍之數漢斛容十斗實二千龠計一百六十二萬分爲一千六百二十寸細推之則黃鐘之龠爲八百一十分明矣空圍八百一十分則長累九十黍廣容一千二百黍矣蓋十一其廣之分以爲長十一其長之分以爲廣自然之數也　因淮南索隱以明九分爲寸之法淮南太史小司馬之法以九起數九絲爲毫九毫爲釐九釐爲分九分爲寸黃鐘十二辰之曆如子一爲黃鐘之律以三曆之三三其一爲丑三三其九爲寅三三其二十七爲卯而至于一十七萬七千一百四十七爲黃鐘之實以三約之爲絲者五萬九千四十九以二十七約之爲毫者六千五百六十一以二百四十三約之爲分者八十一以一萬九千六百八十三約之爲寸者九由是三分損益以生十一律焉　因通典以明五聲二變之律半聲之殊黃鐘九寸生十一律有十二子聲如黃鐘九寸則四寸半所謂正律正半律也又自仲呂上生黃鐘不及九寸只八寸有奇又生十二律亦有十二子聲即所謂變律變半聲也正變及半凡四十八聲然變律應鐘雖設而無所用則其實三十六聲而已其間陽律四不用變聲而黃鐘又不用正半聲陰呂不用正半聲而應鐘又不用變半聲其實二十八聲而已　因孔氏以明變宮變

徵之不調（五聲宮與商商與角徵與羽相去各一律至角與徵羽與宮相去乃二律相去一律則音節和二律則音節遠故角徵之間近徵收一聲比徵少下謂之變徵羽宮之間近宮收一聲比宮少高謂之變宮左氏所謂七音前漢志所謂七始是也然五聲爲正聲故以起調畢曲至二變聲則宮不成宮徵不成徵不得爲調）其用功亦勤矣近世閩人李文利又著律呂元聲書取三寸九分爲黃鐘以正司馬遷九寸之誤（本之劉恕通鑑外紀長孫無忌隋志幷呂氏春秋所書黃帝命伶倫取竹制律斷兩節間三寸九分而吹之以爲黃鐘之宮自此少升陽漸益至甤賓而極九寸之長及歸陽漸損至黃鐘仍得三寸九分其損益當以九分爲率惟十二月之太簇則陽猶未盛只益六分六月林鐘陰猶未盛只損六分）以太極陰陽五行由一以生二由少以及多見黃鐘數少爲極淸以正宮聲爲極濁之誤所謂三分損益者以對待言而無窮于仲呂之失矣（以子午爲經十律爲緯左右對待得一百二十分以正三分損益上生下生至仲呂而窮之誤也）所謂隔八相生者以正徵言而無往而不返之非矣又審音之法以喉齶舌齒脣之五聲證宮商角徵羽之淸濁而節候有可證矣范永鑾曾進其書于朝而未見施用豈司律者難其人耶竊嘗推之京房傳延壽之術而推衍六十律誠有補

于正律之不及然强合還宮之數淸聲取之太多如依行包育謙待等律極其噍殺罔成音曲左氏所謂中聲以降五降之後不容彈者房其失之矣蔡元定監京氏之失而加以變聲子聲以爲調有所發明矣而還宮之論尙有可疑何者謂之調者以其聲之異別之也今黃鐘五調皆以本音姑蕤林南應爲聲謂之一調可也而何五之足云此旋宮之可疑者也昭代冷謙所定黃鐘一律似得其中而其法亦不傳矣古樂將不可復作乎大抵音律之正在器與工今日之器則八音之中猶缺匏土笙竽以木斗攢竹而以匏裹之是無匏音也壎器以木爲之是無土音也八音尙不備況其他哉今日之工則太常賤流苟占樂籍而舞列但取黃冠遇祭祀朝會則追呼于國門之外敎習無素宮商莫諳擊金石者不知聲吹匏竹者不知穴操琴瑟者不知弦同奏則動多沾滯迭奏則發聲不屬此樂所以廢也

閲視八議

寶坻縣爲邊務久廢懇乞聖明復舊典專差遣以圖安壤事蒙閲視穆案驗前事遵該知縣袁某呈照得邊關利弊前議頗悉不敢更有所陳今蒙憲牌督促義不可默謹照八事依欵結案極知蒙昧不達時宜然杞人憂天葵心獨苦願察其欵欵之愚而俯教之

一積錢糧天下賦稅總之不過三百萬而薊昌歲餉幾二百萬費度支三分之二毋論虛支冒破即節節實支亦坐而自盡之術也不可不更也本鎮錢糧歷年稽覈絲毫皆有定籍所冒破者獨將領或有虛數耳今欲盡心稽考不過令備細開數某件放若干某件支若干而已彼於營中尅銀而此於紙上校數何異夢中擒賊乎誠欲振刷必大更敝轍乃可竊不自量常懷杞人之憂而僭籌度之今日當更之法其大端有五一曰省冗員以專責成照得薊昌二鎮往日設官甚少自庚戌虜變

之後募兵設將官始繁矣然分布策應成規具在無大冗者自戚繼光來門下人多而薊鎭官少無以相容遂漸添設或一路而分爲二路或二官而同駐一城不獨靡耗脂膏而十羊九牧規制漸紊竊謂宜查照嘉靖四十五年以前舊制薊昌二鎭仍分十路各置參將一員其餘冗官盡行并省南兵并管於馬營不特錢糧可省而事體亦歸一矣二曰練土著以省入衛夫薊鎭錢糧客兵所費幾居其半而入衛之兵全無實用其初遣也賣放頂替羸弱就行其既遣也水宿風飡足腫面裂其既至也水土不習工役不休死者十常四五此輩果足禦虜乎抑爲文具而姑調之乎常攷汪司馬閲視之疏謂客兵二班通併可當主兵一名餉不外求他日悉可易客爲主矣今行之已久竟未能易客爲主而猶煩調遣者則不知變通之故也竊謂宜大興屯田團練鄉兵以求實用而各處班軍盡行放免蓋今日宣大延固皆反側多虞之日而反調

其兵以衛內地非策也三曰汰老弱以求實用兵法曰軍無選鋒曰北若軍不選而使强弱混用此必敗之道也今日之兵不論祖軍募軍悉應精選其老弱不任干戈者悉與退還查係祖軍卽行文原籍衙門如丁盡戶絕該里解募銀五兩抽垜者該衛解銀三兩永不再勾如尚有丁者須解强壯頂補倘無强壯每十年納銀五兩免其逐年軍裝之解此遠近所歡欣從事者朝下令而夕卽輸也老弱既退餉銀大省卽將所省餉銀澄巡關蘇御史奏准事例發附近州縣募補蓋今之募兵惟慮其逃耳既經府縣正官募有籍有力之人而又以父兄子弟連名相保登之冊籍死則除名逃則按籍而勾此謂良法也如是則兵皆有實而錢糧所省無算矣四曰定供役以淸冒濫按令甲將官有抽一人一騎私用者軍法從事其令亦嚴矣今軍士皆供役使由法制不定而影射無窮也今當查厰將軍原定之制而稍爲裁酌如參將一員該吹手

執旗識字軍牢匠作醫士之屬各若干名自中軍官以至百總各爲劄定皆支雜餉不許混支正餉亦不許混役軍人則餉可省而軍可息肩矣五曰簡馬騾以省煩費禦虜必資車戰然不可造無用之車以滋虛費今各路輜重車每乘用騾十頭當時建立之意原謂平居資以輸運用騾駕行戰時仍用人拽竊謂戰時旣用人拽則平居亦不須騾也今日輜重之車平時何常運一米一麥乎而又何煩此騾乎馬以利馳逐而本鎭以守爲主馬不可廢不宜多也虜之所長在馬我之所長在步卽與虜戰以吾所長角彼所短正當以車步勝之不在馬也故本鎭用馬二萬匹儘足以備禦矣儻令順天寄養馬戶出銀以供則所省芻糧無筭矣凡此五者皆積錢糧之大端也

一修險隘秦築長城由山海大寧開平而西所據地形極勝今薊州一帶邊乃國初徐達創修以爲內邊者也歷代修築垣牆略備然薊昌二

鎭邊長二千三百餘里擺守之設拙如膠柱敗若摧枯歲歲修邊軍力未戰而先困唐太宗云隋主不能擇人守邊而築長城以疲民力此自困之道也今日頽蹈隋轍矣竊謂城牆完固不如得人善守善守之法有三有修數百里外險者有修近邊山水之險者有修境內地險者何謂修數百里之外險舊制冬月燒荒必在四五百里之外使草根盡絕虜騎難馳先臣郭登守大同每於要害之處毒其水草虜不可侵今誠境外擇其要路潛置毒藥人飲水卽死馬食草卽斃倘有一人一騎能內侵者乎如山海關外大古路口南行則犯遼之前屯北行則犯石門諸處乃總路也於此置毒則遼及石門皆可安枕矣又如石門寨外大梯子嶺離邊四十餘里東西寬漫有橫山一道舊置柞木欄塞於此置毒則義院口地方可通大舉者虜不能至矣按古兵法軍行則防毒凡入敵境則先審其水草蓋行軍者慮毒之難防故設五術以審之卽使

北虜精通兵法識毒而不來亦爲上策而何乃置之不講乎但口外之水多流入內地毒其上流須分輕重所用毒藥有經七日流三四百里而解者有經半月流千里而解者有經月餘流數千里而解者此皆用草烏狼毒之屬隨煉之生熟而分毒之輕重南人有素習之者水入中國近則用輕藥遠則用重藥不入中國者雖用砒礵可也何謂修近邊山水之險薊鎮一帶重山疊嶂處處有險凡軍馬行兩山之間兵家謂之圍地虜入其中吾斷其前後盡成擒矣虜人所以敢於犯難而不顧者欺吾無人也向常薄遊薊門見口外諸山兩頭狹而中間闊如孔明之葫蘆谷者甚衆即兩頭不狹者修而隘之爲力甚易中間之山低則增之坦則劚之修成險隘積滾木礌石於上使虜知而不來可也來則雖有武騎千羣盡爲網中之禽穽中之獸矣如古北口外地方平衍無山可恃當引潮河之水周圍設險往來之處明則架木爲橋暗則設坑

鋪板虜來即成擒矣昔李存孝力敵萬人李克用掘塹守之塹成飛走不能越存孝遂技窮而降此已事之明驗也何謂修境內地險嘉靖二十九年虜犯古北口由黄榆溝入歷白羊口横嶺原從古北口出三十四年犯馬蘭谷由龍闕谷入由鮎魚口出三十六年犯燕河路由鷄鳴山入由冷口出三十七年犯臺頭路由界嶺口入由青山出夫山川在我險隘在我虜每大舉往來出入皆得其宜若素習者惟其嚮導明而地利熟也我則險隘阨塞茫然不知甚至敗而奔北亦不知所向須將諸路可入可出之處一一勘明如虜從某山入料其必於某處劄營某處搶掠某處奔回吾軍當於何處堵截何處夾攻某水可以灌某河可以阻有未者開渠設除務使戎馬難馳又略倣古井田之意有溝有洫無事則教軍耕作虜至則藉水成圍此禦虜萬全之計也

一練兵馬某少嘗習兵法如屠龍之技無所用之今也漢過不先夷情

轉肄練兵馬實今日急務也夫練兵之法有内練有外練内練有六一曰練心二曰練氣三曰練手四曰練足五曰練目六曰練耳何謂練心孫子曰愛卒如嬰兒可與赴深谿愛之如子可與俱死爲將者眞能視卒如嬰兒孺子飲食爲之周疾病爲之恤患難爲之救甘苦爲之同必可以堅萬人之心而并其力然後申明節制以濟之夫節制者如行之有節節節而制之身使臂臂使指上統乎下下承乎上提零就整截然不紊所謂掘奇是也平居結之以恩臨陣斷之以法賞罰明法令一此練心之法也何謂練氣李衛公曰含生稟血鼓作爭鬬雖死不省者氣使然也其四機以氣機爲上此無他能激吾勝氣使人人自鬬則其鋒不可當矣此須練之於平日兵有節制立於不敗之地以待敵人之敗則軍有所恃而氣自倍又人人練習使技藝精而勃勃欲試則氣壯往者江南倭警常隨陣觀戰多是氣衰膽怯即教師拳師皆慌忙失措平

日技能十不展一望風而敗乃知氣雄膽壯是臨陣第一義昔金世祖初起時遇桓赧兵盛軍吏未戰而懼面無人色世祖洋洋如常時令士卒解甲少憩以水沃面調麵水飲之有頃訓勵之軍勢復振遂大捷此善養氣者也故朝氣銳晝氣惰暮氣歸李衛公謂朝暮非限時刻眞知兵者也如金兵聞敵強而懼氣已衰矣世祖令解甲少憩以水沃面飲麵而訓勵之此轉暮爲朝也何謂練手一身之力全在於手常用則力湧而出不用則力隱而微故須練之其法有二先用增重法次用減輕法假如兩手能舉百斤則以百斤之石爲準時時舉之漸次增重至三百斤而止是謂增重法也岳飛練兵每人用二鐵椎各重二十斤二手各持一椎轉運不停稍久則兩手皆紅腫矣見腫而不運即兩手皆廢而無用從此運之不已則腫消而手健使鐵椎輕如一葉是謂減輕法也何謂練足亦有二法一是走法一是躍法陽明先生少年傳走法於

異人令就一室中縱横界作數十道往來曲直遠若數里以布盛沙一升縛兩足上就所界之路周圍習走終而復始刻香爲候從漫而緊此走法也岳飛練足乃是古人超距之法先壘石爲距高二尺雙足並躍超捷無礙矣卽寸寸而增之至八尺而止此躍法也何謂練目有明暗二法先用暗練坐密室中稍有隙縫以紙封之使暗如漆瞪目諦觀七日之後漸覺明亮半月之後則游氣往來皆能別識所謂虚室生白也次用明練習觀的之法以一物爲的懸而觀之終日不移卽淚下如注亦不敢轉側二練既畢習射習銃百發百中矣然軍士多有不能習明暗二法者卽教之熟識旗幟亦足謂之練目矣何謂練耳有聽法掘地置甕靜心聽之初時若無所聞習久則數里之内兵馬之聲皆先得之矣此須細心之士方可練習尋常士卒只教演習金鼓亦足謂之練耳矣外練之法有六一曰練陣二曰練營三曰練藝四曰練地五曰練

時六曰練勢何謂練陣陣法雖多不過三五而已岳飛傳兵法於周同是三法每三人鼎足而立擇一人爲長居中稍前二人居左右稍後成犄角之勢由三人而九人爲一伍亦鼎足立總聽命於第一伍之長由九人而二十七人爲一隊三倍之則八十一人爲一總又三倍之則二百四十三人爲正營又用二百四十三人爲副營共四百八十六人凡古人置陣皆有副如遇敵而前也一半戰一半止更迭而進力常有餘如避敵而退也一半抵住一半抽退如遇夜而防警也一半起一半息兵法所謂戰隊駐隊相間而立及所謂陣間容陣隊間容隊皆是此意語云撼山易撼岳家軍難惟其分數明布劄定也靖遠伯王驥兵法是五法五人爲伍必一人居中執旗四人者立四面皆聽一人所使由五人爲二十五人共一隊最中一人執旗稍大以令其四面如前五人之法又倍而成伍則爲一百二十五人其再倍則二百五十人爲一營左

右前後相應而聽於中其更迭止息一如用三之法又以五營如前分布之正陣副陣各一千二百五十人共二千五百人爲一師相機調度聽於中軍主將之令故王公交戰輒勝屢建奇功薊鎮陣法創於戚大將軍亦是用三之法先以一隊長自選九人隊長以年力壯健能射者充之居中第二名居左第三名居右皆能射者俱充鏜鈀手以骨肉蝟實精健者爲一伍長卽第四名也第五名在右第六名在左俱充夾刀棍手又以力大而粗猛者爲三伍長卽第七名也第八名在右第九名在左俱充大棒手又以善於炊爨肯爲人下者一名爲火兵給棒一件如此三隊共三十人卽屬一旗總領之如此三旗總共九十人命一百總領之三百總共二百七十人命一把總領之三把總共八百一十人命一千總領之某十餘年前浪遊諸邊至薊門目覩其法而心疑其未備今則并其未備者亦不可見矣是以軍皆逃亡糧皆冒破卽力欲整

頓莫可稽查竊謂上官點閱宜持戚公成案取其號簿令各營以次擺列隨抽一伍驗之孰爲伍長孰爲散軍或抽一旗總一把總隨意考驗其弊立見即數萬人一朝可盡察也然戚公之法九人皆一字擺列而不作犄角鼎足之勢又止列正陣而無副陣此皆制之未備也今誠因其遺而增其所未備申明其法八陣六花以次演習庶幾有制之兵矣

何謂練營凡遇敵出戰必先安營而後進退有據古人營法有九種今人類謂車爲陣之甲冑可以環而自衛不知此特九種中一種耳曰立槍營曰櫳槍營曰柴營曰城營曰車營曰木柵營曰繩營曰拒馬營皆須堅固比之城郭漢王霸討周建蘇茂既戰歸營賊復聚衆挑戰霸不出方饗士作樂茂雨射營中中霸前酒樽霸安坐不動軍吏曰茂已破今易擊霸曰不然茂客兵遠來利在速戰今閉營休士所謂不戰而屈人之兵也茂不得戰乃引還今虜騎蜂擁而來我軍皆不知營法僅挑

一濠淺而易越又不知築土自固雖欲不戰以挫其鋒不可得也古人用兵皆築土爲營魯侯征徐戎是曰征卽於是日築武王伐紂而血流漂杵杵者所以築乃知營法其來遠矣何謂練藝武藝頗多皆須練習試舉其略如使鎗之家十有七曰楊家三十六路花鎗曰馬家鎗曰金家鎗曰張飛神鎗曰五顯神鎗曰拐突鎗曰拐刀鎗曰錐鎗曰梭鎗曰槌鎗曰大寧鎗曰拒馬鎗曰搗馬突鎗曰峨嵋鎗曰何家十八下倒手千子曰紫金標曰地舌鎗使刀之家十有五曰假月刀曰雙刀曰鈎刀曰手刀曰鋸刀曰掉刀曰太平刀曰定戎刀曰朝天刀曰開陣刀曰偏刀曰車刀曰匕首使劍之家六曰馬明王曰先主曰下莊曰王聚曰馬超曰邊製厚脊短身使弓弩之家十有四曰邊箭曰兩廣藥箭曰火箭曰神機箭曰馬家箭曰神箭曰袖彈曰弓弩曰諸葛弩曰連環弩曰雙弓床弩曰三弓床弩曰打牲弩使棍之家三十有一曰左少林曰右少林曰大巡海夜叉曰小巡海夜叉曰大火林曰小火林曰通虛孫張家棍曰觀音大闢南海神棍曰稍子棍曰連環棍曰雙頭棍曰陰手短棍曰雪棒搜山棍曰大八棒風磨曰小八棒風磨曰二郎棒曰五郎棒曰十八下狼兵棒曰趙太祖騰蛇棒曰安猿孫家棒曰大六棒緊纏身曰十八面埋伏紫微山條子曰左手條子曰右手條子曰邊欄條子曰雪搽柳條子曰跨虎條子曰滾手條子曰賀屠鈎杆曰西寺山硬單頭使雜器之家十曰鐵鞭曰夾棒曰單手燥鐵鏈子曰蒺藜蒜頭曰金剛圈曰鏝掌鐵尺曰呂公拐子

曰鋼叉曰狼筅曰钂使鈀之家五曰楂牛出陣鈀曰山門七埋伏鈀曰番三倒角鈀曰直行虎鈀曰稍攔踸進鈀使馬上器械之家一十有六曰鞭曰鍊曰鐗曰槌曰流星曰鎖虎口曰馬叉上帶使流星鞭曰雙舞劍曰雙刀曰馬叉曰六平鎗曰方天戟曰鎗曰關刀曰斬馬刀曰月鎗使拳格兵器之家十有一曰趙家拳曰南拳曰家拳曰溫家鈎掛拳曰孫家披挑拳曰張飛神拳曰霸王拳曰猿拳曰西曰童子拜觀音曰九滾十八跌此外又有破法拏法解法跌法教師相傳各臻妙際小人一藝在身愛惜如寶不肯盡傳須以厚禮致之擇健兒習之專工一藝卽可勝敵然如學鎗亦備通鎗家諸法而後變化入神教練既成始可應敵何謂練地練兵者皆於武場操演場地平方所布皆是死法亦是面前花法地不方正卽死法亦不可用矣故平時操練與臨陣之時迥然不同鄭若曾云古之陣法有方有圓有縱有橫有曲有直皆因地而異用此不可不習者也善將者過山卽習登蹋之法過水卽習涉行之法過街衢卽習巷戰之法過林麓卽習設伏搜伏之法過田塍卽習分行合捕之法於九地六形一一講習庶有

實用耳何謂練時法曰遇有大風大雨大霧不可進兵攻討然李愬以雪夜擒吳元濟王威寧以大逆風平套虜豈可執哉故時有寒暑晝夜雨暘風霾須令兵士平常習慣遇風寒則習屛氣遇暑暘則習向日遇雨雪則油甲藤衣隨宜置備此法不但可以耐時亦定心志壯筋骨長氣力大有益於軍士何謂練勢武經云兵貴勢勢可以先戰而震敵乘利疾奮敵不暇支兵之所以能爲勢者有三一氣勢二地勢三因勢若將勇輕敵士卒樂戰三軍之衆氣如飄風此氣勢也關山狹路大阜深澗龍蛇盤磴羊腸狗門一夫守險千人莫過此地勢也因敵怠惰疲勞飢渴前營未會後軍未涉急擊勿失此因勢也有此三者而不齊志不必死不畜怒亦莫能爲勢也故曰善戰者其節短其勢險勢如張弩節如發機此須平日練之不可取必於臨陣者伍子胥在吳練銳卒三千遂能爭衡齊晉岳飛練背嵬軍五百人遂能以少擊衆百戰百勝儻薊

昌二鎮能練成萬人即横行匈奴可也至於練馬亦自有法須令别而用之如有善走駐坡驀澗者聚爲一等衝突敵陣用之有精神惺惺能馳驟者聚爲一等充奇兵隊用之有見羣馬動而不斷鳴馴良者爲一等偷營截寨用之有壯健而生性遲鈍不能快走者爲一等可使作駐隊遮掩步兵至於馳驟進退必使熟識金鼓旗色回車轉陣皆使素演庶不誤驅使也

一整器械軍中器械當飭前十議中已具陳之矣至於臨陣應敵全資實用夫薊鎮所防惟虜虜之長技惟刀與箭耳其箭重大不能及遠故非三十步之内虜不輕發其刀在馬上便於殺騎士而不便於殺步兵步兵有長器架隔不能及身其最難當者馬勢之衝突耳蓋萬馬奔騰勢如山崩河决我軍望之輒北何嘗交戰故今邊方將士咸謂虜必不可交鋒但能用家丁尾後鬼竊零騎便報奇功或露形迹遇虜殺傷便

稱血戰此牢不可破之習也今須掃除故習與虜堂堂一戰禦馬之器莫良於車輜重無用須改造永平輕車倣舊制每營八十輛止則爲營行則爲陣其駕砲車每面各用數輛雜於輕車之間大將軍砲攻擊最猛重大難擕今南方以鐵葉作裏外以竹木裹之甚爲輕便營中多擕數十具候虜蜂擁而來二百步之外先發大將軍擊之如遺零賊舞刀則用鳥銃擊之鳥銃兩星相照善放者雖針芥之微無不奇中勝弓矢百倍一百五十步之內發毒藥砲百步之內始發虎蹲砲佛郎機五十步之內始發快鎗火箭之屬近而接戰則用鈀棍長鎗鈎鎗大棒蒺門舊制皆長七八尺者兵法短不接長長一寸則有一寸之力此數物可當虜刀矣虜騎遇車則不能奔突是車可以當虜馬矣我有車營以阻虜馬車有火器以當虜矢車依於營人依於車可行則行可止則止車營相恃先保無虞此所謂立於不可敗之地以待敵人之敗者也今也

不然營雖有車輻已半落徒糜芻糧未知拽駕猛士步鬬全資盔甲今試查檢鐵葉不全鏽眼穿爛何以禦敵毒弩禦夷古爲良法今全不講惟有火器而製作不精如鳥銃每門合口鉛子一百個火藥二斤火繩三條鉛子袋一個藥筒五十個線藥鼈一個銃套一個每旗火石火鐮一副此定制也今果全乎即全矣而鑄鉛子不立範範矣而磨鉛子不光光矣而大小不合口或銃腹小而鉛子大則入不深或銃口大而鉛子小則火氣易洩又或搠杖不堅火繩不燥其餘火器種種皆然是未見虜而我先敗矣法云勝兵先勝而後戰敗兵先戰而求勝旨哉言乎

一開屯田古者兵農爲一後世始分爲二然不可得而卒合矣國初每衛各設屯田以都司統攝每軍種田五十畝爲一分納正糧十二石收貯屯倉餘糧十二石給本衛官軍俸糧有事則荷戈無事則負耒兵有資生之業官無養兵之費頗與唐府兵之制相合後因兵逃田荒屯糧

爲累愈累愈荒歷年奏減糧額今所淸屯田皆計軍所自種所納屯糧皆計畝起科與民田一例寓兵於農之意無復存者卽欲振刷又恐屯地爲豪强所佔一時難淸故隱忍因循歲復一歲但能搜刮餘糧稍增屯額卽爲能臣矣薊昌沿邊一帶則荒地至多不煩淸查自有餘地竊謂井田之法似爲迂闊然在邊鎭地多人少之處行之則爲禦虜萬全之計儻募近邊壯丁爲軍八家爲井開溝引水八萬人卽佔一同之地不必處處皆方但隨邊度地可作十井卽十井而止可作百井卽百井而止量其遠近分立堡寨每軍田中有舍堡中亦有舍效二畝半在邑之意無賊則力耕賊至則入堡今之所以不能堅壁淸野者正以産皆在野不能久住城堡耳如使平時穫收芻糧皆入堡中賊至何難於避哉又屯田之制所以不能復者以稅額重而徵輸苦也卽如顧養謙興豐潤玉田水田當時已有成效矣顧公去而田卽廢者非後之人盡不

才也水田一畝徵米一石此必廢而不能久行者也今各衛屯糧計畝起科官責之軍軍責之佃戶不足則軍賠有賣妻鬻子而不能償者故一僉屯軍卽爲重役淸出屯田愈多則累軍愈重此亦疲役軍丁之一大苦也今惟公田收而不及私田則軍之耕者樂有恆業惟藉其力而不征其稅則上取公田而下不爲厲此事之至便者也誠於山坡之地間行區田平衍之處皆爲井地民有願耕者亦聽其如法開耕止收公租更無別稅耕作既興糧多米賤一利也溝洫相間戎馬難馳二利也處處有田則處處有溝溝上有畛便是土城畛上種樹便成險阻今之長城一重而井田既成則有土城數十百重三利也寓兵於農教化可施四利也此誠老生之迂談然積抱有年自謂守邊良策無踰此者敢漫獻之

一理鹽法夫屯田惟求增額而不遣軍耕則照田起糧付之一縣令足

矣何必勞軍又何必特設憲臣爲哉至於鹽法亦非祖宗之舊也今之司課者亦但求增額而不問典故之所從來此所以求之愈切而行之愈窒也國初鹽法量竈戶多寡分立幾團團給一牢盆每盆一晝夜煎鹽六乾約一引有餘煎鹽一引納之於倉卽給工本鈔一貫每貫實値銀一兩故竈得濟用而倉有餘鹽後鈔法不行徵鹽如故此勢之必窮者也遂計丁徵銀而竈不輸鹽矣國初各商赴邊募民耕作納米豆草料官給一勘合塡定所納米麥之數令赴戶部對同卽執赴鹽運司掛號至各場支鹽隨到隨支不煩自買後改納折色而邊民始困然猶未甚也今改納本色而其困尤甚如薊州額派長蘆存積鹽六萬七千九百六引每引定價三錢納粟二斗一升納豆二斗七升商赴鎭開中每引不過納銀三錢而中間掛號驗引掣放則每引費七八錢故今薊州一引嘗費銀一兩有奇以雜費多也夫正額止三錢而私費乃七八錢

則官得其一而私得其二也易曰窮則變變則通今之鹽法不可不變矣姑就寶坻一縣言之三岔蘆臺等場共辦鹽三千八百二十五引有奇該支工本鈔三千八百五十四貫有奇今並不支鈔但令計丁納銀交與商人每鹽一引折價二錢七分而鹽商並無一紙正引赴場惟假運司餘鹽一票則數百萬之鹽明載而出矣竊嘗計之如以竈丁前所輸商人之銀二錢七分以二錢易粟或豆五斗以七分爲脚價自赴薊州交納則二斗一升爲正引二斗一升爲餘鹽倘多納糧八升額可增而商可不設矣不惟如此各處竈地皆納半銀以其半供運司之費今若不用商人不設運司則此半皆朝廷之物也如寶坻竈地新舊一千二百餘頃每畝九釐便可增銀一千一百七十餘兩以三錢一引計之又可增三千八百餘引矣不惟如此鹽不用引任民自煮自賣但於出鹽之處置官而微徵其稅每百斤稅銀三分通淮浙河東等處便可增

稅銀數百萬矣又官既不禁則鹽價兩平人不私販四方得食賤鹽之利官府得省巡捕之煩亦事之至便者也

一收胡馬中國之馬必不可與胡馬爭衡惟得夷馬則可耐腥臊可馳嶺阪故將官家丁皆增價而收之薊昌二鎮舊有馬價銀一萬八千兩往宣大二鎮收買胡馬以備戰陣之用後市馬多未至而殞遂題止不發以其銀留本鎮買土馬於是薊昌無胡馬矣胡人以馬爲命其良者固不肯輕售然貪利漢物苟貨多而價重則雖自騎之馬亦歡然相易矣今不論美惡每匹定銀十二兩故夷人一至張家口卽以好馬與商人重價相易其送至宣府者皆劣駑不任牧養者也如欲收胡馬須令軍士私易官不與其事可也三衛夷人進貢之馬由喜峯口而入武官無知先匿其良者以充後乘而駑馬入獻起夷人輕侮之心甚失大體馬一進京輒發內官領至三河寶坻處等處馬房牧養每房不過十餘

匹而坐估數百頭之地且沿村尅剝雞犬不寧竊謂今後貢馬如海西建州諸夷之馬盡留遼東三衛之馬盡留薊鎮而以各馬房之地盡數徵糧備邊則所全者大而爲益不細矣

一散逆黨虜皆設幕而處凡構房者即謂之板升板升之衆皆中國逋逃也昔張公題爲招徠被虜華人以散逆黨等事謂虜昔入寇所掠惟財畜婦女而已今則掠人置部落中及至犯邊則倚爲嚮導衝陣則用以當鋒返塞則留以殿後以中華之赤子爲奴虜之腹心彼來侵我則既以中國攻中國我雖勝彼又多以漢人殺漢人十八年寇遼聞驅男女三四萬人而北故今日在虜之衆較之往年不啻十倍矣不但虜之掠人也中國之人或負罪而出或窮困而逃歲不絶踵今聞教虜叛逆者皆中國逋逃也虜酋生長沙漠原無大志惟中國黠徒羈棲虜庭身服氈裘心思羅綺形居毳帳神想華堂於是乎導之作逆引之南侵而

禍始不可測矣幸而靑把都長昂之屬皆庸才不知撫御虐使其人昔年有陷在虜中者不勝其暴虐之苦攜妻子率部落至牆子嶺求入邊將拒而不納歷古北口石塘嶺十餘處皆不納舉部慟哭而返是絕其向化之路而堅其附虜之心也竊謂宜遵歷年題准事例特立受降一司有能招一人者賞銀五兩招十人者陞一級招劇賊者同殺賊之賞招至則優待而厚恤之願效勞者收爲家丁視其勇怯而差等之其人既耐辛苦又識虜情較之募內地之人蓋不啻倍蓰矣豈惟中國叛人可以招徠卽三衛眞夷亦可賄散也昔魏絳陳和戎五利首曰戎狄貴貨賤土土可賈焉今之和戎者但保目前無事而已矣孰知遠計哉愚嘗反復邊計而深感當時之失策也當市賞之初成也把漢那吉在中國其操縱之權在我宜令之曰將板升之衆盡歸中國吾始返而孫俺酋必聽命不暇矣其時趙全等與靑把都爭權事可立就也而計不出

此一可憾也既而趙全等捆獻之後青把都諸酋暴虐其衆扣關來降
使盡收之皆我精兵也又拒而不納二可惜也今史夷既歸車夷無侶
聞其黨頗有桑梓之思誘之內附正在此時宜遣尖夜之屬散入其巢
諭以大義餌以厚賞能擒斬夷酋首領者宜與勝敵同賞或引衆歸附
者計丁行犒立成條格密切頒布此令一行將必有聞風響應者吾沿
邊備兵文武等官各以招募多寡爲功之殿最每歲上計幕府轉聞吏
兵二部功多者破格超陞則逆黨可散矣

詩亡辨

孟子曰王者之迹熄而詩亡詩亡然後春秋作此論世道升降之會乃
王政盛衰之大節也解者乃謂黍離降爲國風而雅亡然則所謂詩亡
者豈獨指雅而風與頌不在內耶予懷此疑久未能決近見金華王柏
所論而其疑始釋柏之言曰若夫子只因雅亡而作春秋則雅者自爲

朝會之樂春秋自爲魯國之史情闊遠而脈絡不貫且孟子言詩亡非曰王者之詩亡也凡風雅頌皆在其中其迹熄二字包含有味然後二字承接有序若以爲浮辭而略之則情間而理迂非孟子之旨也河汾王氏窺見此意直以春秋詩書同曰三史其義深矣王制曰天子五年一巡狩命太史陳詩以觀民風自昭王膠楚澤之舟穆王迴徐方之馭而巡狩絕迹諸侯豈復有陳詩之事哉民風之善惡旣不得知其見於三百篇者又多東遷以後之詩不過得於樂工之誦所頌而已至夫子時傳頌者又不可得益無以見諸國民風之善惡然後因魯史以備載諸國之行事不待褒貶而善惡自明故詩與春秋體異而用則同也王公之言如此可見孟子所謂迹熄者乃平王東遷不復巡狩王者之轍迹不行於天下也非泛指政教號令也巡狩絕迹則列國無復陳詩之事故曰詩亡非獨言雅也若謂平王之時雅降爲風則正月之篇云赫

赫宗周褒姒滅之固幽王以後詩也反列於雅何哉關繫至大不可不辨

喪服辨

喪之有服也非文具也將以表其中心之哀而自致其情也故有喪之文有喪之實如建文君服太祖之喪欲行三年之禮而羣臣固執以爲不可建文遂請治民事神種種不廢而不飲酒不食肉不處內獨盡其居喪之實羣臣不能奪洪熙初即位語輔臣曰喪禮一如建文可除者服不可不盡者心此聖人高出千古之事也吳幼清序服制考詳云爲母齊衰三年而父在則爲杖期豈薄於其母哉蓋以夫爲妻之服既除則子爲母之服亦降家無二尊也子服雖除而不飲酒不食肉不處內居喪之實如故則所殺者三年之文而已實故未嘗殺也女子在室爲父斬既嫁則爲夫斬而爲父母期蓋曰子之所天者父妻之所天者夫

嫁而移所天于夫則降其父婦人不二斬者不二天也降期之父母而
期爲夫之父母亦期期之後夫未除服婦已除服而居喪之實如其夫
是舅姑之服期而實三年也今子爲母不論父在父亡皆齊衰三年婦
爲舅姑亦三年矣若果能明於先王制禮之意與子婦所以居喪之實
雖不增亦無傷也古者兄弟之妻無服推而遠之也然兄弟之妻之喪
己之妻有娣姒婦之服一家老幼俱宜有服已雖無服必不華其躬宴
樂於其室如無服人也同爨且服緦朋友尙加麻鄰喪里殯猶有無相
杵巷歌豈獨於兄嫂弟婦恝然如行路乎古人制禮之意有在也今兄
弟之妻亦有服矣不知古先王之不制服其意未嘗薄也後世有所增
改者皆溺其文昧其實而不究古人制禮之意者也古人所勉者喪之
實自居於己者也後世可勉者喪之文可號於人者也誠僞之相反遠
矣又儀禮於出母爲父後者則無服是不喪出母非自子思始也世俗

不知恩義輕重之别往往於出母嫁母猶欲持喪此所謂知母而不知父禽獸是也不知父在母死猶不得終喪三年蓋尊祖敬宗家無二主之意匡章猶知此義不欲以改葬欺世父如知奉出母爲厚道而忍視亡父爲路人則綱常紊矣宋郭稹幼孤母邊更嫁王氏既而母亡稹解官服喪知禮院宋祁以爲過禮詔下有司博議馮元奏聽稹解官申心喪蓋不得成服者朝廷之正法而心喪自盡者乃人子之至情所謂自盡其實者也至民生於三事之如一獨師不制服者非薄也當以情之厚薄教之深淺處之也孔子喪顔回若喪子而無服當時諸弟子于師之卒也遂若喪父而無服近世王伯安卒門弟子各私製服爲王汝中無父母則麻衣加絰錢德洪有父母居越則絰居姚則否竊以爲皆合于禮而可行者也

肉刑辨

後儒之論曰不井田不封建不肉刑而能致治者未之有也蓋以肉刑爲聖人良法云斯言也經學不明誤之也書云象以典刑流宥五刑談肉刑者據此矣執經而議慕古之士多惑焉按漢文詔曰有虞氏之世畫衣冠異章服以爲戮而民不犯武帝詔亦云唐虞畫象而民不犯象以典刑此明訓也故白虎通云畫象者其衣服象五刑也犯墨者蒙巾犯劓者赭其衣犯臏者以墨其臏犯宮者屝屝草履也大辟者布衣無領夫亦有所本矣傳或難據也以經解經可乎呂刑曰苗民始作五虐之刑爰始淫爲劓刵椓黥曰始作曰始淫苗以前無有也執誣舜哉四凶之罪流已耳竄已耳未聞用肉刑也當虞之時豈復有犯咎觸法踰於共驩輩哉舜之命陶曰五刑有服儒者曲爲之訓曰服其罪也五刑之服對五流之宅言之宅爲民之舍則服爲民之衣無疑矣宅以别流罪故爲三等之居服以别刑罪故爲三等之就蓋五色一匝曰就戴記

一就七就可考也果如世儒之訓豈流者不當服罪耶大都治民之道賞罰其身者淺而賞罰其心者深堯舜章德以服懲惡以服所謂賞罰其心者後之治民者類以身而不以心刑愈繁亂愈滋矣今固不行肉刑也然使聖人賞罰其心之道不明於天下則肉刑之言誤之也予固不可以不辨

賀近樓王大將軍移鎮中協序

今之談邊事者蓋岌岌三衛屬夷環薊門而處而朶顏最盛長昂董狐狸之屬又最桀驁也昔者兀良哈從成祖靖難功獨多又數從駕北征爲先鋒蓋中國之忠臣義士也昔效忠貞今爲頑梗昔以其忠貞而授之地今據吾地而益肆其梗邇者石門告變防禦無虛日矣當道以薊門三協惟中協居東西之間可以策應而難於得人因推近樓王公移鎮焉予聞虜犬羊也可以威服難以理諭不一挫之守終不固公武藝

絶人常有封狼胥之志前後在薊鎮若干年其撫屬夷也雖不廢賞勞而常臨之以威節之以禮未始少狥其欲即夷人哨而零竊公不顧也今塞上之軍若馬疲弊極矣使得如公等數輩分統之訓厲之假以便宜寬以文法瘦者可使壯弱者可使强長昂董狐狸輩可折箠而服也今也不然武臣戮力而防於外文士談笑而議於中使者持勑書絡繹而至有纖芥不合即謀勇如韓白且中白簡解任去矣簿書之設繁於戈矛交際之儀密於擊刺文法之拘嚴於兵法雖有良將一步不敢騁一息不得安縶騏驥之足而責其千里豈可得哉雖然公世之所謂豪傑也吾聞豪傑制人衆人制於人制於人者隨人而立功名制人者能以我而用天下昔人謂子房能用高祖蓋因其勢而導之也然則因今日之勢制今日之宜在公必有不拘法而不礙法者時方束縛我獨超然時方委靡我獨振作某不肖尙將拭目而樂觀之某號茹公於予有

舊而徵言以賀敢以是爲獻

賀大將軍史效松移西協序

說者僉言成祖棄大寧而密雲始爲重鎮非也我國朝定鼎燕雲實倚大寧爲險固文皇帝睿謀宏遠爲萬世規若之何棄之且三衛之建在洪武十八年非永樂創設也當靖難兵初起原與寧藩及各衛諸軍約徙內地而兀良哈率諸步從征力戰而南厥功不細後三犁虜庭皆藉之爲前驅是三衛諸夷固當時所謂忠臣義士也且諸夷中有積功至都督者爲武臣極選都司不能轄因移於保定而徙興營等衛於順永境內蓋以全一時之信而且倚三衛爲足恃也詎意威廢弛而屬夷更爲強虜乎成祖嘗有言曰滅此殘虜但守遼東大寧開平東勝無事矣既曰守大寧豈肯棄哉是大寧之失乃後人駕馭無策失祖宗之故物耳竊謂得豪傑之士守要害假以便宜練兵秣馬組屬夷之項而制其

命則大寧可復也余念此熟矣有效松史公者昔從戚大將軍數立奇功近從中協調守西協夫薊門三鎭惟西鎭最險曹家寨三面拒胡石塘嶺虜數窺伺而俾公守之則要害得人矣邇者朝廷寬文法事不中制督撫諸公又皆開誠任賢而樂盡羣策者練兵秣馬惟公所欲爲耳復大寧而固神京公儻有意乎余閲金元遺史稱大寧有木葉山南北千里東西七八百里喬木糾錯猛獸盤鋸人不能往而北又環江眞天險也東自山海至楡關乃秦人長城遺址築重牆而守之可斷東夷之出入其西通大虜亦止一線路往年三衛夷人盜北虜之馬皆從獨石牆下往還畏我軍發覺往往賂以牛馬舍此更無道也築而斷之爲力更易夫三衛方倚東西二虜爲重我誠斷其臂則如穽中獸耳縱未能復大寧大寧不可舉此行之乎效松先生在薊門久習知邊事雖夷虜亦憚之往年撫賞長昂董狐狸之屬稱素桀驁公一言麾之輒唯唯不

敢吐舌蓋公之籌畫素定而威名著也然則公而辦此易易矣小石彭公偕諸僚友某某輩索予言賀公予喜要地之得人也大寧之可復也三衛不能爲也燕都之背益壯而厚也于是乎言

賀陳穎亭祖母邱太夫人八十壽序

武塘陳氏世積德不顯至西疇先生善治生其配邱夫人實佐之性勤好施予嘉靖間邑大水米價踴躍諸富室皆閉弗糶西疇悉損所積賑鄉里親戚之貧者邱夫人喜曰吾聞厚施者必食其報陳氏庶其興乎西疇生某某生今進士陳君穎亭穎亭之初生也母故多病幼輒隨邱太夫人共臥起未幾喪母太夫人撫育備至今繼母誠賢而太夫人畜育既久進士君倚之若慈母焉丙戌既登第以太夫人八袠思捧一觴爲壽因請告而南穎亭奏名不甚在後應例即得銓而求歸甚急予再三阻之告予曰萬鍾之祿三公之位不以易吾一日斑綵之樂也予聞

其言悵然自失予幼而無父生平不識祖父母作何狀又成名也晚宿草寒楸何所承歡哉君今歸矣悅祖母卽父母之心悅父母之心悅卽一家之心靡不悅和順之積爲大年豈獨太夫人壽無涯哉陳氏福慶自此永矣僕又聞善事親者視於無聲聽於無形一舉足而不忘吾親則深愛婉容在在充溢以事君而君悅以事民而民親以交友而友信僕且將以巨海爲觴而徧壽八埏也斯意也且將與穎亭熟講而共行之

梅居士壽序

余少游茂苑常登太湖之東山山與縹渺並峙坐山上瞰太湖波光亘天中凡七十二峯各挺蒼翠自茲山視之直介邱耳洵哉其爲洞天乎乃其下地土饒衍居民魯樸大不類吳門佻靡之習因謂巖穴間豈無異人苟含和保靈偃仰以玩世是卽浮邱之徒已奚必問蓬島哉乃今觀梅居士毋乃其人歟居士姓姜氏今尚書工部郎某之尊公也行年

八十有八行不曳藥齒能嚙腊顔采如嬰兒家世兹山嘗植梅成林因自稱曰梅居士不甚出山以湖山君貴始就養於陪都每歲懸弧官舍令子長君率子姓羣來上壽居士開襟劇飲仰天長歌飄飄然有御風之意陪都搢紳登堂而賀者慕之如僊夫年踰大耋而神氣益强是澄何道耶聞居士性和而體厚詞簡而履醇少以生事歷荊襄齊魯之墟已而倦游歸隱山麓日探洞天雲笈諸篇充然有得逢道人輒坐語不寐搜奇抉秘即奥士不能難也此謂含和保靈偃仰以玩世者非耶壽惡乎可窮也今夫上古之民蚩壽百二十歲中古之民樸壽百歲叔世肆欲而越禮俗益濫而民益淫得耆者幸矣居士慨想玄俗景行至人遐哉邈矣其得衛生術乎乃今老而不衰雖稟受特異其吐故納新飡霞咽氣要必有大助焉者試自吳人求之魏伯陽好道不仕留心金鼎白晝竟生羽異今所著五行諸書昭然可考也又莎衣道人臨水見影

超然大悟卒能通神而永齡此非服食之效歟居士壽去百齡在近其躋上壽如蒙蚩之民蓋可懸識第不知乘雲登升與伯陽諸君將來孰爲上下耳今年居士誕辰湖山君繪圖稱壽屬余頌言余與君契若兄弟知契最諗敢以蕪語漫敘其平生若曰祿養日隆子姓遞顯以此可以娛老引年是亦一道也茲雖恆談善頌者必及之矣

賀東白龔先生暨配某孺人雙壽序

嘉善之俗北樸而南勍以南之濱於海也北之極爲吳江而吳江之俗又南醇而北競以北之鄰于蘇也故南北之間帶巨湖襟平疇離通都遠斥澤風氣淳樸生於其間者亦含醇抱樸往往多壽龔氏爲吳越鉅族家於此者數世矣至東白先生讀書業儒履繩蹈矩高志遠識爝然不羣壯年與余同遊諸生遜避之莫敢與抗某孺人少先生二歲茲介七袠二月二十九日其誕辰也當先生七袠時予偶以事出遊不獲稱

觴于堂茲因孺人之壽而追壽先生若先生之子應科博學能文辱從
予游而吾兒儆又忝通家子姪之列予胡可以無言也予聞先生於兄
弟行最幼髫年卽躬修孝道深愛婉容油油可掬其長兄壽彌高先生
事之如父有行必順有誨必從故能以孝友起家爲鄉閭所矜式其孺
人亦出自右族幼誦媼師之誨長習敬姜之規先生晨起修業或約朋
友會課孺人亦督諸女奴勤修織紝先生篝燈誦讀或夜深不寐孺人
亦隨照壁之餘光而緝理女紅其機軸之聲與扣呼之音相答響故能
敬共唱和而家道以興卽陶靖節之辭榮盛世而翟氏焚薪自爨梁鴻
遯迹名山而孟光甘心裙布不是過也然則今日之偕老厥有自哉吾
聞高松古柏後木而凋此植物之壽者也然不如並茂之松連理之柏
爲尤希介龜羽鶴後禽而毀此生物之壽者也然不如雙龜並鶴自少
而老常共遊而侶食者爲尤奇璞有璧砂有金此美物之壽者也終不

如合璧重金爲尤奇而難得然則此東白先生夫婦之並壽是兩松連柏也是雙龜並鶴也是合璧重金之相映者也殆合兩邑南北之秀而鍾之於一家豈易得哉況子也克文孫也克繼推前人未竟之志而乘時奮發所以銘太常而澤四海者可翹足待也願先生夫婦益培養天和而俟之

習靜園居序

恕庵于先生守慶遠貞廉慈惠有古循吏風政成而歸出入徒步儞樸不修邊幅義甚高其諸子皆循循守禮法而檢齋尤賢謙厚縝密待人和易終日無頳言併色好黄老言有倘平之志今秋宣城道者來自山中遻於武水之上講論甚洽館於其家日談習靜之訣校定參同契悟眞篇以乾坤爲鑪鼎坎離爲門戶垢復爲水火消息之候而一主於靜遂以習靜名園園雖有門不常啓客至不得入惟予數至園中登其堂

累晝夜趺坐不起因祈予爲之序予聞廣成子黃帝之師也其告黃帝無他語惟抱神以靜形將自正廣成子沒後數千年而老聃氏出著道德五千言其最要者惟谷神不死一語而已夫谷神至虛常應常靜本無有生安得有死非習靜而能臻其妙境乎楚屈子賦遠遊託王子之言曰無滑而魂兮彼將自然壹氣孔神兮于中夜存虛以待之兮無爲之先空同道士取之謂雖廣成子告黃帝不過如此蓋能習靜則神凝氣定乾坤坎離皆在我身中而可以留形住世矣吾聞古德云愚人除事不除心智者除心不除事然則所謂習靜者非徒離事而靜其形實欲離心而靜其神也蓋待無事而後靜者其靜在境境變而靜亡矣不論有事無事而常靜者其靜在心則常應常靜而攝散不二者檢齋所習果靜其心乎否耶如求靜其心則隨緣息念不執不離而可脩然於外如徒靜其形也則波浪暫澄泥沙終在雖久習無爲也豈惟無爲且

將有害古人有靜處養形閙處煉神之說若不即事磨鍊而惟避事以求逸則精神皆從靜處漏洩所謂積閒成懶積嬾成衰乃必然之事而去長生久視遠矣數年後予尚平之債畢亦將從公於園而鍊其神雖廣成子復生老聃復出亦不能易吾言也

卷三十九 完

同邑柳棄疾鄭瑛 校錄

卷四十

邑後學　陳去病　纂輯

明一八

袁黄 見前

陸氏族譜序

萬曆二十四年丙申余謬承邑大夫命爲修乘之舉三月而竟業展卷閲邑之山川人物犂然有當於目乃武塘有所謂陸氏者紀載中幾十之有三噫何其盛也余一日往門生輝錫號孺蓮齋頭曰余修邑乘乃君家家乘矣輝錫曰吾家家乘尤多於邑乘也遂令其從叔祖道光冲垣盡出其譜録余得縱觀焉則見博而該詳而核誠陸氏之信史也余嘗博覽羣書於古名賢往往注念而唐之忠宣幸生於里尤切仰止恨生也晚而公之二十九世孫道範號契泉即輝錫之祖也與余交好嘗

以公之相業文章相與講論惟是熟習其聚族之義而昭穆宗祧之序
猶未悉也是譜也蓋公六世孫文奎註集十六世孫瑀重修二十四世
孫璐號愛菊復依論纂輯嗣前編歷歷有據而道光者卽璐之玄孫也
虞前考訂雖詳而典守弗戒或至散逸今將付之剞劂以垂後昆亦源
本之恩也夫陸出自軒轅至於漢晉而益盛歷唐而愈顯迨宋以暢茂
於吳越者則自放翁始凡四十九支往未暇述卽今翰林支集華亭支
庠屢屢奮跡爲當代人物而侍郎支居武塘者其子孫亦彬彬質有其
文而卒不免困於公車豈將重發其祥而尙有待耶余將拭目俟矣雖
然克家亢俗正不在第不第也古者敦睦以合族君子難之蓋族繁則
賢愚不一趨向不同必躬行實德以爲子弟先久之靡然向化其爲克
家亢俗也不亦偉乎不然冠裳佩玉而名汚青史族亦奚賴焉道光與
輝錫兩文學皆有意於古道而以範俗爲念者也倘存是說則此譜不

幾與國史並傳乎是爲序萬曆二十四年丙申歲袁黃了凡氏撰據嘉善縣志棄疾案此文兩行齋集未載

歷史綱鑑補引

自書契之作卽有史書墳典而上九丘八索荒乎邈矣迨周中葉列國有史周天子不能命太史氏統而一之孔子乃因魯史修春秋紀事挈要義嚴一字直提其綱耳左氏繼爲傳以發明之目蓋以詳說者謂春秋爲經中史信哉嗣是班馬蔡范卓乎有聲而晉書唐鑑新舊唐書日曆中興記五代史十九史莫不炳炳烜烜鼓吹休明然人擅一局代成一制卒未有合其渙折其衷裒然集一大成者於是司馬氏通鑑作焉蓋繼獲麟之後起威烈迄五代編年敍事君經臣緯代興亡政治亂人邪正歷歷如指諸掌信哉其成良史之名也紫陽氏復取溫公通鑑著爲綱目而諸史所載悉皆斧斤而繩墨檃栝而椽桁之益大備矣彼其

綱祖春秋以揭義目宗左氏以彙事程量萬品而嚴片言揮霍三長而謹隻字正而公精而核雖謂綱目于麟經有光可也顧二書俱託始於初命三晉誠慨周衰秦併之漸爲世道更變之大機括而於邃古渺茫則重言之且又俱止五代而於宋事獨闕如以俟後之君子亦春秋書魯事多微詞以見意之義也然邃古無載久則益湮宋後無紀遠而愈漫是以仁山金氏據書斷自陶唐以下接於威烈之前名曰通鑑前編道原劉氏又起三皇本紀止周共和述爲通鑑外紀宋則李仁甫之通鑑長編元則陳子桱之通鑑續編皆以補溫公之未備至我明素菴商公之續編宋元綱目又嗣紫陽而有作之數公者雖瑕瑜互存雌黄時有然古今烏可無此大紀載也愚謂春秋親聖人筆削業已尊爲經矣未易以史目之史漢而下止紀一代事勒一家言者無論已若綱目足繼獲麟絶筆而通鑑實爲之前茅故紫陽孔氏之素臣而涑水朱氏之

伯兄金劉李陳𫝊諸公又馬朱二氏之玉友也臣主弟兄不合併之一家可爲大方家乎余是以不揣鄙陋取諸史而采輯之以綱標其大義以目與鑑詳其顛末自周以前合編紀而採其粹宋元而後參𫝊陳而纂其全如輪轅輻轂之於車合以成其載如膚髮腑臟之於身合以成其體使上可資黼扆之金鏡而下可作衿紳之元龜又奚啻網羅今古美鼎彝而飾錦櫝爲哉若夫删述之精文約而事該法戒之明詞嚴而義備其足爲諸史功臣與否則以俟夫千秋萬世之知我者又奚容自張爲時萬曆三十四年丙午夏四月趙田逸農了凡袁氏書於游藝塾

此文兩行齋集不載棄疾記

紀年類編序

吾父參坡先生見國朝年號多犯前代舊名遂徧稽國史下至稗官野記靡不檢閱歷十餘年猶未脫草蓋慎之至予欲纘成先志凡披閱書

史有關年號者輒隨筆而謹識之所增者殆十之三然亂賊事微夷狄地遠紀載容有未周後有博洽君子幸更增輯以補愚父子之闕此文兩行齋集不載棄疾記

重梓一螺集序

吾父參坡先生博學攻鉛槧吳文學淵藪時髦擅菁華之譽者踵相接也然皆無當吾父吾父之文根本六經不鑽深不弔奇言言關世教非徒作也其詩則涵養性靈以悟爲則視漢魏而下漠如矣取歐陽公滄海一螺之喻以名集志謙也集凡八卷刻自嘉靖丁未余方髫年未知當時去取之意兵燹遷移板半毀因重梓之然吾父自緝一螺集計八十卷止存八卷行世佳者未必刻刻者未必佳欲搜羅原集更檢訂而稿多遺逸幸而存者又編殘卷蠹手而目之淚淫淫下遂先舉其舊刻重梓之俟博訪親知遍尋遺墨徐圖而重訂焉嗟嗟僕老矣繼志緒正

知在何年三復遺章賜焉如割萬曆丙申夏六月袁黄此文兩行齋集不載棄疾記

重梓袁氏家訓跋

黄子澄之變吾邑受禍者七十餘家不憚隕身滅族以殉忠義其名皆湮沒而不傳則革除忠臣僅存而不泯者不過十之一二耳至於建文舊主施仁行義自三代而下最稱淳厚緣太祖實錄多所删改而諸臣著述又拘於時諱不敢稱揚遂使嘉謨善政澌滅幾盡我祖杞山先生得於目擊口授家傳主德篇所載皆其大綱也不可不傳者也是編刻於成化中歲久糜爛今據其可讀者梓之殘缺者不敢增補爲吾子孫者能繹其義而世守之庶無愧於故家風範矣吾家舊住陶莊族頗繁衍經家難遷徙流離逐漸衰弱二百年來所生育者不過四十餘人除杞山以上別有譜斷自菊泉而下爲遷國之小宗而錄其支派於後四代孫袁黄書此文兩行齋集不載棄疾記

重脩嘉善縣志跋

今天下家握璧人懷琛而姑蘇尤稱文學之淵藪倪君公在創脩邑乘
倪之先蘇人也于侯再脩之而金沙亦古姑蘇地邇者章侯自蘇來宰
吾邑越六年化行民頌徵書旦暮下復理文事而謀志焉告余曰邑之
乘前文人兩脩之雖弗甚備亦足徵也南橋子耄而康猶及見弘嘉間
事獻足徵也文獻備敢以煩子余謝曰蘇饒文學侯尤擷其菁華僕即
執牛耳以從能當侯哉且罪隸之氓三緘自戢猶懼後議敢任簡書以
速公謗侯曰志期實用不期摛文武塘自敬輿諸公以文名海内琅琅
炳炳迄於今不衰若徒奪其菁華句繪字琢而要之本實則畔離詞藻
雖工徒翫具耳太史公記秦漢間事直著當時俚情諺語不假緣飾史
以文勝遷獨以質勝而傳斯亦奇矣毋以不文辭余受簡而質諸南橋
南橋謂是不可略略無稽也是不可誣誣弗信也是不可無益於用無

益於用非體也遂因舊志之文偕邑彥分纂其事予總閱之南橋又閱之而其義則一請裁於侯夫侯產姑蘇而出宰武塘余產武塘而遯跡姑蘇雖欲以不文辭不可得也然茲志之輯侯蓋以其六載勤劬之績書之簡編以告後來新令中間語無緣飾惟以脩明治道利益生民爲本閱斯編者尚無以空文求之此文兩行齋集不載棄疾記

觀顧氏族譜

萬曆丙申仲春之望門弟顧生持族譜請于余曰生族來自陳黃門侍郎希馮公即今吳俗所稱顧公大王是也支系甚蕃未有顯者故是譜亦湮泯不振先生文高山斗願賜鼎言以闡揚之幸甚余展譜觀之首見南軒張公栻大書顧氏永寶數字不覺悚然起敬注瞻不能釋目愚何人得覩先賢之手範也自是觀太學博士汪應辰樞密使曹彬學士陶穀御史郎煥諸公之撰述皆不足易我欽重張公之念已至觀趙韓

王普所撰黄門公小傳謂公之出處具在史册因憶南史載公忠孝篤摯著述鴻隆五季而三代人物豈猶曰班馬之儔歟又觀翰林學士顧公謙龍圖閣學士顧公臨二誥章璀璨乎綸音輝煌也而端明殿學士顧公明但有傳與贊而誥章佚焉甚可惜也然其傳乃文丞相天祥公所撰稱公奏疏力主督戰詆斥和議惓惓爲禦虜計蓋愛君忠國之心深相契合故記之極其詳也余以爲得是傳而存之于端明公榮于華袞之褒于族譜煥于日星之朗也展玩之餘徬徨追賞然以爲顧族之盛不特茲譜所載嘗見希馮公所撰顧氏族譜傳敘晉軍司散騎常侍顧公榮匡輔元帝其於軍府謀議勳勞最著唯時物望素重門閥尤盛逮齊梁閒列居秘閣及中大夫而下登仕籍者二十八人公各爲傳焉抑何盛也右太冲吳都賦云顧陸之裔岐嶷繼體老成奕世朱輪累轍冠蓋雲蔭殆謂是歟又見吳郡邑誌咸稱顧陸朱張吳之舊姓其顯人

高士有德有行者甚衆又觀當今之顧族散處於三吳者不可勝計其間顯達者名位功業彪蔚虎炳業四民者闐充閭溢殆非黃門公一人之裔良多出於二十八公故衆也顧氏誠甲當世罕與儷猶山之衡岱水之江漢猗歟盛哉賜進士出身奉敕贊理薊遼保定山東等處軍務兼督朝鮮兵政加四品服兵部職方司主事袁黃記據南傳顧氏譜乘疾案此文兩行齋集不載

浮玉菴造菩提閣引

苕水自西而東經震澤匯爲長漾諸湖有墩一區宛在水中央俗呼爲張墩莫知其所自始友人朱平涵考爲張志和結椽之所宋端平間有高僧卓錫於此因造菴名浮玉四面皆水溪流剝蝕欲甃以石稍節其制又欲創一閣於後溪水瀠洄憑闌遠眺有不窮之趣湛園性德上人謁余於松陵其祖筠菴禪師余舊交也因書數語以告賢者禪門萬行

以六波羅密爲首而六波羅密又以檀施爲先蓋儻來者財不朽者心愚人以財爲命而志士借財修心檀施一節實修行要門也得四方躍然而起使梵宇重光山川增勝則萬幸矣杜靜臺吾鄉名士也嘗爲余道浮玉之奇欲借一廛焚香靜坐以了千生萬刦之因而今已矣哲人謝世音響若存近聞修築之舉不覺愴然信筆書此萬曆丙午孟夏去病

案此文兩行齋集不載今據震澤鎭志錄入

建蓮花庵疏

余從具區如雲棲院謁蓮池老衲遇客僧焉竊有意其爲人遂與語言言心印恍疑澄釋身化者詢之則法號印我新安黃山僧也夫新安山水甲南邦而黃山實最神秀天開世傳爲黃帝昇遐之處眞人佛子往往遊化其間余曾至是都竟不及與此山作一面相識余見笑於古梅諸老矣越數日特訪之授余圖經一册其中山境岩嶢奇怪萬狀雖鷲

嶺桐柏曾不是過因指一處示余曰此唐時湯院遺址也面對天都青鸞芙蓉蓮花鉢盂諸峯環列左右其下白龍潭在焉山僧將拓一袈裟地爲駐錫之所余謂上人半偈心持色空俱淨三十六峯皆其窟宅矧新安多善男子即地布黃金不難再見祇樹園故事乃上人願作平等觀祖如來乞大比之意遍募高賢徵言於余余足未履黃山無能寫黃山之勝聊述其相遇始末而以蓮花庵名其居去病案此文兩行齋集不載今據黃山志錄入

上兵部石尚書書

日者朝鮮使至痛哭請師申包胥憂楚社而秦爲之賦無衣況天朝屬國乎然彼徒爲其國計馮亭嫁禍於趙不可不慮也竊計薊遼之師衛京都之背江浙之衆防財賦之區藩籬固急而堂奥尤先今悉調以行其不可一也北軍未嘗與倭角故畏虜而易倭然朝鮮地多水潦春融氷解騎不得騁南兵習戰者多老且死新募之卒服習器械未必勝倭

其不可二也倭已兵老厭戰逐之必走然不能久爲戍許之役倘我撤而彼復來不救則棄前功屢救則我大擾兵連禍結其不可三也兵興之費鉅萬不貲司農方日夜不給而又益以此費加派小民則痛吸垂盡之血借支府庫則苦爲無米之炊其不可四也以爲倭能逐有朝鮮則非數萬客軍所能破也若朝鮮猶能自立則彼於契丹紅寇皆自失而自得之今日何不自力而必藉手於我其不可五也我軍驕縱日久庚戌虜變援軍在輦轂之下猶多肆掠况在異域豈易禁制萬一不戢則是屬國倭患之後更生一患其不可六也古者天子拯諸侯之難不過元戎十乘以先啓行而已今乃欲竭中國以衛夷狄其不可七也功名之路一開勢必瀾倒罷閒將吏爭思授鉞剽悍子弟競欲請纓無故生天下徼幸之心其不可八也今若息軍罷戰但於沿海天津直沽之地築墩臺設哨望因募江浙水兵脫脫營田故事行之則水利可興水

田可闢海運亦可漸通而倭至自有備矣又訪得京東海面雖闊而倭入犯之口則自旅順至萊州約五六百里昔舟山戍而全浙寧今旅順至萊州海中大島甚衆當金時嘗設二十州縣若募東南水兵設爲衛所而即以其墾田子粒爲行糧遞籌巡警倭入即殲則兵雖增而不擾餉不益而自充外不失捍禦之宜內可廣賦稅之入又何藉於朝鮮何懼乎日本哉

與毛仁山侍御書

得我丈入臺之報實喜而不寐軍書旁午日無暇晷不得寄片言爲賀妻子南還孤身絕域六十老翁驅馳兵革閒詩書長擯弓馬初習塞外苦寒積雪成凍賴輕略虛懷羣策畢舉三軍齊奮倭殲有期幸得成功即當挂冠遯陽高飛物外矣尊嫂曾來否令郎輩幾位在京搢紳閒孰最相知朝夕與誰相處此須留意昔朱晦翁送子從學於東萊告之云

雖是同學亦不可無親疏之辨交得其人則有疑可問有過可規有緩急可倚仗不然無益也然擇而後交則多益交而後擇則多怨吾丈愼之同縣同年四人我丈已登樞要沈定庵陞憲司弟亦備員部屬獨葉道及尙淹縣令闕鹽二院皆同年其餘各院倘可進言者幸爲噓植此天涯兄弟之至情而亦我丈慈念故人之大義也塞外不能具禮空函相候特布寸忱不盡

在朝鮮與人論倭事書

連日在平壤經營倭事王京之地田塍糾纏樹木蓊鬱不利行師惟南兵可用而食無鹽居無廬怨主將特甚玄蘇及平義智平鎭信等皆在無一死者提督之意恐行人往來此機洩漏所以堅不欲通使而惟求退師生遣馮仲纓徑至安邊見咸鏡之將曰清正其機盡洩無可隱者而行長玄蘇輩皆有書來于是始遣沈惟敬王宗聖相繼往經略亦遣

沈經歷持檄往諭彼懽然欲歸約定四月初八日准退師矣此處擬遣謝用梓徐一貫護之東歸見關白講貢事二人皆白衣假一職以往提督雖有他腸諒亦不能阻也經畫初完卽聞爲民之報晝夜星馳二十五日至定州别經略此後事未知何如然生之心力已殫矣諸將稟帖途中俱被提督邀截改竄以故軍中事體經略皆不得其實近與劇談始知其細然已晚矣王京主將曰平秀家乃關白之婿與行長相厚而惡清正今行長既歸則清正不能獨留勢必俱歸善能行閒儘有妙用目前諸將知兵者寡料不能行度外之事也萬里孤身思家甚渴匆匆布謝不盡欲言三月晦日袁黄具稟去病案右文爲沈君廷鏞所藏原一長牋今割而爲六矣

答嚴天池問調息書

養氣之說發於孟氏非但蹶與趨能動志也行要安徐語須低緩日用動靜皆當存養使太和元氣常周流於四體閒舒爲事業發爲文章皆

自吾益然者出之而已矣即此可以塞天地即此可以貫古今吾儒實
學原是如此自二氏有調息之論而養氣工夫始細而密就老氏而言
則必取先天一竅然後調息以守之而其最上最眞之道則非有作有
執也以空洞無涯爲元竅以知而不守爲法則以綿綿若存爲節度以
一念不起爲工夫藥物之老嫩浮沉火候之文武進退皆於眞息中辨
驗足下試檢盡萬卷丹經有能出此者乎就釋氏而言其上者卽心卽
佛不論禪定解脫下者數息修禪而六妙門及十六增勝法天台談之
最詳其禪門口訣所示者只是調息觀臍而已臍爲命蒂息爲氣機心
息相依由粗入細外塵漸屏內境虛融四智可圓六通可證宿疾普消
特其餘事耳來書謂聞弟所談頓覺信向此是足下夙生植德深厚故
聞淺論而起深心又欲弟將前所談詳爲闡繹此樂善不倦之懷也然
入定法門事多委曲恐非筆墨可盡早歲從雲谷和尚指示曾趺坐十

餘月覺已證初禪境界而中爲事奪不得究竟竊謂調息只是養氣靜坐先須息心足下若能隨事致力借境養神從前毁譽是非順逆好醜不知經過幾番追想何嘗是實即我之聞譽而喜聞毁而怒慕好厭醜種種情狀皆是夢中妄爲今後倘遇一切毁譽順逆皆以夢中境界待之不得執着不得留戀如風過樹如月行空泯然平懷一毫不染即此便是究竟法門蓋一念不染便是一念聖人一日不染便是一日聖人夫道至簡原無委曲原不繁難也足下信得及否生舊有靜坐要訣談此理頗悉近梓新板當刷呈正不敢負也

與嚴天池書

僕非良騆辱伯樂深知朝夕惟慚負是懼竊有耿耿之衷積欲獻之几席幸垂聽之蓋聞圖形於影未盡纖麗之容察火於灰不覩洪喧之烈是以問道必窮其源觀物必洞其裏今天下任子有聲望者獨瞿元立

與足下耳足下日用間覩色聞聲能一一洞其本來否長者素篤實未嘗自欺然發已自盡之外能循物無違否守法者未必是而通融者未必非奉公者未必賢而亮情者未必不肖任勞怨者未必有益而愼動自守者未必無功昔金壇于公湛擇壻得無錫之華生告其女曰吾三任都憲歷十有七年未嘗輕入人死罪華生不患不得科第患居官或刻耳後華爲江右節推執法不撓歷三月而入大辟者三其妻述父言告之華曰我爲理官律如是吾依律斷而已若廢天子法而市已恩非忠臣也後屢入人罪其妻屢勸輒以依律斷告之今于氏子孫貴顯累世而華竟絶嗣是守法不如通融之一驗也我朝雅樂定於冷謙聲音器數校宋元獨得其眞凡樂舞生十五年一考必精通律呂者始與選當事不解音律多寄耳目於他人後貴鄉一人爲太常卿一意奉公不聽傍人片語而於古樂惜無所知遂將通律呂者悉黜不錄由是太常

諸生謂演習無益不復肄業而古樂遂廢夫以一念之秉公而如國家三百餘年之樂此必非君子所安也是奉公不如亮情之一驗也海剛峯信古書謂三吳水利當浚吳淞遂犯衆怒而力開之未幾皆淤爲平陸則一任之勞枉費財力所任之怨亦徒拂人心而已此又任勞任怨不如慎動自守之一驗也昔黄石龍以任子入經筵官八座而議者以爲克稱其職夫石龍居官之後禮陽明爲師締心齋龍谿爲友日以改過遷善爲務則其學益精而官克稱毋惑也足下足有遠到之志其肯遽以爲足乎薄儀侑緘以路遥不能帶長物而家訓一部則載建文之事頗詳伏希留覽

再答楊復所座師書

寶坻北境即薊鎮也軍人往來聞邊事甚熟又親至密雲遵化受簡閱見邊弊甚眞今日得苟且支吾而無事者仗朝廷福庇耳兵馬器械一

無足恃舊曾畫邊防七事獻撫臺特以開田爲急務撫臺亦以爲然而
未暇行也蒙賜卦田圖說諦觀數四甚合鄙懷但卽今薊鎭之邊東起
山海關西至石塘嶺正是太行一帶山脚中間縱有田地不甚平坦不
能井畫竊以爲當師其意不泥其迹縱橫曲直各因地勢淺深高下各
因水勢而於近邊山上皆植棗栗分授臺軍使爲永業昔蘇秦說燕王
謂燕饒棗栗之利不俟耕植而食已足矣今棗栗梨杏之屬皆漁陽所
宜試舉而行之數年之後樹木蓊鬱戎馬難馳此金湯之固也若邊內
平地可以井授者宜速講而行之百里之地提封萬井薊鎭東西二千
餘里十分而取其一則千萬之租不出戶庭而常足矣以四百萬石充
漕運之數遠方之民可以大蘇然矛盾相觸舉世多然而針芥相投知
音實鮮今有同心如王先生者某將褰裳而從其後矣但所謂開濬有
神功不甚費人力者不知果何如也某所苦者開濬難耳果有神功則

此事可以立辨頋老師細問而傳教之

寄陸五臺先生書

古者民犯罪惟原情而斷無定法也律之興自三代之叔季而大備於唐我朝之律實因唐律之舊洪武三十年始頒行天下弘治十一年增修其例例以輔律可輕不可重也嘉靖二十九年再修之萬曆十三年三修之矣生曾奉書漸庵先生謂舒公所定之例未可據爲典要非疑其不合法也疑其泥法而失制律之意也如謂律之意止于任法則篇首具五刑圖足矣何必備列諸禮圖乎唐律釋文云禮者民之防刑者禮之表二者相須如口與舌眞確論也高皇帝大明律序云明禮以道民定律以防奸大都禮刑其初一物出禮則入刑固將以制民爲義而非罔民爲厲也明矣又天下之事備于六曹今特列名例律於六曹之首斯何意哉人生大倫名義爲重世道相維名教爲先以名義名教爲

例此非俗吏所能窺測也試檢名例條目如八議以理去官老幼廢疾收贖親屬得相容隱犯罪存留養親之類皆從寬不從刻優然有與民並生之意撥亂世而反之正孔子急於正名而刑之一事則尤貴名不貴實傳曰君子恥之小人痛之痛之不若恥之故用實不若用名也一部春秋所以誅亂臣賊子者何嘗用斧鉞哉不過以名爲例耳斯意也惟先生與漸庵知之亦惟先生與漸庵能行之漸庵在北而先生在南此千載一時也誠得博攷羣例推明律意編一書獻之天子行之天下以養四海和平之福行見陸李二先生世世子孫食厚報無竊矣書曰罪疑惟輕又曰寧失不經蔡傳謂二者非聖人至公至平之法此宋儒之謬也天地之大德曰生而聖人以好生爲德法必如是而後爲至公亦必如是而後爲至平所謂帝德罔愆者故嘗妄謂康誥呂刑乃用刑之軌範舍詩書而談法律必不精矣太史公亦謂刑名之學源於道德

舍道德而談刑名安知所謂刑罰之精華乎先生向入銓部生嘗妄評人物以獻今復論刑法極知涓埃之微無補海岳而一念忠愛獻納之誠則有皎如日月者因𢿆門生來便附布欵欵之悃

與李景魯給事書

綱常大義皎如日星靡靡頹風孰爲擔負自吾丈之一鳴見斥直聲振天下矣社稷山河若增而重矣丙戌之榜不爲虛開矣我黨二三兄弟藉有榮施矣人生世間有身終隕有肉終腐有血終枯吾丈以夢幻易盡之軀而建忠貞不朽之業何樂如之雖然吾丈今日以往之身負荷綱常之身也天下士引領拭目望之事事合禮僉謂固然稍稍出格便不厭衆心矣曩也修之家而懼壞之天子之廷今既修之天子之廷而或弛之家是猶以萬金無瑕之璧而輕於一擲也是猶以五色文章之蜀錦而納之汙泥也是猶以旃檀無價之寶香而糞壤汨也願益虛而

心益慎而勤勿恃此舉之奇而忘前途之遠則善之善矣邢台劉丈慷慨好義屢約相過竟以事奪茲各分俸以備朝夕藥石之需願吾丈麾茹咫尺難會情緒闇然願言自愛

再上王荆石座師論救萬御史書

俺答黠胡也其初納欵時即西置丙兔於洮河東置扯兎於薊鎮夫洮河去宣大不啻數千里而使其遺孽得假朝廷威命以部署海上諸夷而君長之又薊鎮之外惟三衛屬夷吾置都督等官時其來而賞犒之固設官授祿之常也今扯兎以順義王之子分管夷部駐牧滿套兒地方而受賞於石塘嶺此則以華夏奉蠻貊矣且又使吾舊日之屬夷皆轉而聽彼之鈐轄其失豈淺尠哉奚獨扯兎凡大小變只及小阿八戶之屬皆其遺裔也非三衛種也何爲俱賞之是俺答當鼠伏受命之時而東自薊鎮西自洮河已儼然規畫萬里之封疆而踞據之當事偷目

前之安種此莫大之隱憂其禍特俟時發耳今洮河已見告矣邇者趕兔作逆張總兵拒之不二十里而返衆咸憤憤愚謂幸而返耳不返則咸碎於彼而中國之氣益隳矣何者邊鄙馬皆骨立軍皆疲伍且多虛數而冒廩食焉若何能戰故諦觀今日之通計惟有撫賞一節爲制禦夷狄之要領而養兵秣馬皆虛費也然所謂撫賞者非可終恃也特恃之以支目前而陰脩吾戰守具耳今各邊談及戰守則兢笑爲迂病生膏肓莫可救藥而鄭司馬之出不募兵不選士有豪傑欵門則謝絶之故四方望影聽聲者僉謂朝廷意專主和而歸罪於申相夫申相國量時酌勢持重愼發欲爲國家圖萬全不敗之策而道路反以罪之者前者召對之言有以啓之也天子思戰而密臣議撫遠近聞而不察能不囂譁頃聞萬御史有言尚未見全疏然願老師保護而曲容之倘忤旨杖逐亦願密達申相國使之救解蓋此生素有狂直之名若驟押之必

大失天下豪傑之心而於申公茹納之量亦損矣竊謂朝廷設立臺省正欲責其盡言言而盡也吾從之言而不善也吾容之上可以彰朝廷之大度下可以脩邊鄙之實功也少年有疏及邊事而請戰者决當以優旨答之于以懾夷虜之心于以伸華夏之氣于以發攄忠臣義士之憤而各邊事體恐須稍更張之勿謂舊轍盡善夫申相國之待老師恩禮並至則老師之報申相國亦豈可惜一言而不盡心哉某愚且戇不識忌諱狂言無當發自至誠惟老師見察

三上王荆石座師書

薊鎮石門之變雖云損軍殞將然出關一戰亦足褫賊胡之胆當論功不當論罪寶邑去石門不數舍生知其本末甚悉大抵軍中宿弊從不與敵對戰此役我雖有損彼亦多傷殺彼頭目虜人抱頭而哭皆是從來未有之事且長昂之來專爲挾賞若重治將官則墮彼術中矣此後

我軍不復戰矣長胡虜狡猾之氣而堅將官媚虜之心不可草草長昂舊日實墜馬傷脅幾死有遼東人張姓者爲之調治而瘥今聞欲約青把都入犯此全籍廟堂作主蓋昂酋既生事於石門我不得不革賞既革賞彼不得不要求小小失事當照舊時條議悉釋不問但嚴提防嚴訓練務爲不可敗足矣三衛屬夷原無難處亦無大患者第多畏飛語縱橫不能自立耳新刻靜坐要訣頗益脩鍊之旨謹具一册以獻

四上王荆石座師書

軍前聞大駕入京即勒狀附候未審曾徹覽否某年逾六十驅馳絶塞冒寒涉險兩鬢如霜平壤之捷委係奇功較之寧夏不啻倍蓰提督號令嚴明三軍用命親冒矢石不避艱險雖古名將何加焉城下之日誤聞軍士有割死級報功者卽馳告之曰李見羅賢者也止因戮尸增級遂坐大辟將軍萬無此意而羣下不檢或微有其迹宜嚴禁之且大捷

後傳報止云臨陣斬級千餘今遽增六七千人誰信之提督初聞勃然不悅既而翻然感悟深以鄙言爲然即出令禁戢某亦隨牌行平壤布政司李元翼及管兵僉判金寧顯將死尸殯埋訖故所報首級雖不甚多而不戮死尸不報虛功亦足示大義於夷狄提督之功于是乎偉矣是晚攜罇過某懽然痛飲正所謂相爭如虎而不失和氣者請將戰功侯勘實續報

與吳海舟侍御書

我丈厚德醇腸目前無兩弟素所知愛而委身歸命者亦目前無兩聞入臺之報乘時自樹展布有期矣弟虛名浪布實行多虧其布者欲振之而不能虧者欲脩之而未逮縣官陞轉自有常格無端被人推薦無端被人糾劾今以四年六月之俸叨轉郎官正當優游粉署養拙藏愚又被經略疏薦遠適絕域緣在縣久斷五穀今行軍甚便終日馳驅不

煩行廚鴨綠江邊苦無人烟擷帳爲房藉艸爲床寒威砭肌呵氣成霜衆不勝其苦而弟則處之裕如也沈惟敬已出平壤先說平行長等皆肯東還倘肯專力任之則不煩軍旅而事可大定乃知本兵石公其識高出尋常萬萬平秀吉狡猾多智制其主天正不得有爲于國今又傳位於其姪平秀次而以平秀宗守王京平秀忠守慶尙道以親信守要害之地而自駐師對馬島察其徂懷似甚悖逆而實無攻取之大志我當以封事爲權宜以守禦爲實事若浪戰非策也孤身塞外無物相贈特以空函附候白簡霜寒一鳴胆落兄之事業也一瓢一笠到處丹丘弟竊行之矣遂左成功卽從遂左遯跡斷不復頂冠束帶受人籠絡矣

再答李仰城書

沈惟敬不去則倭必來此弟所夙言者也不然何不俟春和舉兵而乃冒寒深入乎師直爲壯曲爲老今羈留不遣失約食言曲在我矣一面

遣使一面進兵有何相礙而乃執迷不悟乎國家安危在此一舉願足下百倍詳愼今日各鎭所遣之兵彼以事不干己老癃瘦弱徒取兵數願足下精簡堪戰者若干分爲前後二隊前隊須用朝鮮人爲先鋒我兵弱者居中强者在後此孫武三駟之法也其後隊沿路埋伏以防不測其餘兵或一萬或二萬又立一老營以便進止兵凶戰危聖人所愼勿謂倭弱易攻勿信躁言而忘遠慮勿恃累勝之威而輕敵弟本書生不閑軍旅然患切同舟情深體國不敢不盡其愚

上樊友軒御史書

海氛甚惡我兵甚疲以寡敵衆勢頗相懸沈惟敬說倭頗有頭緒而羈留不遣似爲失策蓋關白篡位天正徒擁虛器其所遣諸將皆質其父兄子弟而驅之遠征人人思歸無心用命誠得明辨之士設詞而離間之必有內亂今不遣使而專主剿者一則慮其反覆二則恐朝中有異

議三則費多而空返懼無以塞責也某仰觀天象俯稽歷數初則我兵大捷後則小衂終因倭人有內亂而我得息肩耳元旦白氣彌天自朝至暮日色無光占書以爲君子受侮小人得志之兆今歲大祲豈宜有是耶若惟塞外有之而燕京不然則夷狄横而中國疲也玉田葉令慈祥愷悌一塵不染遵化李令有英雄之姿而才堪八面皆一時良吏幸遇明公爲之宗盟蓋亦遘逢之幸矣

上張弘揚閣下書

頻接手教諸所指示皆石畫也其燒船一節某細訪之倭初來時有船四千餘隻被朝鮮燒毀一半今現有二千餘隻泊釜山鎮相離鴨緑江二千五百餘里路遠難達又聞皆係小舟每隻止可載十五六人者蓋日本對馬島去朝鮮釜山鎮三百里中有八島相接處處可以避風故止用小船原不可飛渡大洋者燒之無益最後傳示二策其一欲鼓舞

義兵已檄行各道初朝鮮止有兵八萬今各處號召陸續勤王約有十五六萬具錄呈覽餘未報到者尚多也其二欲勸人諭倭宣布川朝廷威德已與提督商議遣通事張大膳同貴鄉王宗聖前往諭之此係老師妙算不敢不遵行者尚容嗣音不悉

與諸敬陽書

向讀大疏云征倭非二十萬人不可初未敢以爲然及身履其地親當其鋒始信我丈之言練達時事也日本著姓相傳有四曰源平藤橘其來已久關白崛起出其主天正于別宮而合諸姓爲一皆曰平今先鋒平行長平義智等皆係各島之主質其父兄子弟而率兵遠徵非其好也誠得辨智之士乘機而離間之必有内變但患武臣不量己力貪功競進以二三萬疲敝之卒而攻多詭善戰之倭竊憂其不能濟也弟本腐儒濫司旗鼓撫循士卒粗有可觀而少不敵衆冒盛寒馳驅絶塞浮

海渡鴨綠歷諸險阻命若鴻毛死生禍福固已置之度外第恐事一不濟則上負國家下慚知己耳人言藉藉咸不滿弟承我丈分疏而衛護之過矣弟深夜自反百孔千瘡本足召侮聞言内省受益良多古語云觀惡言是功德有味乎其言之也人能觀惡言爲功德則胡越皆吾良師彈疏皆吾寶訓順受之以比於藥石消融之以入於不可思議豈不暢哉足下賢者當信弟言不謬也

與朱熙庵書

三韓之地在昔爲營州之域居五服之内歷代相沿聲名文物有足述者廢郡縣實自我朝始初爲遼王在東寧王在北故廢州縣而設護衛所以尊二王也今則民皆化而爲軍華皆化而爲夷矣出關而東白艸黃河杳非人境野無尺樹道無敝廬自遼陽而鴨綠既無公府又無私家攜帳爲房席地爲床寒威逼肌呵氣成霜又不知其當何如也今欲

戰則兵未集欲守又恐春傷一動倭更猖狂然朝鮮分野原屬析木今年得歲而日本伐之其勢必復保無他虞弟年已長日來辛苦鬚髮盡皤童而慕道老來從戎腥素兩途勢難相混及今若不回頭縱策勳封侯官居極品於本來性命有何干涉赤松之游已成約矣雖隨衆成功斷不隨衆受賞也惟自愛不盡

王伍耿光傳

王伍者其先北海人也父貴避元亂遷新城生五子伍其最少者幼事父母諸兄以孝友聞長好施予善力田歲時勤動靡懈食有餘即推給鄉之貧乏者植槐於門不數年輒婆娑挺蔭人異之其施食不擇親疏僧俗亦無高堂大廈至者以次坐戶下置其瓢笠于槐纍纍如也鄉人呼伍曰王菩薩而稱其家曰大槐王歲旦早起禮神遇盜於椽間傷之曰憊矣饑寒迫身矣良辰行竊豈實人情是鄉里補助之道未廣也手

二布授之一夕有貧生穴壁而入伍從燈下望見之曰某君耶何至此更遺之粟遺去不以告人偶游興教寺得黃金一囊守而欲還之逾月竟無至者友人告之曰而既不欲以身爲壑第以此報官當得美名伍曰吾修其實務名何爲乃悉以易粟會明年大饑盡發所藏徧給乏者所全活甚衆閭中少年聞之益爭相勸爲善善不在一身而蒸蒸勸一鄉豈其微哉伍娶劉氏生六子次麟以文學爲穎川王傅生三子長曰耿光臯奇穎九歲善屬文稍長喪母日拾野果以奠父歿廬于墓手植木百章未幾咸鬱鬱成林猶大槐也既失怙恃與二弟食貧力學僉有聲於黌序季弟重光登甲第而君獨九試九蹶嘉靖已酉充首貢其次蔚紹宗母老公請讓之邑上其事于學使者時他邑兩生方爭貢學使者以其文示兩生兩生慚而罷訟有司旌其閭稱爲讓德公云越二年始貢試高等授馬湖府經歷馬湖故徼外地不敢鄙夷之夙夜盡力既

勞且瘁子之都以色養爲孝力勸之歸而環堵蕭然豁如也方三十二歲時夢道士告曰王小仙爾壽且盡爾陰行善監在帝心凡四益算矣每益輒十年七十二而卒謂者設始而讓貢不爲名繼而棄官不爲利仁心爲質猶之蕡糜飼餧也祖若孫相繼植福寧有涯哉

郁貞孝公傳

雲谷立命說血肉之身尙然有數義理之身豈不能格天所謂義理者何受之父母者是也竊怪人以父母之身不肯爲父母用私心鄙陋弗可與人知尙可使天知乎吾鄉郁公和川先生其先世種德積學代有聞人傳至東槐公諱鈇德益盛是生公公生有至性好讀書經史百家文永夜披吟不輟終鮮兄弟以事親孝聞於鄉遊府庠食餼而濬於科名云老萊斑衣人倫至樂須祿養何時哉恩例遊京師可以仕矣猶未也云吾有高堂垂白之親而不忍出也時東槐公登古稀每言一父一

子吾子一日不在膝神氣輒爲消滅公先事承旨求得父歡心爲樂嘉靖丁巳夏五月東槐公年七十有一抱沉疴公晝夜皇皇求四方良醫以療之病益劇瀕危公泣曰豈藥餌之無益於人也又徧訪丹方博揣名公醫案以療之而不一效公又泣曰醫術窮矣乃肅衣冠禱於神曰吾肢可毀祈益父壽東嚮拜刲左股肉煮湯以進尚未痊可不得已再拜忍割右股以進東槐公飲湯有生氣是夕始鼾睡夢絳冠緋衣神人謂曰汝命將傾汝子孝上帝憐之令族子某代汝死矣汝延齡一紀公驚覺大汗而愈自是健飯善步壽八十有二里鄙傳其事前志美之公獨諱言蓋以父母遺體救父恐傷父心嗚呼能以父母之身爲父母用非公其誰蘇子瞻微文刺譏以爲勇者割股怯者廬墓蘇子亦慮傷父母之體失父母心雖然蘇子而後勇者幾人惟仁人孝子不諱勇特恐自用其身則勇用以救父則怯安得有發於至誠動乎四體至仁大勇

若公者雲谷所云義理之身能格天者非公乎命自我作福自己求觀於公求壽得壽不益信乎天且知之而人不知之可乎邑舊有曾閔遐踪一書不得專美于前矣公友大司空丁公賓吏部郎沈公道原海陽教諭卞公玉孝廉孫公朝宗吳公志遠偕余議曰謚之有私也自展禽黔婁始也漢有忠文晉有靖節唐有貞曜有其人而不私以謚鄉大夫之過也郁公事父老而彌篤貞矣郁公爲子孺慕弗衰孝矣私謚貞孝先生可乎僉曰可公名本宗字子序晚號和川官江西吉水少尹

去病案此文兩行齋集不載今據嘉善縣志補入

奉政大夫貴州按察司提學僉事振齋葉公墓誌銘

余庚辰年得陸龜蒙遺址于分湖之濱卜築居之則葉氏世居此久矣偉人代出爲吳中著姓自龜蒙而後歷五百有餘歲葉氏得道及而人文再振焉道及去余家不數武朝夕過從往來烟波荻渚間泛舟褰裳

樽酒論文至樂也余老于公車而道及以童年登賢書又十年獲同舉仕籍又同出楊貞復先生門下已又同官於燕知已無我兩人若也道及故多子俱殤晚得子復恐不育因過育于余子明敏有父風十年迺歸其家歸一年而道及沒孤子煢然其何能述父之遺事以傳後顧知道及無如余者余因泣而誌之道及諱重第振齋其別號也曾祖紳起家進士憲宗時居諫垣老成持大體疏奏必經濟石畫于治水功尤多鄉黨無不稱毅齋公道及高才偉器資性警穎五歲就外傅贈公義方甚嚴雪夜必擁罏篝火不夜分不休以故舞勺即博奧通經術長而皙白朗潤方額丹脣曈子清映十五就邑試才名籍甚與其長君道登試輒冠邑邑中稱爲兩璧人丙子舉應天鄉試時年十九文章奇宕聳秀氣干霄漢婚於當湖馮氏時馮公以大參治漕奩甚厚道及固貧士也絕不介意慷慨好與凡宗黨交游困乏者悉推予之夫人甚賢釵餌之

屬盡以充道及之用無倦色三上公車三報罷則益閉門下帷與余結廬湖上講誦不輟時道及之名馳吳越間顧恂恂如也丙戌舉禮闈爲尙書本房第一在南粤楊貞復先生房先生湛于經學擊節稱賞王文肅公幾欲掄元爲周文恪公抑置十五廷試三甲除浙江山陰知縣未任丁外艱自初喪至卜窆所有諸費俱獨任不以一煩長君已丑服除補薊州玉田縣斗大一城土瘠民貧又枕邊斥堠時警頻歲洊潦流移滿目賓貢驂午輪蹏蝟集戚畹中貴戎旅豪猾更盤踞窟穴最稱難治道及下車慨然以康濟爲任如水田永蠹也時直指鋭氣開决道及力條上其不可狀卒得報罷邑牧馬場原有分土邊戍卒萬騎蹂躪遍阡陌衆怨甚莫敢問道及按故籍覈實置一一於法監閹大爲怫然道及曰我知除民害而已他弗顧也邑錢穀有三大蠹已徵者吏胥侵漁轉輾不可詰急則以逋負委之小民于是立條編法聽民自封投櫃民始

得息其徭銀數浮於額則查清捐免開豁數千人薊民聞風相率越監
司求玉田公徧審懲奸釐弊一郡畏服其解京名色繁夥故事用巨姓
踐更即饒者漸以困每年流派且三百餘家道及條議止以差官一員
領其役上有所責成而下不擾矣又景府租稅珥璫之徒自爲徵索爲
民害不可言道及令先期納之民悉如約璫至不能作聲色民間不知
有內徵之苦邑時患水水溢不漸洩道及躬董畚鍤築長堤捍之故水
不病歲歲飢議賑輒憮然曰此有司之虛聲胥佐之弊藪也安所畫奇
在實究耳爲撤食寢躡隴畝循村落計口而授之多寡悉有機宜雞犬
不驚存活萬計邑素有倉貯粟備邊需時欲借糴濟飢議者以輕動難
之道及曰倘利於民制且可矯何借糴不可耶時每斗百餘文則令半
其價至秋即以原價補糴無損於官而民賴以生者甚衆北地有流寓
差徭患最劇玉邑更甚道及清覈舊籍悉捐額數于是流移爭歸宿草

盡墾余奉命贊麗師道由玉田烟火相望皆道及安集之政也邑故入欵孔道恣横騷擾民不堪命道及盛陳卒衛躬往發賚語譯者曰爾能不畏三尺乎侵我民我不宥爾也于是入欵者慴息而去公遣馳皇華者需求額外此積弊也則置輪牌于堂親爲驗撥故玉田驛遞至今有安閒半役之謠此兩者爲民歲省幾萬金倭氛東蹶調發旁午芻糈悉仰給縣官道及先請儲備不騷取民間粒米束薪有征卒越紀者即申當道以軍法繩之故雖日經萬竃而色內安堵自若余時從經略大將軍出塞蓋得之目擊云道及性舂容不屑武健任威操下澹然以德化民聽訟不假敲扑輒好言以動之至有泣涕自請能者初蒞治詞以千百數期年以什數後且不一二數非至情切民不敢以干令君也至發奸擿伏尤稱神明加意疑獄雖成案必力爭之先時服大辟自道及昭雪者前後十有五人暇時與邑諸生質經講藝化椎朴而爲文物余郵

傳經玉邑時邑子弟以令故來謁余俱彬彬有三吳之風焉余治寶坻去玉田可百里東征之役經其地邑縉紳三老又娓娓爲余言之故余知之詳然道及不好名無書傳其事其家人又不甚記憶而余且老耄善忘此僅僅追思其一二耳甲午秩滿内已擬補銓曹而道及思念太夫人甚急欲歸省且以銓曹要地堅辭之僅得除工部虞衡司主事奉使南轅尋遷員外郎是時余已歸農故道及在京師事不得而知大抵不阿不激不詭不隨以和平與物以正直律身其素操也戊戌陞貴州提學僉事哲人弗庸棄之烟荒萬里人爲道及扼脫而道及以太夫人春秋高遂巡未行欲疏乞休告未幾疾作自已亥之春迄秋而奄然逝矣痛悼何可言道及居官清慎數年薄宦家無餘貲身歿之日所遺惟書一牀奚囊蕭然也嘗謂余曰我逾宦逾貧人固笑我拙然我以清白遺子孫不亦可乎道及坦夷廓落軒爽無城府與余交二十年終始如

一日生平輕財好俠意氣雄快性至孝友事父母生盡承歡喪葬備禮長君道登積學蹇遇治生稍迫則分田讓產共其有無雖盛怒長君至必和顔順色易簀時尚憐長君貧推田百畝予之至今長君譚及猶嗚咽流涕歔欷不止則道及之友于可知也視長君子如子凡延師議婚及衣履之費必身任焉道及善飲酒豪宕不治家人產通籍後未嘗有所請託足不入城市目不識縣官湖上築隄植桃李蓉桂放舟嘯傲將終老焉何哲人云亡之速也道及生嘉靖戊午二月二十六日卒萬曆己亥八月十二日享年四十有二配馮氏封孺人子一紹袁天啓乙丑進士娶沈氏嗚呼知道及者誠無若余然余齒長且老矣而誌道及者乃余也耶銘曰

有煒令名未艾而遽徂矣遺惠在邑遺□□公仕不崇而餘榮矣鳳毛五采口誦烜烜不必其家之盈矣内諧伯氏外締心盟得一人勝嚶鳴

矣秋月微明江波澄泓來天表之玉瑛偕氷臺以齊清吾恍見乎先生

去病文兩行齋集不載今

案此據葉氏家譜補入

卷四十 完

女兒繇祥校錄

卷四十一　　邑後學　陳去病　纂輯

明三八

沈　瓚字孝通一字子勺號定庵漢曾孫萬曆十四年丙戌進士官廣東按察司僉事有定庵尚書大義節演世範敫言一卷沈氏義莊條約一卷靜暉堂集六卷俱未見近事叢殘二卷今存

池亭記

分湖之西三里有池亭者太學后湖先生之別墅也先生係尚寶卿穀齋先生曾孫虞部文湖先生次子少聰穎爲錫山顧端文憲成高弟文章詩古卓絶一時循例入北雍屢試屢蹶嘉靖間倭賊入寇文湖先生令山陰胡中丞延致幕中措置機宜渠魁授首零賊散走突至分湖欲得先生家而甘心焉時后湖僅弱冠知其必讎謀先避去因溯流而西

徘徊于湖水之濱見有低區數十畝青蘆掩映碧浪潫洄愛其地之幽
且僻焉爰相其原而築别墅於蘆邊隙地鑿池引水池畔作橋橋畔作
亭緣溪行一路蓮葉田田欄杆曲曲築草堂數楹以爲子孫讀書地位
寘既定池亭之名於是乎著更於水邊築隄隄環其村上植桃花楊柳
每當春和景明時紅雨點溪緑雲映戶書聲夜月漁唱晚風過其地者
以先生爲賢士焉池亭比西湖焉後分湖支派繁衍舊居窄狹不能聚
處遂挈眷家於其間四方知名士多訪之於葭蒼露白之中先生持斗
酒隻雞携苔席或泛葦杭興酣落筆飄飄乎有瀟灑出塵之概蓋不啻
仙源中人因避亂而來絶境矣吾聞古之人往往以得一異地爲幸今
先生之得池亭可不謂幸歟彼夫世家豪侈第宅連雲門庭似海非不
極一時之盛而雀羅賓散有不旋踵而田園易主者矣世俗之樂大抵
如斯以先生之門第豈不可於通都大邑間高其閈閎厚其牆垣爲宗

族光寵而乃與世無爭獨于水鄉幽僻處耕耘課讀啓後承先綿數百代書香於茲土也其與世俗之樂相去幾何哉余與先生有詩酒歡嘗遊其所居而樂其地之勝也爰爲之記

太學生吳宇甫元配董孺人墓誌銘

宇甫之娶於董也踰三十殀焉或謂宇甫曷更聘諸宇甫收淚而噫曰寧詎有若吾婦賢者吾不復室矣沈子聞而嘆之賢哉宇甫也何賢爾賢厥媲而知難厥繼也歲庚寅始從厥子伯叔季游於是焉將以皓月某日葬孺人先塋之左三子乃奉宇甫命以孺人子壻丁君長孺所爲狀過沈子拜而泣不止也母氏之棄不肖兄弟閱十有七年矣而庶幾乎異日也葬是以緩乃今猶未能有茲日也惟子賁之一言慰母氏地下沈子受而讀之既然後乃稱曰賢哉董孺人斯宇甫所爲難厥繼不復室者也孺人父宗伯公母顧夫人少失恃而吳夫人實來稱母孺人

事之如顧夫人退而與同産語及母顧唶相泣也十九歸字甫吳故貴姓也字甫父太僕公方在西曹而宗伯乃貴幸甚吳之族無不難孺人者何難乎孺人難其爲貴家女也孺人既歸事太僕如所事宗伯公者事姑史恭人如所事母吳者舅姑安其孝相慶曰安所得此貴婦而賢也處妯娌宗戚恂恂委蛇下至御厮臧獲亦不以幾微貴介見顏色內外安其德相慶曰安所得此碩人而賢也字甫喜讀書不問家人産亡纖鉅倚辦孺人孺人從梱內應之或陰息其嬴以佐字甫乃帷以外不聞孺人咳也太伯公疾且病孺人割股進之又籲天請身代也太僕公歿不踰時孺人亦以腹痞卒史恭人哭曰吾百歲後婦誰復以身殉者孺人體不御鮮好手不釋女紅族黨有急輒解裝賵之無所恡蓋孺人既歿而後字甫知家政之藉而邑人知孺人之孝而族黨知緩急無所恃矣嗚呼可不謂賢哉又聞孺人疾革時睨伯叔二子曰吾代而父父

者十餘年而今已矣而所不自力者吾且不瞑也則又以手屬季子及少女於宗伯曰兒不孝不能竟事大人不宜以是呱呱者爲大人累唯大人幸許兒今瞑矣遂卒蓋精爽不亂如此嗚呼可不謂尤賢哉孺人之卒也以曆萬甲戌八月二十有八日距其生嘉靖己亥某月某日得年三十有六子三伯曰汝城太學生娶周參軍賚女叔曰維孝娶周太學生正女季曰汝培邑諸生娶檇李項孝廉元深女女二長適周太學生之軾次適故鄣丁進士元薦卽所謂長儒甫以文學操行振其父參藩公之業者也孫男二維孝出孫女一汝城出俱幼字甫名承撫太學生宗伯公家於烏程世所稱潯陽先生者雅善太僕仰峯公故以女締厥好焉太僕之祖父世爲大司寇以是於吾邑稱貴姓也銘曰

爾弗弔於天而年弗延以睽而夭於百年爾卽安厥宅而祥是發以安而姑於黃髮噫嘻孺人而不朽以吾文耶抑以而子將有聞耶

吳母朱氏墓誌銘

按狀吳母姓朱氏世居吳江范隅鄉土著舊族也母年十五而歸吳爲容亭翁副室二十五而舉子是爲太學君則所爲狀母行實徵誌銘於余者也母自少至長端慧不羣及歸吳吳翁性嚴毅勤儉家政井井母善承事無忤色事翁母劉夫人及翁配屠孺人皆婉順得其懽心侍翁病廢櫛縰飡臥起與俱翁賴以無他及居劉夫人喪哀毁合禮歲庚午翁謁選入都家秉暨弱子幼女悉付之屠孺人及母保佐屠孺人訓督子女拮据朝夕如一日乃至娶婦嫁女皆蒿目管庀不以遺翁憂癸酉翁卽世母摧割如不欲生及見太學君哭則强顏寬解之曰而翁辛勤五十餘年如線之緒惟汝在耳勿過傷爲也癸未太學君遇外侮乘釁搆禍者盈門而囂家産幾罄母脫簪傾囊以佐之事甫定而母以憂危勞瘁成疾矣先是母有女嫁而夭太學君婚後所生子女多殤婦復夭

母哀苦積歲至是疾日深大都在藥餌牀笫間送歲月耳乙未歲將除
感異夢晨謂太學君曰吾歲至此矣是日痰欬遂劇委頓不能起臥病
至誕日太學君爲稱觴且爲延醫請禱强之至再弗許曰何爲殺生以
祈生至上元日呼太學君謂曰吾以澹生以澹死襚須純布毋用華綺
汝嫡母在吾棺停正寢傍毋過費願兒善保身教子又呼諸婦曰吾死
浴必以覆僕御不必多人毋暴吾體語不及私遂卒母性儉素食不貳
味衣覆無贏副非布不御非不更紡績灑掃或身親傔媵之事曰有盡
者年難消者福中歲持齋禮佛曉起誦心經念彌陀百八聲四十年以
爲常訓子孫一稟於慈儉性不能容人過而不以背面易辭沒身無私
蓄聞端人在堂則色喜燕朋至愀然不樂也一夕閽人失火且熾婢子
輩方爭門而出母自無動取緼衣濡之覆於鬱攸間火遂滅蓋不惜焦
爛以身捍之而同室不日安於處堂其勇於犯難安衆如此夫母以敦

龐靜壹之性延祚於高門而又以勤恤清素之德儲福於後嗣居常則約己裕人視華腴若浼迨大期將至若預知者然遺命了了不亂卽古之賢達丈夫何以加焉母生於嘉靖庚寅正月五日卒於萬曆丙申正月二十日享年六十有七子一卽太學君承恩娶秀水項氏廣東參議少溪女女一適同邑舉人顧而誠婦與女皆先母卒孫男二長墳次垣孫女五長字秀水李華崑餘未字太學君卜以丙申年十二月二日奉柩厝於二十四都形字圩吳翁之新阡爲倣來狀誌其大者如右若吳氏世系勳閥邑中無兩人人能悉之不竢予言也銘曰

孰充吳閫子孫疑如孰衍吳澤慈儉無斁生而知死死而惜生於狀有之母德用徵嗚呼是爲樂邱之賢名

毛壽南字宇徵號仁山衢次子萬曆十四年丙戌進士官陝西道監察御史有仁山詩文集未見今存文賸詩賸各一卷

立身以名節忠義爲本論

君子之立身也難哉將含眉抑舌人趨而趨人諾而諾也天下以爲流將竦首昂足左規矩而右準繩焉天下以爲固將遷就於不流不固之間以求其中而處之也天下以爲奸深焉而不可以人理測君子之立身也難哉儒者憂之乃曰與其失之流寧失之固與其遷就而莫之所處寧出入於規矩準繩之中而不至乎甚失於是名節忠義始爲天下重而天下之人苟欲廁名于君子之列者亦莫不重名節忠義至特從而指稱之曰是立身之本也噫此說也其起於古道之裂乎夫所謂名節忠義者何也爲世之不名不節不忠不義者别也不名者穢不節者淫不忠者頗不義者僻聖人設爲名節忠義之目也創穢也飭淫也懲頗也匡僻也使天下而皆不穢則何有於名皆不淫則何有於節皆不頗則何有於忠皆不僻則何有於義故名節忠義爲小人設也非爲君

子設也覩名而返其穢覩節而返其淫覩忠而返其頗覩義而返其僻小人而之君子矣已不穢而更求其所謂名已不淫而更求其所謂節已不頗而更求其所謂忠已不僻而更求其所謂義君子而之小人矣故名節忠義爲小人設也非爲君子設也往者堯有天下不授啓明之胤挈而付之河水之濱雷澤之畔茹草飯糗之縲夫舜承其故智而又甚焉殺人父禪人子禹忘其仇而恩殛鯀之君自是而後湯也簒天子尹也放天子武也斬天子周公據相位刃同胞之弟而無惻容孔氏號爲詩書禮義之名家無刑于壼內黜糟糠之妻而不顧也是何名何節何忠何義也當是時有黃髮孺子招數聖人而按其罪曰某氏穢某氏淫某氏頗某氏僻聖人無詞以應也則聖人猶欣然談笑而爲之矣淳諠息而澆俗興龍逢比干稍稍欲以名節忠義自見而殞其軀伯夷叩孟津之馬出其力以扶天下之名節忠義而身餓首陽竟爲區區老嫗

所識侮延及東漢而此道又大猖矣則顧廚俊及輩朝而見用日中而見譏夕未及晨而見收戮四百之炎祚驟爲燼灰曾不若哀平之時諂諛成風而天下猶不敢萌亡漢之意由前觀之名節忠義殆不足爲聖人重由後觀之名節忠義殆不足爲天下重也聖人而重名節忠義則堯不父禹不子舜不君湯武伊尹不臣周公孔子亂兄弟之倫而不夫不婦名節忠義而足爲天下重也則龍逢可以存夏比干可以存商伯夷可以救周之失顧廚俊及輩可以使桓靈之主四三王而六五帝矣今也不然奈何而拘硜硜之說也然則君子將毁名而易節乎將藐忠而蔑義乎非也君子不親名亦不仇名不凌節亦不夷節不市忠義亦不賤忠義惟其心之安與不安何如耳故君子之立身也時而經之勢而緯之合常變而互籌之分利害而交策之權恩禮之輕重而中處之苟安焉迹於穢可也迹於淫可也迹於頽僻可也君子不恥也如堯以

下諸聖人也心苟不安焉迹於名猶穢也迹於節猶淫也迹於忠義猶頗僻也君子不由也恐其激而爲顧廚俊及以上諸人之禍也是立身之本也或者從而難之曰審如是也則何異遷就於不流不固者也其子莫之中乎非也有所遷就而不固者不固於迹而我則不固於心有所遷就而不流者不流於迹而我則不流於心有所遷就焉而不可測者不可測於迹而我則不可測於心不流於心化之極也不固於心神之極也不可測於心一之極也蓋渾名節忠義而融焉是立身之本也噫孰謂君子之立身也而果難哉

昭昭錄序

今夫天斯昭昭之多昭昭非天之全也故曰極其無窮則日月星辰繫焉萬物覆焉說天莫辨乎此矣雖然今有坐井而觀天曰天小者非其所見者小也其見天以目也見天以目雖日坐於光天霽日之下亦不

知天之所以爲大見天以心則雖坐井而觀而其所以覆萬物羅星辰
舉六合而包括之者未始不豁然於我目也然則謂昭昭卽天之全體
固有所未盡而謂其必非天之全體不幾於以目見天也哉余習舉子
業未暇博極諸史百家之言僅取成祖文皇帝所頒性理大全及少微
江氏所纂資治通鑑讀之顧質不敏掩卷輒無得乃於暇時手錄二書
提其要爲綱摘其句爲題雖於全書多所缺略然使能深思而詳說之
心悟而神會之則凡身心性命之微古今治亂興亡之故亦不無所見
焉不然雖盡讀諸史百家之書而窮年假息於其間亦不過以目見天
者而已矣然則是錄也豈非二書之昭昭乎錄成別爲二帙遂以昭昭
名之自愧破碎割裂非通儒之事然所以會而通之者幸此心未泯耳
爲我子弟者謂茲錄爲吾坐井之見則可如以爲見之以目則我不知
之矣

募脩覽橋疏啓

竊聞天根見而梁成王政所急農功畢而杠作人事宜先蓋澤國非橋不通而陰功惟此爲大宗仁濟渡載延三紀之禧彭矩造橋重續一家之命往既可鏡來豈無徵茲惟黎川之東舊有覽橋之建長虹臨巨匯曠然襟帶稱奇半月印清溪宛矣畫圖選勝西接雪湖黎川之水去脉關防東扼木瓜汾湖之衝上游砥柱四通八達爲一隅利涉之階百歲千秋迺萬姓共由之徑創于弘治之二載毁於萬曆之八年遐邇興嗟道途爲梗秦鍼不作誰聯蒲坂之舟祖龍已徂疇揵海濱之石以致一方之人或樵夫或菜傭流水斷橋歎貧生之無路爰及數里之內或病危或事迫狂犇盡氣欲飛渡而末由此誠仁人之所動心而明神之所降鑒者也頃者輿議僉同刻期興復顧鳩工聚石不乏効力之人而輸粟捐金實藉好義之士伏望四方長者達官善男信女隨心喜捨量力

結緣勿以近在比鄰而託云有待勿以遠居他境而諉曰無關苟有一德之施必獲三生之報共成勝事齊種福田莫慮侵漁難逃鑒察謹疏

周君化卿字說 代心田兄

天下之動物其族有四羽毛鱗介是已羽飛而毛走鱗者介者則潛各率其性而不能兼何者以其未化也龍鱗族也稽之易見其或見於田或飛於天或潛且躍于淵而又或戰於野何若是之幻哉盡其性而化焉者也化則我不知之矣而又何鱗類之足云嘗觀柱下史聃蓋人中龍也然究其所以爲龍者不過曰良賈深藏若虛盛德容貌若愚而已夫良賈本實也而化於虛盛德本智也而化於愚則孰有能知其爲良賈爲盛德哉故曰知其雄云云蓋亦深藏不露變化而不可測之謂也然則孔子猶龍之說非以是與某地周君朴茂人也勤於治產而又樂于爲善夫惟勤於治產也則其家將日昌夫惟樂於爲善也則其德將

日進苟家日昌而又能藏之若虚德日進而又能居之若愚則亦庶幾化於谿谷之説而可以長守其富永終其譽矣雖目之爲人中之龍也亦何嘗之有君名予龍余故以化卿字之併告之以老氏之説亦處世之意也

文林郎外祖汝公傳

公諱頤字養和號黎川與世父周菴先生諸兄趙州牧九楡慶符令石齋先生並以文章吏治著稱公自幼補諸生屢試不售嘉靖六年丁亥由太學謁選時大相楊公邃菴與周菴先生爲同官號中書詩派人有告公謁之當得擢於格外而公居京師二年終不一往八年授河東經歷廉勤精敏諸積頓疏掣鹽後商人捧金爲壽公驚問則向例也正色却之三年之内兩膺旌獎時運使𪊲城詹公器重之不敢以屬吏視也十三年御史楊公薦于朝奏稱心小而守堅外溫而内介堪膺民社之

寄非僅贊理之才奉旨擢河南開封府鄢陵縣十四年春之鄢陵任時先一年飢公至適丁衰歉是年夏復大旱人心益皇皇公齋沐露禱已而大雨由是城野始定鄢之郭門學宫傾圮已久前令因歲荒置不問公創議重修又建薛文清公祺五楹以祀歷朝之有功理學者上官咸以爲當民亦稱善焉居二年百度大理四境改觀事無鉅細不假胥吏暇則進士子講學較藝至竟日不休迨政成而公亦憊矣以疾乞歸公素不習於侈布袍糲飯泊如也入官後尤撙節守約歷二十餘載一再忝命歸之日橐無餘物一時贊誦之辭盈帙題曰宦成徵獻錄作序以冠其首者長洲徵明文先生也

祭塗月川先生文

嗚呼先師士林之表厥貌嶷嶷厥德皜皜來自汝南桃李吳江嘉惠我人煦如春陽壽南數奇自廿時棄詎謂我師片言投契迪我至教沃我

醇醴傾倒論心號曰知己方期朝夕稽首誨言彼蒼者天胡然而然嘗聞古云惟仁者壽乃靳其年必昌其後所可悲者汝水迢遙夜雨孤舟驚風怒濤當此之時妻啼子號言念及此痛也如何慷慨涕洟發爲長歌歌曰汝水泠泠兮師之清汝水淵淵兮師之誠汝水悠悠兮師之情奈何滔滔而東注兮挽之不能汝兮汝兮恫我心嗚呼師之生兮仰無愧于天明師之死兮俯無怍於地靈豈非存順沒寧兮我又奚歉於師而師亦奚歉於九京

祭謝母嚴太夫人文

嗚呼卓哉謝傳江左高流誰其相之內助惟劉惟太夫人克相夫子婦順明章家有餘祉偉哉歐公宋廷疇倫誰其訓之母氏之勤惟太夫人克訓令子文章德業高山仰止宗臣望重先皇眷隆鸞封極品世羨其榮子也赫赫孫也振振錦堂春日暖閣蘭芬方爾承歡胡然遠征壽南

辱在門牆素聆懿範窀穸在茲不勝慨歎嘗聞淑德愈遠彌彰况有我
師勳名未央匡濟弘猷行將盡展相業不磨母名益顯隆隆玄宮光寵
無窮釃酒陳辭遙慰冥衷

顧大綱字道維大典族弟例監生萬曆間官宜春主簿終高安縣丞
事母孝聞爲詩有雅裁

族譜義田序

吾宗固江南著族而家於蘇之松陵者遡自華三府君始聞初自吳贅
居松陵卒家勝墩之陽及季璟生墩陰復徙城之北塘布德行義再世
而生余大父平野公髫年岐嶷蚤成進士歷宦以清白著聲不事生產
饔飱而外卽以其餘賑族之不給者惟是叔伯尤謹故族誼最篤家業
並起鄉評稱爲盛德云以郡守致歸方欲爲族樹不朽業會有平頭持
會計來請姑俟槖之稍羸未幾而捐館舍遂賫志以沒先人敬亭君素

倜儻欲繼前志會與族之宗子論相左輒中止旋亦棄世時大綱方總角失怙而諸弟皆幼襁故世業不能支惟冀二三兄弟努力鉛槧以振先業而童年咸補郡邑弟子自謂吾族將昌奈何家之不造輒相繼殞也以故勉就成均白首始得薄秩于初志亦重拂矣今以病老告歸而卑官薄俸無能爲宗黨周僅復先人義產以供祭役諸費而從子君實持譜來叩余且欲倡義爲族分猷此正先得余心所同然者睹條約多可採實試之行果不忝爲著族後也天道非杳願相勉成之安知吾宗異日不爲邑中之望也哉故嘉之并示余之志嗣孫七十三翁大綱頓首書

卷四十一完

同邑柳棄疾　鄭瑛　校録